샘표식품

인적성검사

샘표식품
인적성검사

초판 인쇄　2021년 12월 20일
초판 발행　2021년 12월 22일

편 저 자 | 취업적성연구소
발 행 처 | ㈜서원각
등록번호 | 1999-1A-107호
주　　소 | 경기도 고양시 일산서구 덕산로 88-45(가좌동)
교재주문 | 031-923-2051
팩　　스 | 031-923-3815
교재문의 | 카카오톡 플러스 친구[서원각]
영상문의 | 070-4233-2505
홈페이지 | www.goseowon.com
책임편집 | 정유진
디 자 인 | 이규희

PREFACE

우리나라 기업들은 1960년대 이후 현재까지 비약적인 발전을 이루었다. 이렇게 급속한 성장을 이룰 수 있었던 배경에는 우리나라 국민들의 근면성 및 도전정신이 있었다. 그러나 빠르게 변화하는 세계 경제의 환경에 적응하기 위해서는 근면성과 도전정신 이외에 또 다른 성장 요인이 필요하다.

한국기업들이 지속가능한 성장을 하기 위해서는 혁신적인 제품 및 서비스 개발, 선도기술을 위한 R&D, 새로운 비즈니스 모델 개발, 효율적인 기업의 합병·인수, 신사업 진출 및 새로운 시장 개발 등 다양한 대안을 구축해 볼 수 있다. 하지만 이러한 대안들 역시 훌륭한 인적자원을 바탕으로 할 때에 가능하다. 최근으로 올수록 기업들은 자신의 기업에 적합한 인재를 선발하기 위해 기존의 학벌 위주의 채용을 탈피하고 기업 고유의 인·적성검사 제도를 도입하고 있는 추세이다.

샘표식품에서도 업무에 필요한 역량 및 책임감과 적응력 등을 구비한 인재를 선발하기 위하여 고유의 인·적성검사를 치르고 있다. 본서는 샘표식품 채용대비를 위한 필독서로 샘표식품 인·적성검사의 출제경향을 철저히 분석하여 응시자들이 보다 쉽게 시험유형을 파악하고 효율적으로 대비할 수 있도록 구성하였다.

신념을 가지고 도전하는 사람은 반드시 그 꿈을 이룰 수 있습니다. 처음에 품은 신념과 열정이 취업 성공의 그 날까지 빛바래지 않도록 서원각이 수험생 여러분을 응원합니다.

INFORMATION

기업소개

"내 가족이 먹지 못하는 것은 만들지도 팔지도 않는다"라는 창업주의 신념 아래 한국의 식문화를 대표하는 기업으로 성장한 샘표는 우리맛의 가치를 알리고, 세계인을 즐겁게 하겠다는 비전을 이루기 위해 노력해 왔다.

비전

"우리맛으로 세계인을 즐겁게"
우리맛의 중심인 발효와 장(醬), 더 나아가 한식의 진정한 가치를 전 세계에 널리 알리고, 모두가 즐길 수 있도록 하겠다는 샘표의 꿈이 담겨있다.

핵심가치

연혁

1946	샘표 창립

샘표 상표 등록 **1954**

1958	창동공장 및 연구실 완공. 당시 국내 사기업 최고 수준의 시설을 갖춘 샘표의 발효 연구실은 오늘날 국내 최고의 발효전문 연구소인 '샘표 우리발효연구중심'의 효시가 됨

홍콩의 영화공사로 샘표 간장을 수출 **1959**

1969	창동공장 확장하여 연간 생산량을 증대하였음

샘표식품공업주식회사로 변경 **1971**

1977	다양한 기술 개발을 위한 발판으로 QC제도를 본격적으로 도입하고 운영하며 기술개발을 위한 기반을 다짐

이천 공장 준공 완료 이후 6개월 이상 발효, 숙성시킨 다양한 양조간장 출시 **1987**

1997	ISO 9001인증과 ISO 14001인증을 받으며 국제적인 표준제품 기준에 부합하는 제품으로 인정 받음

우리의 전통 조선간장을 복원함 **2001**

2002	장류 최초로 HACCP 지정

'우리맛으로 세계인을 즐겁게 한다'는 비전 실현을 위해 장(醬) 프로젝트를 시작. 한국의 맛인 발효를 통해 세계인의 식문화를 더욱 풍부하게 하는 것이 샘표 장(醬) 프로젝트의 목표이며, 스페인의 알리시아 요리과학 연구소와 협업하여 장(醬)에 대한 과학적인 연구 및 장(醬)을 유럽 현지 음식에 이용하는 방법을 도출하는 프로젝트를 시작 **2012**

2013	충북 오송에 우리나라 최초의 발효전문연구소인 샘표 우리발효연구중심을 설립

인재상

⊘ **열정있는 사람**

- 어떠한 일이든지 몰두하여 열심히 하고 시간이 걸리더라도 일을 잘 할 수 있도록 한다.
- 업무능력에 상관없이 최선을 다해 맡은 일에 몰두하는 자세를 가지고 일을 한다.
- 끊임없이 개선하려는 적극적 자세로 일을 한다.

⊘ **겸손한 사람**

- 내가 모르는 것이 많다는 것을 스스로 인식하는 마음 자세를 가지고 있다.
- 타인의 의견을 적극 경청하며 존중한다.
- 타인에게 배우려 하며 끊임없이 개선하려고 노력한다.

⊘ **사심없는 사람**

- 회사 일을 할 때 '나' '너' 이런 생각을 갖지 않고 회사 이익을 위해 일을 한다.
- 가장 좋은 방향으로 합리적 판단 만을 하려는 마음을 가지고 일을 한다.
- 자신의 업무뿐만 아니라 회사가 필요로 하는 일을 언제든지 할 수 있는 자세를 갖고 일을 한다.

전형절차

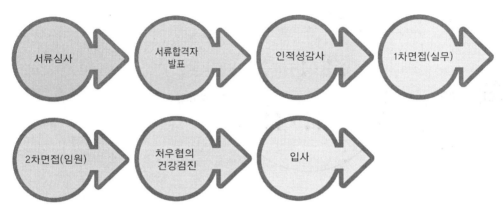

서류심사 → 서류합격자 발표 → 인적성감사 → 1차면접(실무) → 2차면접(임원) → 처우협의 건강검진 → 입사

* 객관적인 직무역량 평가 목적으로, 1차 면접에서 후보자 대상으로 동일한 과제수행을 진행할 수 있음
* ERP 개발 직무는 서류 심사 후 합격자에게 별도의 온라인 코딩테스트를 시행
* 입사는 서류심사에서 건강검진 전형까지 완료 후 확정

STRUCTURE

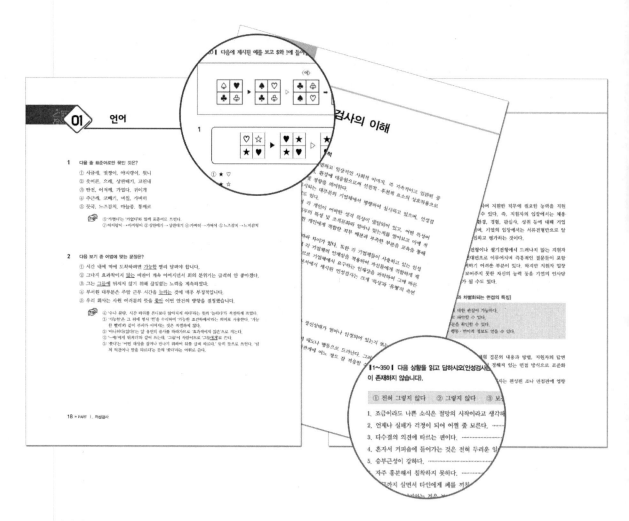

적성검사

적중률 높은 영역별 출제예상문제를 수록하여 학습효율을 확실하게 높였습니다. 문제의 핵심을 꿰뚫는 명쾌하고 자세한 해설로 수험생들의 이해를 돕습니다.

인성검사 및 면접

인성검사의 개요와 실전 인성검사로 다양한 유형의 인성검사를 대비할 수 있습니다. 또한 취업 성공을 위한 면접의 기본과 면접기출을 수록하여 취업의 마무리까지 깔끔하게 책임집니다.

CONTENTS

PART

I

적성검사

01 언어

1 다음 중 표준어로만 묶인 것은?

① 사글세, 멋쟁이, 아지랭이, 윗니

② 웃어른, 으레, 상판때기, 고린내

③ 딴전, 어저께, 가엽다, 귀이개

④ 주근깨, 코빼기, 며칠, 가벼히

⑤ 뭇국, 느즈감치, 마늘종, 통째로

 ③ '가엽다'는 '가엾다'와 함께 표준어로 쓰인다.
① 아지랭이 → 아지랑이 ② 상판때기 → 상판대기 ④ 가벼히 → 가벼이 ⑤ 느즈감치 → 느지감치

2 다음 보기 중 어법에 맞는 문장은?

① 시간 내에 역에 도착하려면 <u>가능한</u> 빨리 달려야 합니다.

② 그다지 효과적이지 <u>않는</u> 비판이 계속 이어지면서 회의 분위기는 급격히 안 좋아졌다.

③ 그는 <u>그들에</u> 뒤지지 않기 위해 끊임없는 노력을 계속하였다.

④ 부서원 대부분은 주말 근무 시간을 <u>늘리는</u> 것에 매우 부정적입니다.

⑤ 우리 회사는 사원 여러분의 뜻을 <u>쫓아</u> 이번 안건의 방향을 결정했습니다.

 ④ '수나 분량, 시간 따위를 본디보다 많아지게 하다'라는 뜻의 '늘리다'가 적절하게 쓰였다.
① '가능한'은 그 뒤에 명사 '한'을 수식하여 '가능한 조건하에서'라는 의미로 사용한다. '가능한 빨리'와 같이 부사가 이어지는 것은 적절하지 않다.
② '아니하다(않다)'는 앞 용언의 품사를 따라가므로 '효과적이지 않은'으로 적는다.
③ '~에/에게 뒤지다'와 같이 쓰는데, '그들'이 사람이므로 '그들에게'로 쓴다.
⑤ '쫓다'는 '어떤 대상을 잡거나 만나기 위하여 뒤를 급히 따르다.' 등의 뜻으로 쓰인다. '남의 의견이나 말을 따르다'는 뜻의 '좇다'라는 어휘로 쓴다.

3 다음 중 띄어쓰기가 모두 옳은 것은?

① 행색이∨초라한∨게∨보아∨하니∨시골∨양반∨같다.

② 이처럼∨희한한∨구경은∨난생∨처음입니다.

③ 이제∨별볼일이∨없으니∨그냥∨돌아갑니다.

④ 하잘것없는∨일로∨형제∨끼리∨다투어서야∨되겠소?

⑤ 동생네는∨때맞추어∨모든∨일을∨잘∨처리해∨나갔다.

 ⑤ '때맞추다'는 한 단어이므로 붙여 쓴 것이 맞다. '처리해 나갔다'에서 '나가다'는 '앞말이 뜻하는 행동을 계속 진행함'을 뜻하는 보조동사로 본용언과 띄어 쓰는 것이 원칙이다.

① '보아하니'는 부사로, 한 단어이므로 붙여 쓰기 한다. 유사한 형태로 '설마하니, 멍하니' 등이 있다.

② '난생처음'은 한 단어이므로 붙여 쓰기 한다.

③ '별∨볼∨일이'와 같이 띄어쓰기 한다.

④ '하잘것없다'는 형용사로 한 단어이므로 붙여 쓰고, '끼리'는 접미사이므로 '형제끼리'와 같이 앞 단어와 붙여 쓴다.

4 밑줄 친 단어의 맞춤법이 옳은 것은?

① 그대와의 추억이 <u>있으매</u> 저는 행복하게 살아갑니다.

② 신제품을 <u>선뵀어도</u> 매출에는 큰 영향이 없을 거예요.

③ 생각지 못한 일이 자꾸 생기니 그때의 상황이 참 <u>야속터군요.</u>

④ 그 발가숭이 몸뚱이가 위로 번쩍 쳐들렸다가 물속에 텀벙 <u>처박히는</u> 순간이었습니다.

⑤ 하늘이 뚫린 것인지 <u>몇 날 몇 일</u>을 기다려도 비는 그치지 않았다.

 '있다'의 어간 '있-'에 '어떤 일에 대한 원인이나 근거'를 나타내는 연결 어미 '-(으)매'가 결합한 형태이다.

② '선보이-'+'-었'+'-어도' → 선보이었어도 → 선뵀어도

③ 한글 맞춤법 제40항에 따르면 어간의 끝음절 '하'가 아주 줄 적에는 준 대로 적는다. 따라서 '야속하다'는 '야속다'로 줄여 쓸 수 있다.

④ '마구', '많이'의 뜻을 더하는 접두사 '처-'를 쓴 단어이다. '(~을) 치다'의 '치어'가 준 말인 '쳐'가 오지 않도록 한다.

⑤ '몇 일'은 없는 표현이다. 표준어인 '며칠'로 쓴다.

Answer → 1.③ 2.④ 3.⑤ 4.①

5　다음 〈보기〉의 문장 중, 이중피동이 사용된 사례를 모두 고른 것은 어느 것인가?

〈보기〉

(개) 이윽고 한 남성이 산비탈에 놓여진 사다리를 타고 오르기 시작했다.

(내) 그녀의 눈에 눈물이 맺혀졌다.

(대) 짜장면 네 그릇은 그들 두 사람에 의해 단숨에 비워졌다.

(래) 그는 바람에 닫혀진 문을 바라보고 있었다.

① (내), (대), (래)

② (개), (내), (래)

③ (개), (대), (래)

④ (개), (내), (대)

⑤ (개), (내), (대), (래)

 이중피동은 피동이 한 번 더 쓰인 것을 의미하며, 이는 비문으로 간주된다.

(개) 놓여진: 놓다 → 놓이다(피동) → 놓여지다(이중피동)

(내) 맺혀졌다: 맺다 → 맺히다(피동) → 맺혀지다(이중피동)

(대) 비워졌다: 비우다 → 비워지다(피동) → 비워졌다(과거형일 뿐, 이중피동이 아니다.)

(래) 닫혀진: 닫다 → 닫히다(피동) → 닫혀지다(이중피동)

따라서 이중피동이 사용된 문장은 (개), (내), (래)가 된다.

6 다음 〈보기〉와 같은 문장의 빈 칸 ㉠~㉣에 들어갈 알맞은 어휘를 순서대로 나열한 것은 어느 것인가?

〈보기〉
- 많은 노력을 기울인 만큼 이번엔 네가 반드시 1등이 (㉠)한다고 말씀하셨다.
- 계약서에 명시된 바에 따라 한 치의 오차도 없이 일이 추진(㉡)를 기대한다.
- 당신의 배우자가 (㉢) 평생 외롭지 않게 해 줄 자신이 있습니다.
- 스승이란 모름지기 제자들의 마음을 어루만져 줄 수 있는 사람이 (㉣)한다.

① 돼어야, 되기, 되어, 되야
② 되어야, 돼기, 돼어, 되야
③ 되어야, 되기, 되어, 돼야
④ 돼어야, 돼기, 돼어, 되어야
⑤ 돼야, 돼기, 돼어, 되어야

 '되~'에 '아/어라'가 붙는 말의 줄임말로 쓰일 경우는 '돼'가 올바른 표현이며, '(으)라'가 붙으며 '아/어'가 불필요한 경우에는 그대로 '되'를 쓴다. 따라서 제시된 각 문장에는 다음의 어휘가 올바른 사용이다.
㉠ '되어야' 혹은 '돼야'
㉡ '되기'
㉢ '되어' 혹은 '돼'
㉣ '되어야' 혹은 '돼야'

Answer 5.② 6.③

7 밑줄 친 단어 중 우리말의 어문 규정에 따라 맞게 쓴 것은?

① <u>윗층</u>에 가 보니 전망이 정말 좋다.

② <u>뒷편</u>에 정말 오래된 감나무가 서 있다.

③ 그 일에 <u>익숙지</u> 못하면 그만 두자.

④ <u>생각컨대</u>, 그 대답은 옳지 않을 듯하다.

⑤ <u>윗어른</u>의 말씀은 잘 새겨들어야 한다.

 어간의 끝음절 '하'가 아주 줄 적에는 준 대로 적는다〈한글맞춤법 제40항 붙임2〉.
① 윗층→위층
② 뒷편→뒤편
④ 생각컨대→생각건대
⑤ 윗어른→웃어른

8 밑줄 친 부분이 어법에 맞게 표기된 것은?

① 박 사장은 자기 돈이 어떻게 <u>쓰여지는 지</u>도 몰랐다.

② 그녀는 조금만 <u>추어올리면</u> 기고만장해진다.

③ <u>나룻터</u>는 이미 사람들로 가득 차 있었다.

④ 우리들은 <u>서슴치</u> 않고 차에 올랐다.

⑤ 구렁이가 <u>또아리</u>를 틀고 있다.

 '위로 끌어 올리다'의 뜻으로 사용될 때는 '추켜올리다'와 '추어올리다'를 함께 사용할 수 있지만 '실제보다 높여 칭찬하다'의 뜻으로 사용될 때는 '추어올리다'만 사용해야 한다.
① 쓰여지는 지→쓰이는지
③ 나룻터→나루터
④ 서슴치→서슴지
⑤ 또아리→똬리

9 외래어 표기가 모두 옳은 것은?

① 뷔페 – 초콜렛 – 컬러

② 컨셉 – 서비스 – 윈도

③ 파이팅 – 악세사리 – 리더십

④ 플래카드 – 로봇 – 캐럴

⑤ 심포지움 – 마이크 – 이어폰

 ① 초콜렛 → 초콜릿
② 컨셉 → 콘셉트
③ 악세사리 → 액세서리
⑤ 심포지움 → 심포지엄

10 다음 중 띄어쓰기가 옳은 문장은?

① 태권도에서 만큼은 발군의 실력을 낼 거야.

② 일이 오늘부터는 잘돼야 할텐데.

③ 용수야, 5년만인데 한잔해야지.

④ 이끄는 대로 따라갈 수밖에.

⑤ 나는 친구가 많기는 해도 우리 집을 아는 사람은 너 뿐이다.

 '어떤 모양이나 상태와 같이'라는 뜻으로 의존 명사로 쓰인 '대로'는 앞 관형절 '이끄는'과 띄어 써야 한다. '밖에'는 '그것 말고는', '그것 이외에는', '기꺼이 받아들이는', '피할 수 없는'의 뜻을 나타내는 보조사로 쓰여 명사 '수'와 붙여 썼다.
① 태권도에서 만큼은 → 태권도에서만큼은
'에서', '만큼', '은' 모두 조사이므로 앞말에 붙여 쓴다.
② '잘되다'+'-어야 → 잘돼야[O], 할텐데 → 할∨텐데
'텐데'는 '터이다'의 활용형 '터인데'의 준말이다. '터'는 의존명사이므로 앞 말과 띄어 쓴다.
③ 5년만인데 → 5년∨만인데
'앞말이 가리키는 동안이나 거리'를 나타내는 의존 명사 '만'은 앞 말과 띄어 써야 한다. '한잔하다'라는 단어는 사전에 등재된 하나의 단어이므로 붙여 쓴다. 이 경우, '한∨잔'의 의미가 아닌 '간단하게 한 차례 차나 술 따위를 마시다'라는 뜻을 가진다.
⑤ 너 뿐이다 → 너뿐이다.
'뿐'은 체언 뒤에서 '그것 말고는 더는 없음'의 뜻을 가진 보조사로 쓰이므로 붙여 쓴다.

Answer⌐▸ 7.③ 8.② 9.④ 10.④

11

> 나는 우리 회사의 장래를 너에게 <u>걸었다.</u>

① 이 작가는 이번 작품에 생애를 <u>걸었다.</u>

② 우리나라는 첨단 산업에 승부를 <u>걸었다.</u>

③ 마지막 전투에 주저 없이 목숨을 <u>걸었다.</u>

④ 그는 친구를 보호하기 위해 자신의 직위를 <u>걸었다.</u>

⑤ 그는 관객들에게 최면을 <u>걸었다.</u>

 주어진 문장과 보기②의 '걸었다'는 '앞으로의 일에 대한 희망 따위를 품거나 기대하다'라는 뜻으로 쓰였다. ①③④의 '(생애를, 목숨을, 직위를) 걸었다'에서는 '목숨, 명예 따위를 담보로 삼거나 희생할 각오를 하다'라는 뜻이다. ⑤의 '걸었다'는 '어떤 상태에 빠지도록 하다'의 뜻으로 쓰인 경우이다.

12

> 범인은 경찰의 손이 미치지 않는 곳으로 도망갔다.

① 요즘에는 <u>손</u>이 부족하다.

② 그 일은 <u>손</u>이 많이 간다.

③ 그는 두 <u>손</u> 모아 기도한다.

④ 그는 장사꾼의 <u>손</u>에 놀아났다.

⑤ 그 일은 선배의 <u>손</u>에 떨어졌다.

 ⑤ '어떤 사람의 영향력이나 권한이 미치는 범위'라는 뜻으로 쓰여, 주어진 문장에서 사용된 의미와 동일하다. 나머지 보기에서는 각각 ①에서는 '일손', ②에서는 '어떤 일을 하는 데 드는 사람의 힘, 노력, 기술', ③에서는 '사람의 팔목 끝에 달린 부분', ④에서는 '사람의 수완이나 꾀'의 뜻으로 쓰였다.

13

> 그는 해결하기만 하면 좋은 기회가 될 수 있는 사건을 하나 <u>물어왔다</u>.

① 사장은 과장에게 이번 일의 책임을 <u>물었다</u>.

② 친구는 나에게 그 일이 어떻게 되어가고 있는지 <u>물어왔다</u>.

③ 나는 입에 음식을 <u>물고</u> 말하다가 혼이 났다.

④ 일이 잘못되어 꼼짝없이 내가 모든 돈을 <u>물어주게</u> 생겼다.

⑤ 여자들은 그녀가 부자를 <u>물어</u> 팔자가 피었다며 속닥거렸다.

 밑줄 친 부분은 '(속되게) 이익이 되는 어떤 것이나 사람을 차지하다.'라는 의미로 사용되었다.
① ('책임' 따위를 목적어 성분으로 하여) 어떠한 일에 대한 책임을 따지다.
② 무엇을 밝히거나 알아내기 위하여 상대편의 대답이나 설명을 요구하는 내용으로 말하다.
③ 입 속에 넣어 두다.
④ 남에게 입힌 손해를 돈으로 갚아 주거나 본래의 상태로 해 주다.

14

> 잔치 음식에는 품이 많이 <u>든다</u>.

① 하숙집에 <u>든</u> 지도 벌써 삼 년이 지났다.

② 언 고기가 익는 데에는 시간이 좀 <u>드는</u> 법이다.

③ 일단 마음에 <u>드는</u> 사람이 있으면 적극적으로 나설 작정이다.

④ 4월에 <u>들어서만</u> 이익금이 두 배로 늘었다.

⑤ 숲속에 <u>드니</u> 공기가 훨씬 맑았다.

 ① 방이나 집 따위에 있거나 거처를 정해 머무르게 되다.
② 어떤 일에 돈, 시간, 노력, 물자 따위가 쓰이다.
③ 어떤 물건이나 사람이 좋게 받아들여지다.
④ 어떠한 시기가 되다.
⑤ 밖에서 속이나 안으로 향해 가거나 오거나 하다.

Answer → 11.② 12.⑤ 13.⑤ 14.②

15

> 충신이 반역죄를 <u>쓰고</u> 감옥에 갇혔다.

① 밖에 비가 오니 우산을 <u>쓰고</u> 가거라.
② 광부들이 온몸에 석탄가루를 까맣게 <u>쓰고</u> 일을 한다.
③ 그는 마른 체격에 테가 굵은 안경을 <u>썼고</u> 갸름한 얼굴이다.
④ 어머니는 머리에 수건을 <u>쓰고</u> 일을 하셨다.
⑤ 뇌물 수수 혐의를 <u>쓴</u> 정치인은 결백을 주장했다

 밑줄 친 부분은 '사람이 죄나 누명 따위를 가지거나 입게 되다.'라는 의미로 사용되었다.
① 산이나 양산 따위를 머리 위에 펴 들다.
② 먼지나 가루 따위를 몸이나 물체 따위에 덮은 상태가 되다.
③ 얼굴에 어떤 물건을 걸거나 덮어쓰다.
④ 모자 따위를 머리에 얹어 덮다.

▍16~20▍ 다음 중 나머지 네 개의 단어의 의미로 사용될 수 있는 단어를 고르시오.

16 ① 적다 ② 부리다
③ 쓰다 ④ 사용하다
⑤ 작곡하다

 ① 글을 적다(= 쓰다).
② 사람을 부리다(= 쓰다).
④ 물건을 사용하다(= 쓰다).
⑤ 음악을 작곡하다(= 쓰다).

17 ① 바르다 ② 붙이다
③ 묻히다 ④ 추리다
⑤ 정하다

 ② 종이나 헝겊 따위를 표면에 붙이다(= 바르다).
③ 물이나 화장품 따위를 문질러 묻히다(= 바르다).
④ 가시 따위를 추리다(= 바르다).
⑤ 몸과 마음이 정하다(= 바르다).

18 ① 합격하다   ② 따르다

③ 기대다   ④ 나서다

⑤ 붙다

 ① 시험에 합격하다(= 붙다).
② 조건, 이유, 구실 따위가 따르다(= 붙다).
③ 남에게 기대다(= 붙다).
④ 일에 나서다(= 붙다).

19 ① 입다   ② 맡다

③ 지다   ④ 넘어가다

⑤ 떨어지다

 ① 신세나 은혜를 입다(=지다).
② 책임이나 의무를 맡다(=지다).
④ 해나 달이 서쪽으로 넘어가다(=지다).
⑤ 꽃이나 잎 따위가 시들어 떨어지다(=지다).

20 ① 솟다   ② 생기다

③ 실리다   ④ 나다

⑤ 일어나다

 ① 눈물이 솟다(= 나다).
② 길이 생기다(= 나다).
③ 글이 신문, 잡지 따위에 실리다(= 나다).
⑤ 홍수 장마 따위가 일어나다(= 나다).

Answer ⟶ 15.⑤　16.③　17.①　18.⑤　19.③　20.④

다음 중 빈칸에 공통으로 들어갈 말로 적절한 것을 고르시오.

21

> • 바깥바람이 (   ).　　　　　• 공연장이 (   ).
> • 마음에 (   ).　　　　　　　• 팔찌를 (   ).

① 차갑다　　　　　　　② 가득하다
③ 차다　　　　　　　　④ 흡족하다
⑤ 지니다

> (Tip) • 바깥바람이 차다(=차갑다).
> • 공연장이 차다(=가득하다).
> • 마음에 차다(=들다).
> • 팔찌를 차다(=지니다).

22

> • 음식이 입맛에 (   ).　　　　• 물기를 (   ).
> • 털실로 스웨터를 (   ).　　　• 월급이 (   ).

① 짜다　　　　　　　　② 만들다
③ 인색하다　　　　　　④ 오르다
⑤ 빼내다

> (Tip) • 음식이 입맛에 짜다.
> • 물기를 짜다(=빼내다).
> • 털실로 스웨터를 짜다(=만들다).
> • 월급이 짜다(=인색하다).

23

> • 너무 더워서 목이 (   ).　　　• 커피를 (   ).
> • 마음이 몹시 (   ).　　　　　　• 모형비행기가 바람을 (   ).

① 마르다　　　　　　　② 섞다
③ 달다　　　　　　　　④ 타다
⑤ 퍼지다

• 너무 더워서 목이 타다(= 마르다).
• 커피를 타다(= 섞다).
• 마음이 몹시 타다(= 달다).
• 모형비행기가 바람을 타다.

24

> • 작동이 ( ).   • 5일장이 ( ).
> • 자리에서 ( ).   • 빌딩이 ( ).

① 멈추다   ② 서다
③ 일어나다   ④ 지어지다
⑤ 열리다

 • 작동이 서다(= 멈추다).
• 5일장이 서다(= 열리다).
• 자리에서 서다(= 일어나다).
• 빌딩이 서다(= 지어지다).

25

> • 못이 ( ).   • 샛길로 ( ).
> • 옷에서 때가 ( ).   • 이익이 ( ).

① 나오다   ② 남다
③ 벗어나다   ④ 씻기다
⑤ 빠지다

 • 못이 빠지다(= 나오다).
• 샛길로 빠지다(= 벗어나다).
• 옷에서 때가 빠지다(= 씻기다).
• 이익이 빠지다(= 남다).

Answer → 21.③ 22.① 23.④ 24.② 25.⑤

| 26~27 | 다음 중 제시된 문장의 빈칸에 들어갈 단어로 알맞은 것을 고르시오.

26

> • 정부는 저소득층을 위한 새로운 경제 정책을 (　)했다.
> • 불우이웃돕기를 통해 총 1억 원의 수익금이 (　)되었다.
> • 청소년기의 중요한 과업은 자아정체성을 (　)하는 것이다.

① 수립(樹立) – 정립(正立) – 확립(確立)
② 수립(樹立) – 적립(積立) – 확립(確立)
③ 확립(確立) – 적립(積立) – 수립(樹立)
④ 기립(起立) – 적립(積立) – 수립(樹立)
⑤ 확립(確立) – 정립(正立) – 설립(設立)

 ※ 수립(樹立) : 국가나 정부, 제도, 계획 따위를 이룩하여 세움.
※ 적립(積立) : 모아서 쌓아 둠.
※ 확립(確立) : 체계나 견해, 조직 따위가 굳게 섬. 또는 그렇게 함.

27

> • 환전을 하기 위해 현금을 (　)했다.
> • 장기화 되던 법정 다툼에서 극적으로 합의가 (　)되었다.
> • 회사 내의 주요 정보를 빼돌리던 스파이를 (　)했다.

① 입출(入出) – 도출(導出) – 검출(檢出)
② 입출(入出) – 검출(檢出) – 도출(導出)
③ 인출(引出) – 도출(導出) – 색출(索出)
④ 인출(引出) – 검출(檢出) – 색출(索出)
⑤ 수출(輸出) – 도출(導出) – 검출(檢出)

 ※ 인출(引出) : 예금 따위를 찾음.
※ 도출(導出) : 판단이나 결론 따위를 이끌어 냄.
※ 색출(索出) : 샅샅이 뒤져서 찾아냄.

|28~30| 다음 문장 또는 글의 빈칸에 어울리지 않는 단어를 고르시오.

28

> • 돈의 사용에 대해서 (　)을/를 달리한다.
> • 학생들은 과학자보다 연예인이 되기를 더 (　)한다.
> • 오늘날 흡연은 사회적 (　)이/가 되었다.
> • 최근 북한의 인권 문제에 대하여 미국 의회가 문제를 (　)하였다.
> • 직장 내에서 갈등의 양상은 다양하게 (　)된다.

① 선호   ② 제기

③ 견해   ④ 전제

⑤ 표출

 「• 돈의 사용에 대해서 견해를 달리한다.
  • 학생들은 과학자보다 연예인이 되기를 더 선호한다.
  • 오늘날 흡연은 사회적 쟁점이 되었다.
  • 최근 북한의 인권 문제에 대하여 미국 의회가 문제를 제기하였다.
  • 직장 내에서 갈등의 양상은 다양하게 표출된다.」
① 선호 : 여럿 가운데서 특별히 가려서 좋아함
② 제기 : 의견이나 문제를 내어놓음
③ 견해 : 어떤 사물이나 현상에 대한 자기의 의견이나 생각
④ 전제 : 어떠한 사물이나 현상을 이루기 위하여 먼저 내세우는 것
⑤ 표출 : 겉으로 나타냄

Answer ⟶ 26.②   27.③   28.④

29

> - 선약이 있어서 모임에 (   )이(가) 어렵게 되었다.
> - 홍보가 부족했는지 사람들의 (   )이(가) 너무 적었다.
> - 그 대회에는 (   )하는 데에 의의를 두자.
> - 손을 뗀다고 했으면 (   )을(를) 마라.
> - 대중의 (   )가 배제된 대중문화는 의미가 없다.

① 참여   ② 참석
③ 참가   ④ 참견
⑤ 참관

- 선약이 있어서 모임에 참석이 어렵게 되었다.
- 홍보가 부족했는지 사람들의 참여가 너무 적었다.
- 그 대회에는 참가하는 데에 의의를 두자.
- 손을 뗀다고 했으면 참견을 마라.
- 대중의 참여가 배제된 대중문화는 의미가 없다.
① 참여 : 어떤 일에 끼어들어 관계함
② 참석 : 모임이나 회의 따위의 자리에 참여함
③ 참가 : 모임이나 단체 또는 일에 관계하여 들어감
④ 참견 : 자기와 별로 관계없는 일이나 말 따위에 끼어들어 쓸데없이 아는 체하거나 이래라
　　저래라 함
⑤ 참관 : 어떤 자리에 직접 나아가서 봄
※ '참여'는 '어떤 일에 관계하다'의 의미로서 쓰여 그 일의 진행 과정에 개입해 있는 경우를
　드러내는 데에 쓰이는 것인데 반해서, '참석'은 모임이나 회의에 출석하는 것의 의미를
　지니는 경우에 사용되며, '참가'는 단순한 출석의 의미가 아니라 '참여'의 단계로 들어가
　는 과정을 나타내는 것으로 이해하여 볼 수 있다.

30

> • 우리나라의 사회보장 체계는 사회적 위험을 보험의 방식으로 (　　)함으로써 국민의 건강과 소득을 보장한다.
> • 혼자서 일상생활을 (　　)하기 어려운 노인 등에게 신체활동 또는 가사노동에 도움을 준다.
> • 제조·판매업자가 장애인으로부터 서류일체를 위임받아 청구를 (　　)하였을 경우 지급이 가능한가요?
> • 급속한 고령화에 능동적으로 (　　)할 수 있는 능력을 배양해야 한다.
> • 고령 사회에 (　　)해 제도가 맞닥뜨린 문제점을 정확히 인식하고 개선방안을 모색하는 것이 필요하다.

① 완수　　　　　　　　　　　② 대비
③ 대행　　　　　　　　　　　④ 수행
⑤ 대처

 • 우리나라의 사회보장 체계는 사회적 위험을 보험의 방식으로 대처함으로써 국민의 건강과 소득을 보장한다.
• 혼자서 일상생활을 수행하기 어려운 노인 등에게 신체활동 또는 가사노동에 도움을 준다.
• 제조·판매업자가 장애인으로부터 서류일체를 위임받아 청구를 대행하였을 경우 지급이 가능한가요?
• 급속한 고령화에 능동적으로 대처할 수 있는 능력을 배양해야 한다.
• 고령 사회에 대비해 제도가 맞닥뜨린 문제점을 정확히 인식하고 개선방안을 모색하는 것이 필요하다.
① 완수 : 뜻한 바를 완전히 이루거나 다 해냄.
② 대비 : 앞으로 일어날지도 모르는 어떠한 일에 대응하기 위하여 미리 준비함. 또는 그런 준비.
③ 대행 : 남을 대신하여 행함.
④ 수행 : 일정한 임무를 띠고 가는 사람을 따라감. 또는 그 사람.
⑤ 대처 : 어떤 정세나 사건에 대하여 알맞은 조치를 취함.

Answer → 29.⑤　30.①

31

> 영어에서 위기를 뜻하는 단어 'crisis'의 어원은 '분리하다'라는 뜻의 그리스어 '크리네인(Krinein)'이다. 크리네인은 본래 회복과 죽음의 분기점이 되는 병세의 변화를 가리키는 의학 용어로 사용되었는데, 서양인들은 위기에 어떻게 대응하느냐에 따라 결과가 달라진다고 보았다. 상황에 위축되지 않고 침착하게 위기의 원인을 분석하여 사리에 맞는 해결 방안을 찾을 수 있다면 긍정적 결과가 나올 수 있다는 것이다. 한편, 동양에서는 위기(危機)를 '위험(危險)'과 '기회(機會)'가 합쳐진 것으로 해석하여, 위기를 통해 새로운 기회를 모색하라고 한다. 동양인들 또한 상황을 바라보는 관점에 따라 위기가 기회로 변모될 수도 있다고 본 것이다.

① 위기가 아예 다가오지 못하게 미리 대처해야 한다.

② 위기 상황을 냉정하게 판단하고 긍정적으로 받아들인다.

③ 위기가 지나갔다고 해서 반드시 기회가 오는 것은 아니다.

④ 욕심에서 비롯된 위기를 통해 자신의 상황을 되돌아봐야 한다.

⑤ 위기에 대해 인식하는 관점은 동서양이 서로 다르다.

 동양과 서양에서 위기를 의미하는 단어를 분석해 보는 것을 통해 위기 상황을 냉정하게 판단하고 긍정적으로 받아들이면 좋은 결과를 얻거나 또 다른 기회가 될 수 있다는 이야기를 하고 있다.

32

> 한 번에 두 가지 이상의 일을 할 때 당신은 마음에게 흩어지라고 지시하는 것입니다. 그것은 모든 분야에서 좋은 성과를 내는 데 필수적인 요소가 되는 집중과는 정반대입니다. 당신은 자신의 마음이 분열되는 상황에 처하도록 하는 경우도 많습니다. 마음이 흔들리도록, 과거나 미래에 사로잡히도록, 문제들을 안고 낑낑거리도록, 강박이나 충동에 따라 행동하는 때가 그런 경우입니다. 예를 들어, 읽으면서 동시에 먹을 때 마음의 일부는 읽는 데 가 있고, 일부는 먹는 데 가 있습니다. 이런 때는 어느 활동에서도 최상의 것을 얻지 못합니다. 다음과 같은 부처의 가르침을 명심하세요. '걷고 있을 때는 걸어라. 앉아 있을 때는 앉아 있어라. 갈팡질팡하지 마라.' 당신이 하는 모든 일은 당신의 온전한 주의를 받을 가치가 있는 것이어야 합니다. 단지 부분적인 주의를 받을 가치밖에 없다고 생각하면, 그것이 진정으로 할 가치가 있는지 자문하세요. 어떤 활동이 사소해 보이더라도, 당신은 마음을 훈련하고 있다는 사실을 명심하세요.

① 일을 시작하기 전에 먼저 사소한 일과 중요한 일을 구분하는 습관을 기르라.

② 한 번에 두 가지 이상의 일을 성공적으로 수행할 수 있도록 훈련하라.

③ 자신이 하는 일에 전적으로 주의를 집중하라.

④ 과거나 미래가 주는 교훈에 귀를 기울이라.

⑤ 모든 일에 가치를 판단하고 시작하라.

 화자는 문두에서 한 번에 두 가지 이상의 일을 하는 것은 마음에게 흩어지라고 지시하는 것이라고 언급한다. 또한 글의 중후반부에서 당신이 하는 모든 일은 당신의 온전한 주의를 받을 가치가 있는 것이어야 한다고 강조한다. 따라서 이 글의 중심 내용은 ③이 적절하다.

Answer↱ 31.② 32.③

33

행랑채가 퇴락하여 지탱할 수 없게끔 된 것이 세 칸이었다. 나는 마지못하여 이를 모두 수리하였다. 그런데 그중의 두 칸은 앞서 장마에 비가 샌 지가 오래되었으나, 나는 그것을 알면서도 이럴까 저럴까 망설이다가 손을 대지 못했던 것이고, 나머지 한 칸은 비를 한 번 맞고 샜던 것이라 서둘러 기와를 갈았던 것이다. 이번에 수리하려고 본즉 비가 샌 지 오래된 것은 그 서까래, 추녀, 기둥, 들보가 모두 썩어서 못 쓰게 되었던 까닭으로 수리비가 엄청나게 들었고, 한 번밖에 비를 맞지 않았던 한 칸의 재목들은 완전하여 다시 쓸 수 있었던 까닭으로 그 비용이 많이 들지 않았다.

나는 이에 느낀 것이 있었다. 사람의 몸에 있어서도 마찬가지라는 사실을. 잘못을 알고서도 바로 고치지 않으면 곧 그 자신이 나쁘게 되는 것이 마치 나무가 썩어서 못 쓰게 되는 것과 같으며, 잘못을 알고 고치기를 꺼리지 않으면 해(害)를 받지 않고 다시 착한 사람이 될 수 있으니, 저 집의 재목처럼 말끔하게 다시 쓸 수 있는 것이다. 뿐만 아니라 나라의 정치도 이와 같다. 백성을 좀먹는 무리들을 내버려두었다가는 백성들이 도탄에 빠지고 나라가 위태롭게 된다. 그런 연후에 급히 바로잡으려 하면 이미 썩어 버린 재목처럼 때는 늦은 것이다. 어찌 삼가지 않겠는가.

① 모든 일에 기초를 튼튼히 해야 한다.
② 청렴한 인재 선발을 통해 정치를 개혁해야 한다.
③ 잘못을 알게 되면 바로 고쳐 나가는 자세가 중요하다.
④ 훌륭한 위정자가 되기 위해서는 매사 삼가는 태도를 지녀야 한다.
⑤ 모든 일에는 순서가 있는 법이다.

 첫 번째 문단에서 문제를 알면서도 고치지 않았던 두 칸을 수리하는 데 수리비가 많이 들었고, 비가 새는 것을 알자마자 수리한 한 칸은 비용이 많이 들지 않았다고 하였다. 또한 두 번째 문단에서 잘못을 알면서도 바로 고치지 않으면 자신이 나쁘게 되며, 잘못을 알자마자 고치기를 꺼리지 않으면 다시 착한 사람이 될 수 있다하며 이를 정치에 비유해 백성을 좀먹는 무리들을 내버려 두어서는 안 된다고 서술하였다. 따라서 글의 중심내용으로는 잘못을 알게 되면 바로 고쳐 나가는 것이 중요하다가 적합하다.

34

서로 공유하고 있는 이익의 영역이 확대되면 적국을 뚜렷이 가려내기가 어려워진다. 고도로 상호 작용하는 세계에서 한 국가의 적국은 동시에 그 국가의 협력국이 되기도 한다. 한 예로 소련 정부는 미국을 적국으로 다루는 데 있어서 양면성을 보였다. 그 이유는 소련이 미국을 무역 협력국이자 첨단 기술의 원천으로 필요로 했기 때문이다.

만일 중복되는 국가 이익의 영역이 계속 증가하게 되면 결국에 한 국가의 이익과 다른 국가의 이익이 같아질까? 그건 아니다. 고도로 상호 작용하는 세계에서 이익과 이익의 충돌은 사라지는 것이 아니라, 단지 수정되고 변형될 뿐이다. 이익이 자연스럽게 조화되는 일은 상호 의존과 진보된 기술로부터 나오지는 않을 것이다. 유토피아란 상호 작용 또는 기술 연속체를 한없이 따라가더라도 발견되는 것은 아니다. 공유된 이익의 영역이 확장될 수는 있겠지만, 가치와 우선 순위의 차이와 중요한 상황적 차이 때문에 이익 갈등은 계속 존재하게 될 것이다.

① 주요 국가들 간의 상호 의존적 국가 이익은 미래에 빠른 속도로 증가할 것이다.

② 국가 간에 공유된 이익의 확장은 이익 갈등을 변화시키기는 하지만 완전히 소멸시키지는 못한다.

③ 국가 이익은 기술적 진보의 차이와 상호 작용의 한계를 고려할 때 궁극적으로는 실현 불가능할 것이다.

④ 세계 경제가 발전해 가면서 더 많은 상호 작용이 이루어지고 기술이 발전함에 따라 국가 이익들은 자연스럽게 조화된다.

⑤ 국가 이익이 보다 광범위하게 정의됨에 따라, 한 국가의 이익은 점차 다른 국가들이 넓혀 놓았던 이익과 충돌하게 될 것이다.

(Tip) 첫째 문단에서는 공유된 이익이 확장되면 적국과 협력국의 구별이 어려워진다는 과제를 제시하였고, 마지막 문장에서 이러한 이익 갈등은 계속 존재하게 될 것이라고 하였다.

Answer → 33.③ 34.②

35

언제부터인가 이곳 속초 청호동은 본래의 지명보다 '아바이 마을'이라는 정겨운 이름으로 불리고 있다. 함경도식 먹을거리로 유명해진 곳이기도 하지만 그 사람들의 삶과 문화가 제대로 알려지지 않은 동네이기도 하다. 속초의 아바이 마을은 대한민국의 실향민 집단 정착촌을 대표하는 곳이다. 한국 전쟁이 한창이던 1951년 1·4 후퇴 당시, 함경도에서 남쪽으로 피난 왔던 사람들이 휴전과 함께 사람이 거의 살지 않던 이곳 청호동에 정착해 살기 시작했다.

동해는 사시사철 풍부한 어종이 잡히는 고마운 곳이다. 봄 바다를 가르며 달려 도착한 곳에서 고기가 다니는 길목에 설치한 '어울'을 끌어올려 보니, 속초의 봄 바다가 품고 있던 가자미들이 나온다. 다른 고기는 나오다 안 나오다 하지만 이 가자미는 일 년 열두 달 꾸준히 난다. 동해를 대표하는 어종 중에 명태는 12월에서 4월, 도루묵은 10월에서 12월, 오징어는 9월에서 12월까지 주로 잡힌다. 하지만 가자미는 사철 잡히는 생선으로, 어부들 말로는 그 자리를 지키고 있는 '자리고기'라 한다.

청호동에서 가자미식해를 담그는 광경은 이젠 낯선 일이 아니라 할 만큼 유명세를 탔다. 함경도 대표 음식인 가자미식해가 속초에서 유명하다는 것은 입맛이 정확하게 고향을 기억한다는 것과 상통한다. 속초에 새롭게 터전을 잡은 함경도 사람들은 고향 음식이 그리웠다. 가자미식해를 만들어 상에 올렸고, 이 밥상을 마주한 속초 사람들은 배타심이 아닌 호감으로 다가섰고, 또 판매를 권유하게 되면서 속초의 명물로 재탄생하게 된 것이다.

① 속초 자리고기의 유래

② 속초의 아바이 마을과 가자미식해

③ 아바이 마을의 밥상

④ 청호동 주민과 함경도 실향민의 화합

⑤ 속초 명물 탄생의 비화

 첫 번째 문단에서는 아바이 마을에 대한 설명, 두 번째는 가자미인 자리고기에 대한 설명, 세 번째는 가자미를 이용해 만든 가자미식해에 대한 설명이다. 따라서 이 세 문단의 내용을 모두 담을 수 있는 제목으로는 ② 속초의 아바이 마을과 가자미식해가 적합하다.

┃36~40┃ 다음 글의 제목으로 가장 적절한 것을 고르시오.

36

> 새로운 지식의 발견은 한 학문 분과 안에서만 영향을 끼치지 않는다. 가령 뇌 과학의 발전은 버츄얼 리얼리티라는 새로운 현상을 가능하게 하고 이것은 다시 영상공학의 발전으로 이어진다. 이것은 새로운 인지론의 발전을 촉발시키는 한편 다른 쪽에서는 신경경제학, 새로운 마케팅 기법의 발견 등으로 이어진다. 이것은 다시 새로운 윤리적 관심사를 촉발하며 이에 따라 법학적 논의도 이루어지게 된다. 다른 쪽에서는 이러한 새로운 현상을 관찰하며 새로운 문학, 예술 형식이 발견되고 콘텐츠가 생성된다. 이와 같이 한 분야에서의 지식의 발견과 축적은 계속적으로 마치 도미노 현상처럼 인접 분야에 영향을 끼칠 뿐 아니라 예측하기 어려운 방식으로 환류한다. 이질적 학문에서 창출된 지식들이 융합을 통해 기존 학문은 변혁되고 새로운 학문이 출현하며 또다시 이것은 기존 학문의 발전을 이끌어내고 있는 것이다.

① 학문의 복잡성

② 이질적 학문의 상관관계

③ 지식의 상호 의존성

④ 신지식 창출의 형태와 변화 과정

⑤ 미래 지식의 예측불가성

 주어진 글에서는 하나의 지식이 탄생하여 다른 분야에 연쇄적인 영향을 미치게 되는 것을 뇌과학 분야의 사례를 통해 조명하고 있다. 이러한 모습은 학문이 그만큼 복잡하다거나, 서로 다른 학문들이 어떻게 상호 연관을 맺는지를 규명하는 것이 아니며, 지식이나 학문의 발전은 독립적인 것이 아닌 상호 의존성을 가지고 있다는 점을 강조하는 것이 글의 핵심 내용으로 가장 적절할 것이다.

37

> 프랑스는 1999년 고용상의 남녀평등을 강조한 암스테르담 조약을 인준하고 국내법에 도입하여 시행하였으며, 2006년에는 양성 간 임금 격차축소와 일·가정 양립을 주요한 목표로 삼는 '남녀 임금평등에 관한 법률'을 제정하였다. 이 법에서는 기업별, 산업별 교섭에서 남녀 임금격차 축소에 대한 내용을 포함하도록 의무화하고, 출산휴가 및 입양휴가 이후 임금 미상승분을 보충하도록 하고 있다. 스웨덴은 사회 전반에서 기회·권리 균등을 촉진하고 각종 차별을 방지하기 위한 '차별법'(The Discrimination Act) 시행을 통해 남녀의 차별을 시정하였다. 또한 신축적인 파트타임과 출퇴근시간 자유화, 출산 후 직장복귀 등을 법제화하였다. 나아가 공공보육시설 무상 이용(평균보육료부담 4%)을 실시하고 보편적 아동수당과 저소득층에 대한 주택보조금 지원 정책도 시행하고 있다. 노르웨이 역시 특정 정책보다는 남녀평등 분위기 조성과 일과 양육을 병행할 수 있는 사회적 환경 조성이 출산율을 제고하는 데 기여하였다. 한편 일본은 2005년 신신(新新)엔젤플랜을 발족하여 보육환경을 개선함으로써 여성의 경제활동을 늘리고, 남성의 육아휴직, 기업의 가족지원 등을 장려하여 저출산 문제의 극복을 위해 노력하고 있다.

① 각 국의 근로정책 소개
② 선진국의 남녀 평등문화
③ 남녀평등에 관한 국가별 법률 현황
④ 남녀가 평등한 문화 및 근로정책
⑤ 국가별 근로정책의 도입 시기

 몇 개 국가의 남녀평등 문화와 근로정책에 대하여 간략하게 기술하고 있으며, 노르웨이와 일본의 경우에는 법률을 구체적으로 언급하고 있지 않다. 또한 단순한 근로정책 소개가 아닌, 남녀평등에 관한 내용을 일관되게 소개하고 있으므로 전체를 포함하는 논지는 '남녀평등과 그에 따른 근로정책'에 관한 것이라고 볼 수 있다.

38

현재 하천수 사용료는 국가 및 지방하천에서 생활·공업·농업·환경개선·발전 등의 목적으로 하천수를 취수할 때 허가를 받고 사용료를 납부하도록 하고 있다. 또한 사용료 징수주체를 과거에는 국가하천은 국가, 지방하천은 지자체에서 허가하던 것을 2008년부터 하천수 사용의 허가 체계를 국토교통부로 일원화하여 관리하고 있다.

이를 위하여 크게 두 가지, 즉 하천 점용료 및 사용료 징수의 강화 및 현실화와 친수구역개발에 따른 개발이익의 환수와 활용에 대하여 보다 구체적인 실현방안을 추진하여 안정적이고 합리적 물 관리 재원 조성 기반을 확보하여야 한다. 하천시설이나 점용 시설에 대한 국가 관리기능 강화와 이에 의거한 점·사용료 부과·징수 기능을 확대하여야 한다. 그리고 실질적인 편익을 기준으로 하는 점·사용료 부과 등을 추진하는 것이 주효할 것이다. 국가하천정비사업 등을 통하여 조성·정비된 각종 친수시설이나 공간 등에 대한 국가 관리 권한의 확대를 통해 하천 관리의 체계성·계획성을 제고하여 나가야 한다. 다음으로 친수 구역에 대한 개발이익을 환수하여 하천구역 및 친수관리구역의 통합적 관리·이용을 위한 재원으로의 활용을 추진할 필요가 있으며, 하천구역 정비·관리에 의한 편익을 향유하는 하천연접지역에서의 개발행위에 대해 수익자 부담원칙을 적용할 필요가 있다. 국민생활 밀착 공간, 환경오염 민감 지역, 국토방재 공간이라는 다면적 특성을 지닌 하천연접지역의 체계적이고 계획적인 관리와 이를 위한 재원 마련이 하천관리의 핵심적인 이슈이기 때문이다.

① 하천수 사용자에 대한 이익 환수 강화
② 하천수 사용료 제도의 실효성 확보
③ 국가의 하천 관리 개선 방안 제시
④ 현실적인 하천수 요금체계로의 전환
⑤ 하천수 사용료 제도의 문제점

 단순히 하천수 사용료의 문제점을 제시한 것이 아니라, 그에 대한 구체적인 대안과 사용료 부과 및 징수를 위한 실효성을 확보해야 한다는 의견이 제시되어 있으므로 문제점 지적을 넘어 전향적인 의미를 지닌 제목이 가장 적절할 것이다.
또한, 제시글은 하천의 관리를 언급하는 것이 아닌, 하천수 사용료에 대한 개선방안을 다루고 있으며, 하천수 사용료의 현실화율이나 지역 간 불균형 등의 요금체계 자체에 대한 내용을 소개하고 있지는 않다.

Answer↪ 37.④   38.②

39

1992년 6월에 브라질의 리우데자네이루에서 개최되었던 '유엔 환경 개발 회의'는 생물의 종에 대한 생각을 완전히 바꾸는 획기적인 계기를 마련하였다. 그 까닭은, 한 나라가 보유하고 있는 생물의 종 수는 곧 그 나라의 생물자원의 양을 가늠하는 기준이 되며, 동시에 장차 그 나라의 부를 평가하는 척도가 될 수 있다는 점을 일깨워 주었기 때문이다. 아울러, 생물 자원은 장차 국제 사회에서 자국의 이익을 대변하는 무기로 바뀔 수 있음을 예고하였다. 그래서 생물 자원의 부국들, 이를테면 브라질, 멕시코, 마다가스카르, 콜롬비아, 자이르, 오스트레일리아, 인도네시아 등은 현재 전 세계를 대표하는 경제 부국으로 일컬어지는 G(Group)-7 국가들처럼, 전 세계에서 생물 자원을 가장 많이 가지고 있는 자원 부국들이라 하여 'M(Megadiversity)-7 국가들'로 불리고 있다. 우연히도 G-7 국가들이 전 세계 부의 54%를 소유하고 있는 것처럼, 이들 M-7 국가들도 전 세계 생물 자원의 54%를 차지하고 있어서, 이들이 이 생물 자원을 무기로 삼아 세계의 강대국으로 군림할 날이 머지않았으리라는 전망도 나오고 있다.

생물 다양성이란, 어떤 지역에 살고 있는 생물 종의 많고 적음을 뜻하는 말이라고 할 수 있다. 한 지역에 살고 있는 생물의 종류가 많고 다양하다는 것은, 그 지역에 숲이 우거지고 나무들이 무성하며, 각종 동식물이 생활하기에 알맞은 풍요로운 환경을 이루고 있다는 것을 뜻한다. 따라서 이와 같은 환경 조건은 사람들이 살기에도 좋은 쾌적한 곳이 되기 때문에 생물 다양성은 자연 환경의 풍요로움을 평가하는 지표로 이용되기도 한다. 생물학적으로 생물 다양성이라는 말은 지구상에 서식하는 생물 종류의 다양성, 그러한 생물들이 생활하는 생태계의 다양성, 그리고 생물이 지닌 유전자의 다양성 등을 총체적으로 지칭하는 말이다.

20세기 후반에 들어와 인류는 이와 같이 중요한 의미를 지니고 있는 생물 자원이 함부로 다루어질 때 그 자원은 유한할 수 있다는 데 주목하였다. 실제로 과학자들은 지구상에서 생물 다양성이 아주 급격히 감소하고 있다는 사실을 깨닫고 크게 놀랐다.

그리고 이러한 생물 종 감소의 주된 원인은 그 동안 인류가 자연 자원을 남용해 이로 인하여 기후의 변화가 급격히 일어난 때문이며, 아울러 산업화와 도시화에 따른 자연의 파괴가 너무나 광범위하게 또 급격히 이루어졌기 때문이라는 사실을 알게 되었다.

이 생물 다양성 문제가 최근에 갑자기 우리의 관심 대상으로 떠오르게 된 것은, 단순히 쾌적하고 풍요로운 자연 환경에 대한 그리움 때문에서가 아니라 생물 종의 감소로 인하여 부각될 인류의 생존 문제가 심각하기 때문이다.

① 미래 산업과 유전 공학
② 생물 자원과 인류의 미래
③ 국제 협약과 미래의 무기
④ 환경보호와 산업화의 공존
⑤ M-7의 가입과 우리의 과제

(Tip) 본문의 전체적인 내용은 '생물 종의 감소는 인류의 생존 문제와 직결된다.'는 내용이다. 이 내용을 포괄할 수 있는 제목은 ②가 적절하다.

40

매일 먹는 밥. 하지만 밥의 주재료인 쌀에 대해서 아는 사람은 그리 많지 않을 것이다. 쌀이 벼의 씨라는 것쯤은 벼를 본 적이 없는 도시인들도 다 아는 상식이다. 그러나 언제부터 벼를 재배하기 시작했으며, 벼에는 어떤 종류가 있으며, 각 나라의 쌀에는 어떤 차이가 있으며, 그 차이를 만들어내는 원인이 무엇인지는 벼를 재배하고 있는 사람들조차 낯선 정보들이다.

쌀이 중요한 이유는 인간이 살아가는 데 꼭 필요한 영양소인 당질을 공급해 주기 때문이다. 당질은 단백질, 지방질 등과 함께 체외로부터 섭취하지 않으면 살아갈 수 없는 필수 영양소다. 특히 당질은 식물만 생산이 가능하기 때문에 인간에게 있어 곡물 재배의 역사는 곧 인류의 역사라고도 할 수 있다. 쌀은 옥수수, 밀과 함께 세계 3대 곡물이다.

그러나 옥수수가 주로 사료용으로 쓰인다는 점을 감안하면 실제로는 쌀과 밀이 식량으로서의 세계 곡물 시장을 양분하고 있는 셈이다. 곡물이라고 불리는 식물들은 모두 재배식물이다. 벼도 마찬가지로 야생벼의 탄생은 수억년 전으로 거슬러 올라간다. 하지만 재배벼에서 비롯된 오리자 사티바 즉 현재 우리가 먹고 있는 쌀은 1만 년 전 중국 장강 유역에서 탄생했다. 한편 벼 품종은 1920년대 세계 각지의 쌀을 처음으로 본 일본 큐슈 대학의 카토 시게모토 교수의 분류법에 따라 재배벼를 일본형인 '자포니카'와 인도형인 '인디카'로 구분해 왔다. 즉 벼를 야생벼와 재배벼가 나눈 다음 재배벼를 다시 인디카와 자포니카로 나눈 것이다. 하지만 자연과학의 발달로 최근에는 이런 분류보다는 벼를 인디카형과 자포니카형으로 나누고 각각을 야생형과 재배형으로 나누는 분류법이 더 타당하다는 주장이 제기되고 있다. 위에서 말한 오리자 사티바는 자포니카를 말한다. 반면 인도 등 남아시아의 벼인 인디카는 중국에서 탄생한 자포니카가 아시아 일대로 옮겨져 야생종과의 교배를 통해 탄생한 것이다. 하지만 전세계 쌀의 90%는 인디카다. 자포니카는 한국과 일본, 중국, 미국 캘리포니아 지역에서만 재배되고 있다.

간단하게 쌀의 기본적인 내용에 대해서 살펴보았지만 벼가 재배되는 지역의 풍토에 따라 쌀과 쌀로 만든 요리도 저마다의 특징을 나타낸다. 그렇다면 각국을 대표하는 쌀 요리를 통하여 쌀의 역사와 세계사적 의미를 살펴보는 것도 의미 있는 작업이 될 것이다.

① 쌀의 구분법

② 쌀의 곡물로서의 가치

③ 쌀의 역사와 종류

④ 쌀의 영양소

⑤ 쌀의 지역적 분포와 근원

 쌀의 탄생 배경과 널리 쓰이는 구분법에 의한 종류에 대해 언급하고 있는 글이므로 '쌀의 역사와 종류'를 제목으로 보는 것이 가장 적절하다.

Answer ↪ 39.② 40.③

41

> ㈎ 현재 전하고 있는 갑인자본을 보면 글자획에 필력의 약동이 잘 나타나고 글자 사이가 여유 있게 떨어지고 있으며 판면이 커서 늠름하다.
>
> ㈏ 이 글자는 자체가 매우 해정(글씨체가 바르고 똑똑함)하고 부드러운 필서체로 진나라의 위부인자체와 비슷하다 하여 일명 '위부인자'라 일컫기도 한다.
>
> ㈐ 경자자와 비교하면 대자와 소자의 크기가 고르고 활자의 네모가 평정하며 조판도 완전한 조립식으로 고안하여 납을 사용하는 대신 죽목으로 빈틈을 메우는 단계로 개량·발전되었다.
>
> ㈑ 또 먹물이 시커멓고 윤이 나서 한결 선명하고 아름답다. 이와 같은 이유로 이 활자는 우리나라 활자본의 백미에 속한다.
>
> ㈒ 갑인자는 1434년(세종 16)에 주자소에서 만든 동활자로 그보다 앞서 만들어진 경자자의 자체가 가늘고 빽빽하여 보기가 어려워지자 좀 더 큰 활자가 필요하다하여 1434년 갑인년에 왕명으로 주조된 활자이다.
>
> ㈓ 이 활자를 만드는 데 관여한 인물들은 당시의 과학자나 또는 정밀한 천문기기를 만들었던 기술자들이었으므로 활자의 모양이 아주 해정하고 바르게 만들어졌다.

① ㈒－㈏－㈓－㈐－㈎－㈑
② ㈏－㈒－㈑－㈎－㈐－㈓
③ ㈒－㈎－㈓－㈐－㈏－㈑
④ ㈏－㈒－㈎－㈑－㈐－㈓
⑤ ㈓－㈐－㈏－㈎－㈑－㈒

 ㈒ 갑인자의 소개와 주조 이유→㈏ 갑인자의 이명(異名)→㈓ 갑인자의 모양이 해정하고 바른 이유→㈐ 경자자와 비교하여 개량·발전된 갑인자→㈎ 현재 전해지는 갑인자본의 특징→㈑ 우리나라 활자본의 백미가 된 갑인자

42

> ㈎ 이보다 발달된 차원의 경험적 방법은 관찰이며, 지식을 얻기 위해 외부 자연 세계를 관찰하는 것이다.
>
> ㈏ 가장 발달된 것은 실험이며 자연 세계에 변형을 가하거나 제한된 조건하에서 살펴보는 것이다.
>
> ㈐ 우선 가장 초보적인 차원이 일상 경험이다.
>
> ㈑ 자연과학의 경험적 방법은 세 가지 차원에서 생각해볼 수 있다.

① ㈎ － ㈑ － ㈏ － ㈐
② ㈎ － ㈏ － ㈑ － ㈐
③ ㈑ － ㈐ － ㈏ － ㈎
④ ㈑ － ㈐ － ㈎ － ㈏
⑤ ㈏ － ㈐ － ㈑ － ㈎

(라) 자연 과학의 경험적 방법에는 세 가지 차원이 있다고 전제하고, (다) 가장 초보적인 차원(일상 경험) →(가) 이보다 발달된 차원(관찰) →(나) 가장 발달된 차원(실험)으로 설명이 전개되고 있다.

43

> (가) 국민들의 지식과 정보의 빠른 변화에 적응해야 국가 경쟁력도 확보될 수 있는 것이다.
> (나) 그러나 평균 수명이 길어지고 사회가 지식 기반 사회로 변모해감에 따라 평생 교육의 필요성이 날로 높아지고 있다.
> (다) 현재 우리나라의 교육열이 높다는 것은 학교 교육에 한할 뿐이고 그마저 대학 입학을 위한 것이 거의 전부이다.
> (라) 더구나 산업 분야의 구조 조정이 빈번한 이 시대에는 재취업 훈련이 매우 긴요하다.

① (가) – (나) – (라) – (다)　　② (가) – (라) – (나) – (다)

③ (다) – (나) – (라) – (가)　　④ (다) – (라) – (나) – (가)

⑤ (다) – (라) – (가) – (나)

 가장 먼저 (다)에서 우리나라의 교육 현실이 전제되고, (나)에서 시대의 변화에 따른 평생 교육의 필요성이 제기되었다. (라)에서는 평생교육 중에서도 재취업 훈련의 필요성을 강조하였고, (가)에서 평생 교육을 통해 국가경쟁력을 확보할 수 있다는 말로 평생 교육의 중요성이라는 주제를 드러내고 있다.

44

> (가) 이는 대중매체가 외래문화의 편향된 수용에 앞장서고 있기 때문이다.
> (나) 청소년들 사이에 문화사대주의의 현상이 널리 퍼져 있다.
> (다) 따라서 대중매체에서 책임의식을 가지고 올바른 문화관을 전파해야 한다.
> (라) 청소년은 어른들보다 새로운 가치에 대한 적응이 빠르므로 대중 매체의 영향을 크게 받는다.

① (나) – (라) – (가) – (다)　　② (나) – (다) – (라) – (가)

③ (가) – (라) – (나) – (다)　　④ (나) – (가) – (라) – (다)

⑤ (가) – (나) – (라) – (다)

 제시된 글은 '청소년들 사이에 문화사대주의 현상'에 대한 문제점을 밝히는 글이다. (나) 청소년들 사이의 문화사대주의 문제(문제제기) →(가) 대중 매체의 편향된 외래문화 수용(원인) →(라) 청소년의 대중문화 수용태도(근거) →(다) 대중 매체의 책임의식 요구(주장)의 구성이다.

Answer⟶ 41.① 42.④ 43.③ 44.④

45

(가) 포인트 카드는 경제학에서 볼 때, '가격 차별'의 한 유형이다. 가격 차별이란, 동일한 물건을 파는데 사는 사람에 따라 다른 가격을 적용하는 것이다. 기업들이 가격 차별 정책을 펴는 것은 이익을 극대화하기 위해서이다. 동일한 물건이라도 각 개인에게 주는 가치는 다르다. 가치가 다른 만큼 각 개인이 지불하고자 하는 가격도 다르다. 즉, 동일한 물건에 대한 '유보 가격'이 사람마다 다르다는 것이다. 유보 가격은 어떤 물건에 대해 소비자가 지불할 용의가 있는 최고의 가격을 말한다.

(나) 그렇다면 회사마다 포인트 카드를 만들어내는 이유는 무엇일까? 포인트 카드는 단골 손님을 만들어내는 효과가 있다. 영화를 볼 때 A영화관 포인트 카드가 있으면 다른 영화관보다 A영화관으로 가려 할 것이다. B음식점 포인트 카드가 있으면 음식을 먹을 때 B 음식점을 먼저 찾을 것이다. 하지만 포인트 카드를 무분별하게 만들어내면서 기업이 포인트 카드로 단골손님을 만드는 것은 점점 어려워지고 있다.

(다) 영화를 보러 가도, 커피를 마시러 가도 어디서나 포인트 카드의 소지 여부를 물어 본다. 포인트 카드가 있으면 값을 일정 부분 깎아 주거나, 포인트로 적립해서 현금처럼 사용하도록 해 준다. 현실이 이렇다 보니, 제값을 다 내면 웬지 나만 손해를 보는 느낌이 든다.

(라) 할인 판매 기간 중 백화점에 가면 상품마다 두 개의 가격이 표시돼 있다. 둘 중 높은 가격이 '정상 가격'이고 낮은 가격이 '할인 가격'이다. 어떤 백화점에서는 정상 가격이 50만 원인 물건을 할인 판매 기간 중에 사면 영수증에 "15만 원 에누리"라는 문구를 포함하기도 한다. 정상 가격에 비해 15만 원을 절약했다는 것이다. 하지만 같은 물건을 어떤 때는 50만 원에 팔고 어떤 때는 35만 원 에 판다면, 이 물건의 정상 가격이 과연 50만 원 이라고 할 수 있을까? 평균을 내서 40만 원 혹은 45만 원 정도를 정상가격으로 보는 게 맞지 않을까? 그렇다면 소비자가 할인가격으로 물건을 사는 게 '절약'으로 보이지만 사실은 할인되지 않은 가격으로 물건을 사는 것은 '바가지 쓰기'라고 볼 수 있다.

(마) 포인트 카드에 대해서도 비슷한 말을 할 수 있다. 포인트 카드를 제시하는 사람에게 적용되는 가격이 사실은 '할인 가격'이 아니라 포인트 카드를 제시하지 않은 사람에게 적용되는 가격이 '바가지 가격'이 되는 것이다. 모든 사람이 포인트 카드를 가지고 다닌다면 대부분의 사람들에게 적용되는 할인가격이 실제로는 정상가격이고, 이 가격보다 높은 가격은 바가지 가격으로 봐야 하기 때문이다.

① (가) - (나) - (라) - (마) - (다) ② (가) - (다) - (나) - (라) - (마)

③ (다) - (가) - (나) - (마) - (라) ④ (다) - (나) - (가) - (라) - (마)

⑤ (다) - (라) - (나) - (가) - (마)

(다) 포인트 카드의 사용 사례를 보여주며 화제제시
(나) 문제제기
(가) 포인트 카드의 특성
(라) '바가지 가격'의 개념
(마) 포인트 카드에서 '바가지 가격'의 적용

46

(가) 이 그림의 부제가 암시하듯, 그림 속의 사물들은 각각 인간의 오감을 상징한다. 당시 많은 화가들이 따랐던 도상적 관례에 의거하면, 붉은 포도주와 빵은 미각과 성찬을 상징한다. 카네이션은 그리스도의 수난과 후각을, 만돌린과 악보는 청각을 나타낸다. 지갑은 탐욕을, 트럼프 카드와 체스 판은 악덕을 상징하는데, 이들은 모두 촉각을 상징하기도 한다. 그림 오른편 벽에 걸려 있는 팔각형의 거울은 시각과 함께 교만을 상징한다.

(나) 루뱅 보쟁의 〈체스 판이 있는 정물 – 오감〉에는 테이블 위로 몇 가지 물건들이 보인다. 흑백의 체스 판 위에는 카네이션이 꽂혀 있는 꽃병이 놓여 있다. 꽃병에 담긴 물과 꽃병의 유리 표면에는 이 그림 광원인 창문과 거기에서 나오는 다양한 빛의 효과가 미묘하게 표현되어 있다. 그 빛은 테이블 왼편 끝에 놓인 유리잔에도 반사될 뿐만 아니라, 술잔과 꽃병 사이에 놓인 흰 빵, 테이블 전면에 놓인 만돌린과 펼쳐진 악보, 지갑과 트럼프 카드에도 골고루 비치고 있다. 이처럼 보쟁은 섬세한 빛의 처리를 통해 물건들에 손으로 만지는 듯한 질감과 함께 시각적 아름다움을 부여했다.

(다) 이와 같은 사물들의 다의적인 의미에도 불구하고, 당시 오감을 주제로 그린 다른 화가들의 작품들로부터 이 그림의 의미를 찾을 수 있다. 당시 대부분의 오감 정물화는 세상의 부귀영화가 얼마나 허망한지를 강조하며, 현실의 욕망에 집착하지 말고 영적인 성장을 위해 힘쓰라고 격려했다. 이 사실로부터 우리는 중세적 도상 전통에서 '일곱 가지 커다란 죄' 중의 교만을 상징하는 거울에 주목하게 된다. 이때 거울은 자기 자신의 인식, 깨어 있는 의식에 대한 필요성으로 이해된다. 그런 점에서 이 그림은 감각적인 온갖 악덕에 빠질 수 있는 자신을 가다듬고 경계하라는 의미를 암시하고 있다. 보쟁의 정물화 속에 그려진 하나하나의 감각을 음미하다 보면 매우 은은하고 차분한 느낌과 함께 일종의 명상에 젖게 된다.

(라) 17세기 네덜란드의 경제가 급성장하고 부가 축적됨에 따라 새롭게 등장한 시민계급은 이전의 귀족과 성직자들이 즐기던 역사화나 종교화와는 달리 자신들에게 친근한 주제와 형식의 그림을 선호하게 되었다. 이러한 현실적이고 실용적인 취향에 따라 출현한 정물화는 새로운 그림 후원자들의 물질에 대한 태도를 반영했다. 화가들은 다양한 사물을 통해 물질적 풍요와 욕망을 그려 냈다. 동시에 그들은 그려진 사물을 통해 부와 화려함을 경계하는 기독교적 윤리관을 암시했다.

① (가) – (나) – (다) – (라)   ② (나) – (다) – (가) – (라)
③ (나) – (가) – (라) – (다)   ④ (다) – (라) – (나) – (가)
⑤ (라) – (나) – (가) – (다)

 (라) 17세기 네덜란드의 그림 취향
(나) 예시, 루뱅 보쟁의 〈체스 판이 있는 정물 – 오감〉
(가) 〈체스 판이 있는 정물 – 오감〉에 그려진 사물들의 의미
(다) 다른 작품들로부터 찾을 수 있는 〈체스 판이 있는 정물 – 오감〉의 의미

Answer ➞ 45.④ 46.⑤

47

(가) 사유재산권 제도를 채택한 사회에서 재산의 신규취득 유형은 누가 이미 소유하고 있는 것을 취득하거나 아직 누구의 소유도 아닌 것을 취득하거나 둘 중 하나다.

(나) 시장 경제에서 매 생산단계의 투입과 산출은 각각 누군가의 사적 소유물이며, 소유주가 있는 재산은 대가를 지불하고 구입하면 그 소유권을 이전 받는다.

(다) 사적 취득의 자유를 누구에게나 동등하게 허용하는 동등자유의 원칙은 사유재산권 제도에 대한 국민적 지지의 출발점으로서 신규 취득의 기회균등은 사유재산권 제도의 핵심이다.

(라) 누가 이미 소유하고 있는 재산의 취득을 인정받으려면 원 소유주가 해당 재산의 소유권 이전에 대해 동의해야 한다. 그리고 누구의 소유도 아닌 재산의 최초 취득은 사회가 정한 절차를 따라야 인정받는다.

① (가) - (다) - (라) - (나)

② (다) - (가) - (나) - (라)

③ (다) - (라) - (가) - (나)

④ (나) - (가) - (라) - (다)

⑤ (다) - (가) - (라) - (나)

 제시된 문장들의 내용을 종합하면 전체 글에서 주장하는 바는 '정당한 사적 소유의 생성'이라고 요약할 수 있다. 이를 위해 사적 소유의 정당성이 기회균등에서 출발한다는 점을 전제해야 하며 이것은 (다)가 가장 먼저 위치해야 함을 암시한다. 다음으로 (가)에서 재산의 신규취득 유형을 두 가지로 언급하고 있으며, 이 중 하나인 기소유물의 소유권에 대한 설명이 (라)에서 이어지며, (라)단락에 대한 추가 부연 설명이 (나)에서 이어진다고 보는 것이 가장 타당한 문맥의 흐름이 된다.

48

(가) 인물 그려내기라는 말은 인물의 생김새나 차림새 같은 겉모습을 그려내는 것만 가리키는 듯 보이기 쉽다.

(나) 여기서 눈에 보이는 것의 대부분을 뜻하는 공간에 대해 살필 필요가 있다. 공간은 이른바 공간적 배경을 포함한, 보다 넓은 개념이다.

(다) 하지만 인물이 이야기의 중심적 존재이고 그가 내면을 지닌 존재임을 고려하면, 인물의 특질을 제시하는 것의 범위는 매우 넓어진다. 영화, 연극 같은 공연 예술의 경우, 인물과 직접적·간접적으로 관련된 것들, 무대 위나 화면 속에 자리해 감상자의 눈에 보이는 것 거의 모두가 인물 그려내기에 이바지한다고까지 말할 수 있다.

(라) 그것은 인물과 사건이 존재하는 곳과 그곳을 구성하는 물체들을 모두 가리킨다. 공간이라는 말이 다소 추상적이므로, 경우에 따라 그곳을 구성하는 물체들, 곧 비나 눈 같은 기후 현상, 옷, 생김새, 장신구, 가구, 거리의 자동차 등을 '공간소'라고 부를 수 있다.

① (가) - (나) - (다) - (라)

② (가) - (다) - (나) - (라)

③ (가) - (라) - (나) - (다)

④ (라) - (나) - (가) - (다)

⑤ (라) - (다) - (가) - (나)

 (라)는 '그것은'으로 시작하는데 '그것'이 무엇인지에 대한 설명이 필요하기 때문에 (라)는 첫 번째 문장으로 올 수 없다. 따라서 첫 번째 문장은 (가)가 된다. '겉모습'을 인물 그려내기라고 인식하기 쉽다는 일반적인 통념을 언급하는 (가)의 다음 문장으로, '하지만'으로 연결하며 '내면'에 대해 말하는 (다)가 적절하다. 또 (다) 후반부의 '눈에 보이는 것 거의 모두'를 (나)에서 이어 받고 있으며, (나)의 '공간'에 대한 개념을 (라)에서 보충 설명하고 있다.

49

(가) 그러기에 절도는 동서고금을 막론하고 사회적 금기이다. 하지만 인간의 내부에는 저도에 대한 은밀한 욕망이 자리 잡고 있다. 절도는 적은 비용으로 많은 먹이를 획득하고자 하는 생명체의 생존욕구와 관련이 있을 것이다.

(나) 절도는 범죄지만 인간은 한편으로 그 범죄를 합리화한다. 절도의 합리화는 부조리한 사회, 주로 재화의 분배에 있어 불공정한 사회를 전제로 한다. 그리고 한걸음 더 나아가 절도 행위자인 도둑을 찬미하기도 한다.

(다) 따라서 사회적 금제 시스템이 무너졌을 때 절도를 향한 욕망은 거침없이 드러난다. 1992년 LA 폭동 때 우리는 그 야수적 욕망의 분출을 목도한 바 있다.

(라) 혹 그 도둑이 약탈물을 달동네에 던져주기라도 하면 그는 의적으로 다시 태어나 급기야 전설이 되고 소설이 된다. 그렇게 해서 가난한 우리는 일지매에 빠져들고 장길산에 열광하게 되는 것이다.

(마) 법은 절도를 금한다. 십계 중 일곱 번째 계명이 '도둑질하지 말라'이며, 고조선의 팔조금법에도 '도둑질을 하면 노비로 삼는다'는 내용이 포함되어 있다. 절도가 용인되면, 즉 개인의 재산을 보호하지 않으면 사회 자체가 붕괴된다.

(바) 지위를 이용한 고위 공무원의 부정 축재와 부잣집 담장을 넘는 밤손님의 행위 사이에 어떤 차이가 있는가? 만약 그 도둑이 넘은 담장이 부정한 돈으로 쌓아올려진 것이라면 월장은 도리어 미화되고 찬양받는다.

① (마) – (가) – (다) – (나) – (바) – (라)

② (마) – (나) – (바) – (가) – (다) – (라)

③ (마) – (바) – (라) – (다) – (나) – (가)

④ (나) – (마) – (가) – (다) – (바) – (라)

⑤ (나) – (다) – (라) – (마) – (바) – (가)

보기를 보면 (나), (마) 중 하나가 서두에 오는데, 더 포괄적인 내용을 담고 있는 (마)가 제일 먼저 오는 것이 적절하다. (마)에서 절도가 용인되면 사회가 붕괴된다고 했고, 그러기에 절도가 사회적 금기라고 설명하는 (가)가 그 다음 내용으로 알맞다. (가) 후반부에서 절도의 이유로 '생존욕구'를 언급하고 있으므로 관련 사건을 보여주는 (다)가 이어지는 것이 어울린다. 또, 범죄를 합리화하고 찬미하게 되는 과정을 (나) – (바) – (라)의 순서로 보여주고 있다.

50

㈎ 가벼울수록 에너지 소모가 줄어들기 때문에 철도차량은 끊임없이 경량화를 추구하고 있다. 물론 차량속도를 높이기 위해서는 추진 장치의 성능을 높일 수도 있지만, 이는 가격상승과 더 많은 전력 손실을 가져온다. 또한 차량이 무거울수록 축중이 증가해 궤도와 차륜의 유지보수 비용도 증가하고, 고속화 했을 때 그만큼 안전성이 떨어지는 등 문제가 있어 경량화는 열차의 설계에 있어서 필수적인 사항이 되었다.

㈏ 이를 위해 한 종류의 소재로 전체 차체구조에 적용하는 것이 아니라, 소재의 기계적 특성과 해당 부재의 기능적 역할에 맞게 2종류 이상의 소재를 동시에 적용하는 하이브리드 형 차체가 개발되었다. 예를 들면 차체 지붕은 탄소섬유강화플라스틱(CFRP)과 알루미늄 압출재, 하부구조는 스테인리스 스틸 또는 고장력강 조합 등으로 구성되는 등 다양한 소재를 병용해 사용하고 있다. 이렇게 복합재료를 사용하는 것은 두 가지 이상의 독립된 재료가 서로 합해져서 보다 우수한 기계적 특성을 나타낼 수 있기 때문이다.

㈐ 초기의 철도 차량은 오늘날과 전혀 다른 소재와 모양을 하고 있었다. 열차가 원래 마차를 토대로 하여 만들어졌고, 증기기관의 성능도 뛰어나지 못해 대형 차량을 끌 수 없었기 때문이다. 하지만 크기가 커지면서 구조적으로 집과 유사한 형태를 가지게 되어, 철도 차량은 벽과 기둥이 만들어지고 창문이 설치되면서 집과 유사한 구조를 가지게 되었다. 열차의 차체는 가벼운 목재에서 제철산업이 발달하면서 강제로 변화되었다. 차체 소재가 목재에서 금속재로 변경된 이유는 충돌, 탈선 및 전복, 화재 등의 사고가 발생했을 때 목재 차체는 충분한 안전을 확보하는데 어렵기 때문이다. 물론 생산제조 기술의 발전으로 금속재료 차체들의 소재원가 및 제조비용이 낮아졌다는 것도 중요하다고 할 수 있다.

㈑ 철강 기술이 발달하면서 다양한 부위에 녹이 슬지 않는 스테인리스를 사용하게 되었다. 그리고 구조적으로도 변화가 생겼다. 단순한 상자모양에서 차량은 프레임 위에 상자 모양의 차체를 얹어서 만드는 형태로 진화했고, 위치에 따라 작용하는 힘의 크기를 계산해 다양한 재료를 사용하기에 이르렀다. 강재나 SUS(스테인리스 스틸), 알루미늄 합금 등 다양한 금속재료를 활용하는 등 소재의 종류도 크게 증가했다. 그리고 금속소재뿐만 아니라 엔지니어링 플라스틱이나 섬유강화복합(FRP, Fiber Reinforced Polymer) 소재와 같은 비금속 재료도 많이 활용되고 있다. FRP는 우수한 내식성과 성형성을 가진 에폭시나 폴리에스터와 같은 수지를 유리나 탄소섬유와 같이 뛰어난 인장과 압축강도를 가진 강화재로 강도를 보강해 두 가지 재료의 강점만 가지도록 만든 것이다.

① ㈐ - ㈑ - ㈎ - ㈏　　　　② ㈑ - ㈐ - ㈎ - ㈏

③ ㈐ - ㈑ - ㈏ - ㈎　　　　④ ㈏ - ㈑ - ㈎ - ㈐

⑤ ㈐ - ㈎ - ㈑ - ㈏

Answer 49.① 50.①

철도 차량 소재의 변천 과정을 설명하고 있는 글로서, 최초의 목재에서 안전을 위한 철제 재료가 사용되었음을 언급하는 ㈐ 단락이 가장 처음에 위치한다. 이러한 철제 재료가 부식 방지와 강도 보강을 목적으로 비금속 재료로 대체 사용되기도 하였으며, 이후 강도 보강에 이은 경량화를 목적으로 소재가 바뀌게 되었고, 다시 하이브리드형 소재의 출현으로 부위 별 다양한 소재의 병용 사용을 통한 우수한 기계적 특성 구현이 가능하게 되었다. 따라서 이러한 소재의 변천 과정을 순서대로 나열한 ㈐ - ㈑ - ㈎ - ㈏가 가장 자연스러운 문맥의 흐름이다.

▌51~55 ▌ 다음 주어진 문장이 들어갈 위치로 가장 적절한 곳을 고르시오.

51

> 이것은 논리의 결함에서 오는 것이 아니라 사실에 관한 주장들조차도 이미 그 안에 '삶을 위한 것'이라는 대전제를 본질적으로 깔고 있기 때문이다.

> 서구 과학이 지닌 한 가지 중요한 특징은 이것이 당위성이 아닌 사실성으로 시작하고 사실성으로 끝난다는 점이다. 삶의 세계 안에서 당위성은 매우 중요한 것이지만, 이것은 학문 그 자체 속에서 자연스레 도출되는 것이 아니라 이를 활용하는 당사자가 별도로 끌어들여야 하는 것이다. 이 점에서 왕왕 혼동이 일어나기도 하지만 이는 이른바 '자연주의적 오류'라 하여 경계의 대상으로 삼고 있다. ㈎ 특히 자연과학의 논리적 구조를 살펴보면 이 속에 당위성이 끼어들 어떠한 공간도 허락되어 있지 않다. ㈏
> 그런데 매우 흥미롭게도 동양의 학문에서는 당위성과 사실성이 하나의 체계 속에 자연스럽게 서로 연결되고 있음을 볼 수 있다. ㈐ 동양에서 학문을 한다고 하면 선비를 떠올리는 것도 바로 이러한 데서 연유하게 된다. ㈑ 한편 동양 학문이 지닌 이러한 성격이 치르게 되는 대가 또한 적지 않다. 결국 물질세계의 질서를 물질세계만의 논리로 파악하는 체계, 곧 근대 과학을 이루는 데에 실패하고 만 것이다. ㈒

① ㈎　　　　② ㈏
③ ㈐　　　　④ ㈑
⑤ ㈒

 주어진 문장의 '이것'은 ㈐ 앞의 문장의 '동양의 학문에서는 당위성과 사실성이 하나의 체계 속에 자연스럽게 서로 연결되고 있음'을 의미한다.

52

이들의 업적은 수학에 관한 기초적인 사실을 많이 발견했고, 케플러는 그 유명한 행성의 운동 법칙 세 가지 모두를 밝혀냈다.

수학은 본래 자연에 대한 관찰과 경험을 통해 얻은 실용적인 사실들의 수집에서 출발했다. ㈎ 그 후 고대 그리스 시대에 이르러 증명과 공리(公理)적 방법의 도입으로 확고한 체제를 갖추게 되었다. ㈏ 여기에서 증명은 다른 사람을 설득하기 위한 논리적 설명이고, 공리적 방법은 증대된 수학 지식의 체계적인 정리라고 할 수 있다. ㈐ 그러므로 증명이나 공리적 방법은 발견의 도구가 될 수는 없으며, 창의적 발상을 저해할 수도 있다. ㈑ 그리스 시대 이후 오랫동안 정체의 늪에 빠져 있던 수학은, 저명한 수학자이며 과학자인 갈릴레오와 케플러의 놀라운 발견이 이루어진 후, 17세기에 새로운 힘을 얻게 되었다. ㈒ 이들의 발견이 현대 동역학(動力學)과 현대 천체 역학으로 발전하는 과정에서 이러한 변화와 운동을 다룰 수 있는 새로운 수학 도구를 필요로 했기 때문이다.

① ㈎　　　　　　　　　　② ㈏

③ ㈐　　　　　　　　　　④ ㈑

⑤ ㈒

 주어진 문장의 '이들'은 ㈒ 앞에 언급된 과학자 갈릴레오와 케플러이고, ㈒ 뒤에서 주어진 문장에서 제시된 이들의 발견으로 인해 필요성이 대두된 수학 도구에 대한 내용이 이어지고 있다.

53

> 유명인의 이미지가 여러 상품으로 분산되면 광고 모델과 상품 간의 결합력이 약해질 것이다. 이는 유명인 광고 모델의 긍정적인 이미지를 광고 상품에 전이하여 얻을 수 있는 광고 효과를 기대하기 어렵게 만든다.

> 유명인의 중복 출연은 과연 높은 광고 효과를 보장할 수 있을까? 유명인이 중복 출연하는 광고의 효과를 점검해 볼 필요가 있다.
>
> 어떤 모델이든지 상품의 특성에 적합한 이미지를 갖는 인물이어야 광고 효과가 제대로 나타날 수 있다. (가)
>
> 유명인의 중복 출연이 소비자가 모델을 상품과 연결시켜 기억하기 어렵게 한다는 점도 광고 효과에 부정적인 영향을 미친다. (나)
>
> 또한 유명인의 중복 출연 광고는 광고 메시지에 대한 신뢰를 얻기 힘들다. (다)
>
> 유명인 모델의 광고 효과를 높이기 위해서는 유명인이 자신과 잘 어울리는 한 상품의 광고에만 지속적으로 나오는 것이 좋다. (라)
>
> 여러 광고에 중복 출연하는 유명인이 많아질수록 외견상으로는 중복 출연이 광고 매출을 증대시켜 광고 산업이 활성화되는 것으로 보일 수 있다. 하지만 모델의 중복 출연으로 광고 효과가 제대로 나타나지 않으면 광고비가 과다 지출되어 결국 광고주와 소비자의 경제적인 부담으로 이어진다. 유명인을 비롯한 광고 모델의 적절한 선정이 요구되는 이유가 여기에 있다. (마)

① (가)　　　　　　　② (나)

③ (다)　　　　　　　④ (라)

⑤ (마)

 주어진 지문은 유명인의 중복 출연으로 모델과 상품을 연결시켜 기억하기 어려워지기 때문에 광고 효과가 온전하지 못하다는 것을 부연설명 하고 있으므로 (나)의 위치에 들어가는 것이 적절하다.

54

신체적인 측면에서 보면 잠든다는 것은 평온하고 안락한 자궁(子宮) 안의 시절로 돌아가는 것과 다름이 없다.

우리는 매일 밤 자신의 피부를 감싸고 있던 덮개(옷)들을 벗어 벽에 걸어 둘 뿐 아니라, 신체 기관을 보조하기 위해 사용하던 여러 도구를, 예를 들면 안경이나 가발, 의치 등도 모두 벗어 버리고 잠에 든다. (가) 여기에서 한 걸음 더 나아가면, 우리는 잠을 잘 때 옷을 벗는 행위와 비슷하게 자신의 의식도 벗어서 한쪽 구석에 치워 둔다고 할 수 있다. (나) 두 경우 모두 우리는 삶을 처음 시작할 때와 아주 비슷한 상황으로 돌아가는 셈이 된다. (다) 실제로 많은 사람들은 잠을 잘 때 태아와 같은 자세를 취한다. (라) 마찬가지로 잠자는 사람의 정신 상태를 보면 의식의 세계에서 거의 완전히 물러나 있으며, 외부에 대한 관심도 정지되는 것으로 보인다. (마)

① (가) ② (나)

③ (다) ④ (라)

⑤ (마)

 (다)의 앞 문장에서 '잠을 잘 때 우리는 삶을 처음 시작할 때와 아주 비슷한 상황'으로 돌아간다고 제시되어 있고, 뒤의 문장에서는 그에 대한 근거 '많은 사람들이 잠을 잘 때 태아와 같은 자세를 취하는 것'에 대해 제시되어 있으므로 주어진 문장이 들어가기에 가장 적절한 곳은 (다)이다.

Answer 53.② 54.③

55

> 이렇게 통제된 실험에 의해 진짜 비타민 C를 복용한 실험 대상자들이 감기에 걸리는 빈도가 낮거나 감기에 걸린 후 회복되는 시간이 짧다는 결과를 얻을 수 있다면 비타민 C가 감기 예방이나 치료에 효과가 있다고 추론할 수 있다.

> 비타민 C가 감기 예방 또는 치료에 효과가 있는가에 대해 상당히 오랫동안 논쟁이 있어 왔다. ㈎ 다양한 연구를 통해 많은 과학자들은 비타민 C에 그러한 효과가 없다고 믿었지만, 어떤 과학자는 비타민 C가 감기 예방이나 치료에 효과가 있다고 주장했다. ㈏ 어느 편이 옳은가에 관계없이 이 논쟁에 대한 판정은 다음과 같은 방식으로 이루어진다. ㈐ 우선 실험의 대상이 될 사람들을 선발하여 두 개의 비슷한 집단으로 나눈 다음, 한 쪽에는 진짜 비타민 C를 섭취하게 하고 다른 쪽에는 가짜 비타민 C를 준다. ㈑ 이 실험에서 중요한 점은 실험대상자들이 이 사실을 몰라야 한다는 것인데, 그 이유는 이 사실을 알게 되면 그로 인한 암시의 힘이 크게 영향을 미칠 것이기 때문이다. ㈒

① ㈎   ② ㈏

③ ㈐   ④ ㈑

⑤ ㈒

 주어진 문장에 '이렇게 통제된 실험'이라는 문구를 통해 문장의 앞부분에 실험의 통제에 대해 나와야 함을 알 수 있다. 실험 대상자들이 실험 내용을 몰라야 한다는 통제에 대한 내용이 있는 ㈒에 들어가는 것이 가장 적절하다.

56

> 언어와 사고의 관계를 연구한 사피어(Sapir)에 의하면 우리는 객관적인 세계에 살고 있는 것이 아니다. 우리는 언어를 매개로 하여 살고 있으며, 언어가 노출시키고 분절시켜 놓은 세계를 보고 듣고 경험한다. 워프(Whorf) 역시 사피어와 같은 관점에서 언어가 우리의 행동과 사고의 양식을 주조(鑄造)한다고 주장한다. 예를 들어 어떤 언어에 색깔을 나타내는 용어가 다섯 가지밖에 없다면, 그 언어를 사용하는 사람들은 수많은 색깔을 결국 다섯 가지 색 중의 하나로 인식하게 된다는 것이다. 이는 결국 ＿＿＿＿＿＿＿＿＿＿＿＿＿＿＿ 는 주장과 일맥상통한다.

① 언어와 사고는 서로 영향을 주고받는다.

② 언어가 우리의 사고를 결정한다.

③ 인간의 사고는 보편적이며 언어도 그러한 속성을 띤다.

④ 사용언어의 속성이 인간의 사고에 영향을 줄 수는 없다.

⑤ 인간의 사고에 따라 언어가 결정된다.

 '워프(Whorf) 역시 사피어와 같은 관점에서 언어가 우리의 행동과 사고의 양식을 주조(鑄造)한다고 주장한다'라는 문장을 통해 빈칸에도 워프가 사피어와 같은 주장을 하는 내용이 나와야 자연스럽다.

Answer ↪ 55.⑤ 56.②

57

> 슬로비치 모델은 과학기술 보도의 사회적인 증폭 양상에 보다 주목하는 이론이다. 이 모델은 언론의 과학기술 보도가 어떻게 사회적인 증폭 역할을 수행하게 되는지, 그리고 그 효과가 사회적으로 어떤 식으로 확대 재생산될 수 있는지를 보여 준다. 특정 과학기술 사건이 발생하면 뉴스 보도로 이어진다. 이때 언론의 집중 보도는 수용자 개개인의 위험 인지를 증폭시키며, 이로부터 수용자인 대중이 위험의 크기와 위험 관리의 적절성에 대하여 판단하는 정보 해석 단계로 넘어간다. 이 단계에서 이미 증폭된 위험 인지는 보도된 위험 사건에 대한 해석에 영향을 미쳐 _____. 이로 말미암은 부정적 영향은 그 위험 사건에 대한 인식에서부터 유관기관, 업체, 관련 과학기술 자체에 대한 인식까지 미치게 되며, 또한 관련 기업의 매출 감소, 소송의 발생, 법적 규제의 강화 등의 다양한 사회적 파장을 일으키게 된다.

① 보도 대상에 대한 신뢰 훼손과 부정적 이미지 강화로 이어진다.

② 대중들로 하여금 잘못된 선택을 하게 한다.

③ 대중들의 선택에 모든 책임을 부여한다.

④ 언론에 대한 대중들의 신뢰가 무너지게 된다.

⑤ 특정 과학기술 사건에 대해 더 이상 신경을 쓰지 않게 된다.

(Tip) 슬로비치 모델은 언론의 보도가 확대 재생산되는 과정에 대한 이론이고, 빈칸 이후의 '이로 말미암은 부정적 영향…'을 볼 때, 빈칸에 들어갈 문장은 ①이 가장 적절하다.

58

역사적 사실(historical fact)이란 무엇인가? 이것은 우리가 좀 더 꼼꼼히 생각해 보아야만 하는 중요한 질문이다. 상식적인 견해에 따르면, 모든 역사가들에게 똑같은, 말하자면 역사의 척추를 구성하는 어떤 기초적인 사실들이 있다. 예를 들면 헤이스팅스(Hastings) 전투가 1066년에 벌어졌다는 사실이 그런 것이다. 그러나 이 견해에는 명심해야 할 두 가지 사항이 있다. 첫째로, 역사가들이 주로 관심을 가지는 것은 그와 같은 사실들이 아니라는 점이다. 그 대전투가 1065년이나 1067년이 아니라 1066년에 벌어졌다는 것, 그리고 이스트본(Eastbourne)이나 브라이턴(Brighton)이 아니라 헤이스팅스에서 벌어졌다는 것을 아는 것은 분명히 중요하다. 역사가는 이런 것들에서 틀려서는 안된다. 하지만 나는 이런 종류의 문제들이 제기될 때 _____ 라는 하우스먼의 말을 떠올리게 된다. 어떤 역사가를 정확하다는 이유로 칭찬하는 것은 어떤 건축가를 잘 말린 목재나 적절히 혼합된 콘크리트를 사용하여 집을 짓는다는 이유로 칭찬하는 것과 같다.

① '정확성은 의무이며 곧 미덕이다'
② '정확성은 미덕이지 의무는 아니다'
③ '정확성은 의무도 미덕도 아니다'
④ '정확성은 의무이지 미덕은 아니다'
⑤ '정확성은 가장 우선적인 의무이다'

 뒤에 이어지는 문장에서 빈칸에 들어갈 문장을 부연설명하고 있다. 뒤에 이어지는 문장에서 '정확성은 마땅히 해야 하는 것이며, 칭찬할 것은 아니다.'라는 내용을 이야기 하고 있으므로, 이와 일치하는 내용은 ④번이다.

Answer→ 57.① 58.④

59

　힐링(Healing)은 사회적 압박과 스트레스 등으로 손상된 몸과 마음을 치유하는 방법을 포괄적으로 일컫는 말이다. 우리보다 먼저 힐링이 정착된 서구에서는 질병 치유의 대체요법 또는 영적·심리적 치료 요법 등을 지칭하고 있다.

　국내에서도 최근 힐링과 관련된 갖가지 상품이 유행하고 있다. 간단한 인터넷 검색을 통해 수천 가지의 상품을 확인할 수 있을 정도다. 종교적 명상, 자연 요법, 운동 요법 등 다양한 형태의 힐링 상품이 존재한다. 심지어 고가의 힐링 여행이나 힐링 주택 등의 상품들도 나오고 있다.

　그러나 ＿＿＿＿＿＿＿＿＿＿＿＿＿ 우선 명상이나 기도 등을 통해 내면에 눈뜨고, 필라테스나 요가를 통해 육체적 건강을 회복하여 자신감을 얻는 것부터 출발할 수 있다.

① 힐링이 먼저 정착된 서구의 힐링 상품들을 참고해야 할 것이다.

② 많은 돈을 들이지 않고서도 쉽게 할 수 있는 일부터 찾는 것이 좋을 것이다.

③ 이러한 상품들의 값이 터무니없이 비싸다고 느껴지지는 않을 것이다.

④ 자신을 진정으로 사랑하는 법을 알아야 할 것이다.

⑤ 힐링 상품시장은 최근 블루오션으로 떠오르고 있다.

 '그러나'라는 접속어를 통해 앞의 내용과 상반되는 내용이 나와야 함을 알 수 있다. 빈칸의 앞에는 갖가지 힐링 상품에 대해 이야기하고 있고, 뒤에는 명상이나 기도 등 많은 돈을 들이지 않고서도 쉽게 할 수 있는 일에 대해 이야기하고 있으므로 빈칸에는 ②가 들어가는 것이 가장 적절하다.

60

언젠가부터 우리 바다 속에 해파리나 불가사리와 같이 특정한 종들만이 크게 번창하고 있다는 우려의 말이 들린다. 한마디로 다양성이 크게 줄었다는 이야기다. 척박한 환경에서는 몇몇 특별한 종들만이 득세한다는 점에서 자연생태계와 우리 사회는 닮은 것 같다. 어떤 특정 집단이나 개인들에게 앞으로 어려워질 경제 상황은 새로운 기회가 될지도 모른다. 하지만 이는 ＿＿＿＿＿＿＿＿＿＿＿＿ 왜냐하면 자원과 에너지 측면에서 보더라도 이들 몇몇 집단들만 존재하는 세계에서는 이들이 쓰다 남은 물자와 이용하지 못한 에너지는 고스란히 버려질 수밖에 없고 따라서 효율성이 극히 낮기 때문이다.

① 사회 전체로 볼 때 그다지 바람직한 현상이 아니다.
② 자연생태계를 파괴하는 주된 원인이다.
③ 새로운 기회는 또 다른 발전을 불러올 수 있다.
④ 우리 사회의 큰 이익을 가져올 수 있는 기회이다.
⑤ 자원 효율성이 높아지게 되는 요인이다.

 ① 마지막 문장에 '이들이 쓰다 남은 물자와 이용하지 못한 에너지는 고스란히 버려질 수밖에 없고 따라서 효율성이 극히 낮기 때문이다.'라고 제시되어 있으므로 몇몇 특별한 종들만이 득세하는 것이 그다지 바람직한 현상이 아니라고 하는 것이 가장 적절하다.

61

고양이는 영리한 편이지만 지능적으로 기억을 관장하는 전두엽이 발달하지 않아 썩 머리가 좋다고 할 수는 없다. 그러나 개와 더불어 고양이가 오랫동안 인간의 친구가 될 수 있었던 것은 ＿＿＿＿＿＿＿＿＿＿ 때문이다. 주인이 슬퍼하면 고양이는 위로하듯이 응석을 부리고, 싸움이 나면 겁에 질려 걱정하고, 주인이 기뻐하면 함께 기뻐한다. 고양이는 인간의 말을 음성의 고저 등으로 이해한다. 말은 못하지만 고양이만큼 주인 마음에 민감한 동물도 없다. 어차피 동물이라 모를 거라고 무시했다가 큰코다칠 수 있다.

① 말귀를 잘 알아듣기　　　　　② 행동의 실천을 바로 하기
③ 감정의 이해가 아주 빠르기　　④ 주인에게 충성하기
⑤ 행동이 아주 민첩하기

 다섯 번째 문장 "말은 못하지만 고양이만큼 주인 마음에 민감한 동물도 없다."를 통해 고양이가 오랫동안 인간의 친구가 될 수 있었던 것은 '감정의 이해가 아주 빠르기' 때문이라는 것을 유추할 수 있다.

Answer▸ 59.② 60.① 61.③

62

비트겐슈타인이 1918년에 쓴 『논리 철학 논고』는 '빈학파'의 논리실증주의를 비롯하여 20세기 현대 철학에 큰 영향을 주었다. 그는 많은 철학적 논란들이 언어를 애매하게 사용하여 발생한다고 보았기 때문에 언어를 분석하고 비판하여 명료화하는 것을 철학의 과제로 삼았다. 그는 이 책에서 언어가 세계에 대한 그림이라는 '그림이론'을 주장한다. 이 이론을 세우는데 그에게 영감을 주었던 것은, 교통사고를 다루는 재판에서 장난감 자동차와 인형 등을 이용한 모형을 통해 사건을 설명했다는 기사였다. 그런데 모형을 가지고 사건을 설명할 수 있는 이유는 무엇일까? 그것은 모형이 실제의 자동차와 사람 등에 대응하기 때문이다. 그는 언어도 이와 같다고 보았다. 언어가 의미를 갖는 것은 언어가 세계와 대응하기 때문이다. 다시 말해 언어가 세계에 존재하는 것들을 가리키고 있기 때문이다. 언어는 명제들로 구성되어 있으며, 세계는 사태들로 구성되어 있다. 그리고 명제들과 사태들은 각각 서로 대응하고 있다. _____

① 그러므로 언어는 세계를 설명할 수 있지만, 사건은 설명할 수 없다.

② 이처럼 언어와 세계의 논리적 구조는 동일하며, 언어는 세계를 그림처럼 기술함으로써 의미를 가진다.

③ 이처럼 비트겐슈타인은 '그림 이론'을 통해 언어가 설명할 수 없는 세계에 대하여 제시했다.

④ 그러므로 철학적 논란들은 언어를 명확하게 사용함으로써 사라질 것이다.

⑤ 게다가 언어의 명제들은 세계의 사태들과 완벽하게 대응할 수 없다.

（Tip） '그림 이론'에 대한 설명에서 언어가 세계와 대응한다는 내용에 이어지는 문장이므로 ②번이 적절하다.

63

우리 민족은 반만년의 역사만큼이나 오랜 문화적 전통을 지니고 있다. 현재까지 남아 있는 문화재들은 찬란한 우리 문화의 일면을 잘 보여 준다. 그리고 그 동안 숱한 전란을 겪으면서 많은 문화재가 소실되거나 파괴되었다. 이러한 우리 문화의 현실은 관광 산업을 위축시키는 한 요인으로 작용하기도 한다. 외국 관광객들이 우리나라를 방문했을 때, 볼만한 문화재가 없다면 관광의 욕구가 충족되지 못할 것은 자명하기 때문이다. 따라서

① 다양한 문화 관광시설을 설립하여야 한다.
② 문화재 복원을 통해 관광 산업을 활성화시키도록 해야 한다.
③ 외국의 관광객들이 익숙할만한 외국의 관광시설을 본받아야 한다.
④ 한국을 찾아온 외국인 관광객들에게 친절하게 대해야 한다.
⑤ 거리 조경과 위생에 철저히 신경 써야 한다.

 ② 전반적인 내용으로 볼 때, 문화재 복원에 대한 내용이 나오는 것이 가장 적절하다.

64

_____ 왜냐하면 추위로부터 자신을 보호하기 위해서는 지방을 많이 비축하고 털이 발달되어야하기 때문에 영양분을 많이 섭취하여 몸집을 키우고, 몸집이 커지면 자연스럽게 밖으로 노출되는 표면적이 줄어들기 때문에 추운 지방에서 살기 적합한 몸이 되기 때문이다.

① 따뜻한 곳에 사는 동물은 추운 곳에 사는 동물보다 행동이 민첩하다.
② 추운 곳에 사는 동물들은 따뜻한 곳에 사는 동물보다 몸집이 크다.
③ 추운 곳에 사는 동물들은 동면을 한다.
④ 따뜻한 곳에서 사는 동물들은 추운 곳에 사는 동물보다 새끼를 잘 낳는다.
⑤ 추운 곳에 사는 동물들은 따뜻한 곳에 사는 동물보다 수명이 길다.

 추운 지방에 사는 동물들이 몸집이 큰 이유에 대해서 설명하고 있는 글이다.

Answer⤹ 62.② 63.② 64.②

65

> 고용의 질을 높이는 것 또한 고용률을 증가시키는 것만큼이나 중요하다. 정부에서는 다양한 고용 확대 정책을 내놓고 있다. 특히 육아나 가사 때문에 일을 중단한 여성들에게 다시 일자리를 가질 수 있도록 다양한 시간제 일자리가 마련되고 있다. 하지만 시간제 일자리를 먼저 도입했던 독일이나 네덜란드를 보면 시간이 지나고 시간제 일자리의 형태가 점차 변질되면서 저임금의 안 좋은 일자리로 자리 잡았다. 우리도 이에 교훈을 얻어 _____

① 무작정 일자리를 늘릴 것이 아니라 질 좋은 일자리를 창출해야한다.
② 그 무엇보다 고용률을 높이는 일에만 집중해야한다.
③ 기업들의 여성의 능력에 대한 재인식이 필요하다.
④ 더 많은 시간제 일자리를 창출하여 여성들의 고용에 앞장서야한다.
⑤ 남녀차별에 대한 사람들의 인식변화가 중요하다.

(Tip) 많은 일자리를 만드는 것보다 양질의 일자리를 만드는 것이 중요하다는 내용이다.

66 다음 글을 읽고 알 수 있는 내용으로 적절하지 않은 것은 어느 것인가?

> 인공지능이란 인간처럼 사고하고 감지하고 행동하도록 설계된 일련의 알고리즘인데, 컴퓨터의 역사와 발전을 함께한다. 생각하는 컴퓨터를 처음 제시한 것은 컴퓨터의 아버지라 불리는 앨런 튜링(Alan Turing)이다. 앨런 튜링은 현대 컴퓨터의 원형을 제시한 인물로 알려져 있다. 그는 최초의 컴퓨터라 평가받는 에니악(ENIAC)이 등장하기 이전(1936)에 '튜링 머신'이라는 가상의 컴퓨터를 제시했다. 가상으로 컴퓨터라는 기계를 상상하던 시점부터 앨런 튜링은 인공지능을 생각한 것이다.
>
> 2016년에 이세돌 9단과 알파고의 바둑 대결이 화제가 됐지만, 튜링은 1940년대부터 체스를 두는 기계를 생각하고 있었다. 흥미로운 점은 튜링이 생각한 '체스 기계'는 경우의 수를 빠르게 계산하는 방식의 기계가 아니라 스스로 체스 두는 법을 학습하는 기계를 의미했다는 것이다. 요즘 이야기하는 머신러닝을 70년 전에 고안했던 것이다. 튜링의 상상을 약 70년 만에 현실화한 것이 '알파고'다. 이전에도 체스나 바둑을 두던 컴퓨터는 많았다. 하지만 그것들은 인간이 체스나 바둑을 두는 알고리즘을 입력한 것이었다. 이 컴퓨터들의 체스, 바둑 실력을 높이려면 인간이 더 높은 수준의 알고리즘을 제공해야 했다. 결국 이 컴퓨터들은 인간이 정해준 알고리즘을 수행하는 역할을 할 뿐이었다. 반면, 알파고는 튜링의 상상처럼 스스로 바둑 두는 법을 학습한 인공지능이다. 일반 머신러닝 알고리즘을 기반으로, 바둑의 기보를 데이터로 입력받아 스스로 바둑 두는 법을 학습한 것이 특징이다.

① 앨런 튜링이 인공지능을 생각해 낸 것은 컴퓨터의 등장 이전이다.

② 앨런 튜링은 세계 최초의 머신러닝 발명품을 고안해냈다.

③ 알파고는 스스로 학습하는 인공지능을 지녔다.

④ 알파고는 바둑을 둘 수 있는 세계 최초의 컴퓨터가 아니다.

⑤ 알파고는 입력된 알고리즘을 바탕으로 새로운 지능적 행위를 터득한다.

 앨런 튜링은 세계 최초의 머신러닝 발명품을 고안해낸 것이 아니며, 머신러닝을 하는 체스 기계를 생각하고 있었다고만 언급되어 있으며, 이것을 현실화한 것이 알파고이다.
> ① 앨런 튜링의 인공지능에 대한 고안 자체는 컴퓨터 등장 이전에 '튜링 머신'을 통해 이루어졌다.
> ③ 알파고는 컴퓨터들과 달이 입력된 알고리즘을 기반으로 스스로 학습하는 지능을 지녔다.
> ④ 알파고 이전에도 바둑이나 체스를 두는 컴퓨터가 존재했었다.

Answer ↝ 65.① 66.②

67   다음 글을 읽고 답을 구할 수 있는 질문이 아닌 것은?

미술에서 19세기 사실주의는 낭만주의의 지나친 주관주의와 감성적 접근에 거부감을 느끼고 사실을 객관적으로 재현하려 한 유파이다. 그러나 넓은 의미에서 사실주의는 외부 세계를 충실하게 재현하려는 모든 미술적 시도에 다 적용된다.

라스코 동굴 벽화 같은 선사 시대의 동물 그림, 르네상스 이후 사실적인 표현을 발달시켜 온 다 빈치, 미켈란젤로, 램브란트 등의 그림에는 사실주의의 정신이 면면히 깔려 있다. 감각이 경험한 대로 자연을 모방하는 행위에 대해 사실주의라는 말이 쓰인 것이다. 그런가 하면 추상 미술과 대립하는 형상 미술 일반을 가리켜 사실주의 미술이라고 부르기도 한다.

19세기 중반 도미에, 쿠르베, 밀레 등의 그림에 처음으로 사실주의라는 이름이 붙은 것은 이들의 작품이 이전 작품들과 달리 외부 세계를 객관적으로 묘사하되, 그것을 수단이 아닌 최고의 목표로 삼았기 때문이다. 사실주의 화가들은 고전주의가 추구한 이상이나 규범을 거부하고 낭만주의가 추구한 주관과 감정의 세계와도 맞서며 오로지 눈으로 보고 경험한 세계를 객관적으로 묘사하는 데 심혈을 기울였다. 자연히 그림의 대상은 객관화가 가능한 당대의 현실이 됐다.

사조로서 19세기 사실주의는 그리 오래 존속되지 못했다. 그러나 사실주의의 영향은 이후에도 오래 지속되었다. 현대인의 합리적이고 이성적인 세계관과 잘 어울리는 까닭에 '거짓과 허황됨이 없는 미술'의 표본으로 받아들여졌고, 더불어 더 이상 종교나 신화, 주관적인 감상에 기대지 않고 과학적으로 관찰하고 객관적으로 표현하는 미술의 길을 열어 주었다. 미술이 현실을 비판하는 기능을 수행하도록 새 지평을 열어 준 셈이다.

이렇게 과학적이고 객관적인 가치를 중시한 사실주의는 19세기 말에서 20세기 초 사회적 사실주의나 사회주의 사실주의 같은 새로운 사실주의 운동의 뿌리로 기능한다. 사회적 사실주의란 도시화, 산업화 등 현대 사회의 여러 문제를 사회악과 부정의의 차원에서 이해하고 이를 비판적으로 혹은 냉소적으로 묘사한 회화이다. 현대 도시 사회의 문제점을 파헤친 사회적 사실주의 미술은 다큐멘터리 성격을 띠는 경우가 많았는데, 특히 시위나 파업 같은 반향이 큰 소재를 생생하게 묘사했다. 19세기 후반 영국에서 사회적 사실주의 그림이 많이 그려진 것은 당시 영국이 산업화와 근대화, 도시화의 최선봉에 서 있었던 점과 무관하지 않다.

사회주의 사실주의란 사회주의 시각에서 현실 속에 '역사적 구체성'을 담아 표현한 옛 공산권의 미술을 가리킨다. 여기서 역사적 구체성이란 노동 계급을 사회주의 정신으로 교화·개조하는 일을 고무·찬양하는 제반 시도를 가리킨다. 사회주의 사실주의는 이렇듯 철저히 이념 지향적인 미술을 추구했다. 그러나 이념에 대한 과도한 집착은 사회주의 사실주의가 사실주의 미술로서 실패하는 원인이 된다. 사실주의의 힘은 이념이 아니라 사실 그 자체에서 나오는 것이기 때문이다. 사실주의는 여전히 현대의 미술 사조에 큰 영향을 미치고 있으며 현실과의 관계 속에서 뚜렷한 자취를 남기고 있다.

① 사회주의 사실주의가 실패한 원인은 무엇인가?

② 사회적 사실주의와 사회주의 사실주의의 차이점은 무엇인가?

③ 사조로서의 19세기 사실주의가 오래 존속되지 못한 이유는 무엇인가?

④ 사조로서의 사실주의 작품들이 이전의 작품들과 다른 점은 무엇인가?

⑤ 19세기 후반 영국에서 사회적 사실주의 그림이 많이 그려진 이유는 무엇인가?

 사조로서의 19세기 사실주의가 오래 존속되지 못한 이유에 대해서는 알 수 없고, 그 영향이 지속되었다는 사실만 4문단에서 알 수 있다.

Answer→ 67.③

68 다음 글에 대한 이해로 적절하지 않은 것은?

> 세계관은 세계의 존재와 본성, 가치 등에 관한 신념들의 체계이다. 세계를 해석하고 평가하는 준거인 세계관은 곧 우리 사고와 행동의 토대가 되므로, 우리는 최대한 정합성과 근거를 갖추도록 노력해야 한다. 모순되거나 일관되지 못한 신념은 우리의 사고와 행동을 혼란시킬 것이므로 세계관에 대한 관심과 검토는 중요하다. 세계관을 이루는 여러 신념 가운데 가장 근본적인 수준의 신념은 '세계는 존재한다.'이다. 이 신념이 성립해야만 세계에 관한 다른 신념, 이를테면 세계가 항상 변화한다든가 불변한다든가 하는 등의 신념이 성립하기 때문이다.
>
> 실재론은 이 근본적 신념에 덧붙여 세계가 '우리 정신과 독립적으로' 존재함을 주장한다. 내가 만들어 날린 종이비행기는 멀리 날아가, 볼 수 없게 되었다 해도 여전히 존재한다. 이는 명확해서 논란의 여지가 없어 보이지만, 반실재론자는 이 상식에 도전한다. 유명한 반실재론자인 버클리는 세계의 독립적 존재를 부정한다. 그에 따르면, 우리가 감각 경험에 의존하지 않고는 세계를 인식할 수 없다고 한다. 그는 이를 바탕으로 세계에 관한 주장을 편다. 그에 의하면 '주관적' 성질인 색깔, 소리, 냄새, 맛 등은 물론, '객관적'으로 성립한다고 여겨지는 형태, 공간을 차지함, 딱딱함, 운동 등의 성질도 오로지 우리가 감각할 수 있을 때만 존재하는 주관적 속성이다. 세계 속의 대상과 현상이란 이런 속성으로 구성되므로 세계는 감각으로 인식될 때만 존재한다는 것이다.
>
> 버클리의 주장은 우리의 통념과 충돌한다. 당시 어떤 사람이 돌을 차면서 "나는 이렇게 버클리를 반박한다!"라고 외쳤다고 한다. 그는 날아간 돌이 엄연히 존재한다는 점을 근거로 버클리의 주장을 반박하고자 한 것이다. 그러나 버클리를 비롯한 반실재론자들이 부정한 것은 세계가 정신과 독립하여 그 자체로 존재한다는 신념이다. 따라서 돌을 찬 사람은 그들을 제대로 반박하지 못했다고 볼 수 있다.
>
> 최근까지도 새로운 형태의 반실재론이 제기되어 활발한 논의가 진행 중이다. 논증의 성패를 떠나 반실재론자는 타성에 젖은 실재론적 세계관의 토대에 대해 성찰할 기회를 제공한다. 또한 세계관에 대한 도전과 응전의 반복은 그 자체로 인간 지성이 상호 소통하면서 발전해 가는 과정을 보여준다.

① 실재론과 반실재론 사이의 논쟁은 현재에도 지속되고 있다.

② 세계관은 우리의 사고나 행동의 토대가 되는 신념 체계이다.

③ 실재론과 달리 반실재론은 세계가 존재하지 않는다고 주장한다.

④ 세계가 존재한다는 신념은 세계가 불변한다는 신념보다 더 근본적이다.

⑤ 실재론은 세계가 존재하며 그것의 존재는 정신과 독립적이라고 주장한다.

 실재론은 '세계는 존재한다'는 근본적 신념에 덧붙여 세계가 '우리 정신과 독립적으로' 존재한다고 주장하였다. 반실재론자인 버클리는 세계의 독립적 존재를 부정하였는데, 이는 세계가 '우리 정신과 독립적으로' 존재한다고 한 주장에 대한 반박일 뿐이다. 버클리가 '세계는 존재한다'는 근본적인 신념 자체를 부정한 것은 아니다.

69 다음 글의 논지 전개 방식으로 적절한 것은?

> 전통적 의미에서 영화적 재현과 만화적 재현의 큰 차이점 중 하나는 움직임의 유무일 것이다. 영화는 사진에 결여되었던 사물의 운동, 즉 시간을 재현한 예술 장르이다. 반면 만화는 공간이라는 차원만을 알고 있다. 정지된 그림이 의도된 순서에 따라 공간적으로 나열된 것이 만화이기 때문이다. 만일 만화에도 시간이 존재한다면 그것은 읽기의 과정에서 독자에 의해 사후에 생성된 것이다. 독자는 정지된 이미지에서 상상을 통해 움직임을 끌어낸다. 그리고 인물이나 물체의 주변에 그어져 속도감을 암시하는 효과선은 독자의 상상을 더욱 부추긴다.
>
> 만화는 물리적 시간의 부재를 공간의 유연함으로 극복한다. 영화 화면의 테두리인 프레임과 달리, 만화의 칸은 그 크기와 모양이 다양하다. 또한 만화에는 한 칸 내부에 그림뿐 아니라, 말풍선과 인물의 심리나 작중 상황을 드러내는 언어적·비언어적 정보를 모두 담을 수 있는 자유로움이 있다. 그리고 그것이 독자의 읽기 시간에 변화를 주게 된다. 하지만 영화에서는 이미지를 영사하는 속도가 일정하여 감상의 속도가 강제된다.
>
> 영화와 만화는 그 이미지의 성격에서도 대조적이다. 영화가 촬영된 이미지라면 만화는 수작업으로 만들어진 이미지이다. 빛이 렌즈를 통과하여 필름에 착상되는 사진적 원리에 따른 영화의 이미지 생산 과정은 기술적으로 자동화되어 있다. 그렇기에 영화 이미지 내에서 감독의 체취를 발견하기란 쉽지 않다. 그에 비해 만화는 수작업의 과정에서 자연스럽게 세계에 대한 작가의 개인적인 해석을 드러내게 된다. 이것은 그림의 스타일과 터치 등으로 나타난다. 그래서 만화 이미지는 '서명된 이미지'이다.
>
> 촬영된 이미지와 수작업에 따른 이미지는 영화와 만화가 현실과 맺는 관계를 다르게 규정한다. 영화는 실제 대상과 이미지가 인과 관계로 맺어져 있어 본질적으로 사물에 대한 사실적인 기록이 된다. 이 기록의 과정에는 촬영장의 상황이나 촬영여건과 같은 제약이 따른다. 그러나 최근에는 촬영된 이미지들을 컴퓨터상에서 합성하거나 그래픽 이미지를 활용하는 디지털 특수 효과의 도움을 받는 사례가 늘고 있는데, 이를 통해 만화에서와 마찬가지로 실재하지 않는 대상이나 장소도 만들어 낼 수 있게 되었다.
>
> 만화의 경우는 구상을 실행으로 옮기는 단계가 현실을 매개로 하지 않는다. 따라서 만화 이미지는 그 제작 단계가 작가의 통제에 포섭되어 있는 이미지이다. 이 점은 만화적 상상력의 동력으로 작용한다. 현실과 직접적으로 대면하지 않기에 작가의 상상력에 이끌려 만화적 현실로 향할 수 있는 것이다.

① 두 대상에 대해서 전통적인 관점과 현대적인 관점으로 나누어 설명하고 있다.

② 두 대상을 비교하고 어떤 것이 현실을 더 잘 나타내는지에 대하여 결론을 내리고 있다.

③ 두 대상의 가장 큰 차이점에 초점을 맞추어 상세히 설명하고 있다.

④ 하나의 대상에 초점을 두고 다른 대상과의 공통점과 차이점을 설명하고 있다.

⑤ 두 대상의 차이점을 여러 부분에서 비교하여 설명하고 있다.

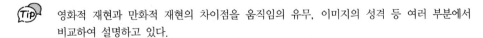 영화적 재현과 만화적 재현의 차이점을 움직임의 유무, 이미지의 성격 등 여러 부분에서 비교하여 설명하고 있다.

Answer → 68.③ 69.⑤

| 70~71 | 다음 글을 읽고 물음에 답하시오.

정보 사회라고 하는 오늘날, 우리는 실제적 필요와 지식 정보의 획득을 위해서 독서하는 경우가 많다. 일정한 목적의식이나 문제의식을 안고 달려드는 독서일수록 사실은 능률적인 것이다. 르네상스적인 만능의 인물이었던 괴테는 그림에 열중하기도 했다. 그는 그림의 대상이 되는 집이나 새를 더 관찰하기 위해서 그리는 것이라고, 의아해 하는 주위 사람에게 대답했다고 전해진다. 그림을 그리겠다는 목적의식을 가지고 집이나 꽃을 관찰하면 분명하고 세밀하게 그 대상이 떠오를 것이다. 마찬가지로 일정한 주제 의식이나 문제의식을 가지고 독서를 할 때, 보다 창조적이고 주체적인 독서 행위가 성립될 것이다.

오늘날 기술 정보 사회의 시민이 취득해야 할 상식과 정보는 무량하게 많다. 간단한 읽기, 쓰기와 셈하기 능력만 갖추고 있으면 얼마 전까지만 하더라도 문맹(文盲)상태를 벗어날 수 있었다. 오늘날 사정은 이미 동일하지 않다. 자동차 운전이나 컴퓨터 조작이 바야흐로 새 시대의 '문맹'탈피 조건으로 부상하고 있다. 현대인 앞에는 그만큼 구비해야 할 기본적 조건과 자질이 수없이 기다리고 있다.

사회가 복잡해짐에 따라 신경과 시간을 바쳐야 할 세목도 증가하게 마련이다. 그러나 어느 시인이 얘기한 대로 인간 정신이 마련해 낸 가장 위대한 세계는 언어로 된 책의 마법 세계이다. 그 세계 속에서 현명한 주민이 되기 위해서는 무엇보다도 자기 삶의 방향에 맞게 시간을 잘 활용해야 할 것이다.

70 윗글의 핵심내용으로 가장 적절한 것은?

① 현대인이 구비해야 할 조건

② 현대인이 다루어야 할 지식

③ 문맹상태를 벗어나기 위한 노력

④ 지식 정보 획득을 위한 독서

⑤ 주제의식이나 문제의식을 가진 독서

 첫 번째 문단에서 '일정한 주제 의식이나 문제의식을 가지고 독서를 할 때 보다 창조적이고 주체적인 독서 행위가 성립될 것이다.'라고 언급하고 있다.

71 윗글의 내용과 일치하는 것은?

① 과거에는 간단한 읽기, 쓰기와 셈하기 능력만으로 문맹상태를 벗어날 수 있었다.

② 사회가 복잡해져도 신경과 시간을 바쳐야 할 세목은 일정하다.

③ 오늘날 기술 정보의 발달로 시민이 취득해야 할 상식과 정보는 적어졌다.

④ 실제적 필요와 지식 정보의 획득을 위해서 독서하는 것이 중요하다.

⑤ 주제 의식이나 문제의식에 의미를 두지 않고 독서를 해도 주체적인 독서 행위가 성립될 수 있다.

 두 번째 문단에서 '간단한 읽기, 쓰기와 셈하기 능력만 갖추고 있으면 얼마 전까지만 하더라도 문맹 상태를 벗어날 수 있었다.'고 언급하고 있다.

72 다음 글에 나타난 '플로티노스'의 견해와 일치하지 않는 것은?

> 여기에 대리석 두 개가 있다고 가정해 보자. 하나는 거칠게 깎아낸 그대로이며, 다른 하나는 조각술에 의해 석상으로 만들어져 있다. 플로티노스에 따르면 석상이 아름다운 이유는, 그것이 돌이기 때문이 아니라 조각술을 통해 거기에 부여된 '형상' 때문이다. 형상은 그 자체만으로는 질서가 없는 질료에 질서를 부여하고, 그것을 하나로 통합하는 원리이다.
>
> 형상은 돌이라는 질료가 원래 소유하고 있던 것이 아니며, 돌이 찾아오기 전부터 돌을 깎는 장인의 안에 존재하던 것이다. 장인 속에 있는 이 형상을 플로티노스는 '내적 형상'이라 부른다. 내적 형상은 장인에 의해 돌에 옮겨지고, 이로써 돌은 아름다운 석상이 된다. 그러나 내적 형상이 곧 물체에 옮겨진 형상과 동일한 것은 아니다. 플로티노스는 내적 형상이 '돌이 조각술에 굴복하는 정도'에 응해서 석상 속에 내재하게 된다고 보았다.
>
> 그렇다면 우리가 어떤 석상을 '아름답다'고 느낄 때는 어떠한 일이 일어날까? 플로티노스는 우리가 물체 속의 형상을 인지하고, 이로부터 질료와 같은 부수적 성질을 버린 후 내적 형상으로 다시 환원할 때, 이 물체를 '아름답다'고 간주한다고 보았다. 즉, 내적 형상은 장인에 의해 '물체 속의 형상'으로 구현되고, 감상자는 물체 속의 형상으로부터 내적 형상을 복원함으로써 아름다움을 느끼는 것이다.

① 장인의 조각술은 질료에 내재되어 있던 '형상'이 밖으로 표출되도록 도와주는 역할을 한다.

② 물체에 옮겨진 '형상'은 '내적 형상'과 동일할 수 없으므로 질료 자체의 질서와 아름다움에 주목해야 한다.

③ 동일한 '내적 형상'도 '돌이 조각술에 굴복하는 정도'에 따라 서로 다른 '형상'의 조각상으로 나타날 수 있다.

④ 자연 그대로의 돌덩어리라 할지라도 감상자가 돌덩어리의 '내적 형상'을 복원해 낸다면 '아름답다'고 느낄 수 있다.

⑤ 감상자는 작품에 부수적 성질을 통합하고 질서를 부여함에 따라 '물체 속의 형상'을 환원시킨다.

두 번째 문단 후반부에서 내적 형상이 물체에 옮겨진 형상과 동일한 것은 아니라고 하면서, '돌이 조각술에 굴복하는 정도'에 응해서 내적 형상이 내재한다고 하였다.

① 두 번째 문단 첫 문장에서 '형상이 질료 속에 있는 것이 아니라, 장인의 안에 존재하던 것임을 알 수 있다.

② 첫 번째 문단 마지막 문장에서 질료 자체에는 질서가 없다고 했으므로, 지문의 '질료 자체의 질서와 아름다움'이라는 표현이 잘못되었다.

④ 마지막 문장에 의하면, 장인에 의해 구현된 '내적 형상'을 감상자가 복원함으로써 아름다움을 느낄 있다고 하였다. 자연 그대로의 돌덩어리에서는 복원할 '내적 형상'이 있다고 할 수 없다.

⑤ 질서를 부여하고 통합하는 것은 장인이 '형상'을 질료에 옮기는 과정이다. 감상자는 부수적 성질을 '버리고' 내적 형상을 환원한다.

Answer 72.③

수면은 일련의 단계를 거친다고 한다. 각성과 수면의 중간인 1단계에서는 보통 낮고 빠른 뇌파를 보이며 근육 활동이 이완된다. 그리고 호흡과 맥박이 느려지는 2단계에서는 뇌파도 점점 느려지고 체온도 떨어진다. 깊은 수면이 시작되는 3단계에서는 느린 델타파가 나타나기 시작해, 4단계에 도달하면 외부 자극에 대해서 더 이상 반응을 하지 않고 제한적인 근육 반응만 나타나는 깊은 수면에 빠진다. 그런데 깊은 수면 상태인데도 불구하고 1단계과 같은 뇌파를 보이며 혈압이 높아지고 호흡이 증가하는, 그리고 흥미롭게도 마치 빠른 액션 영화를 보고 있을 때처럼 안구가 신속하게 움직이는 단계가 나타나기도 하는데 이것이 5단계이며 흔히 REM 수면이라고 부르기도 한다. 이러한 REM 수면은 총 수면 시간의 20% 정도를 차지하는데 흥미로운 것은 이 REM 수면 중인 사람들을 깨우면 80% 이상이 꿈을 보고한다는 것이다. 이러한 꿈에 대해서 예부터 사람들은 수많은 호기심을 가져 왔다. 그 중에서도 특히 꿈이 어떤 심리적 기능 혹은 역할을 할 것인가의 문제와 꿈 내용이 의미가 있는가를 구분하여 생각해보면 다음과 같다.

꿈은 우리의 무의식에 도달하는 최고의 지름길이며, 우리의 충족되지 못한 잠재적 무의식이 상징적 형태로 발현되는 것이기에 해석이 필요하게 된다. 즉 욕구충족이라는 심리적 기능과 상징적 의미를 부여한다. 또한 꿈에 대한 역학습 이론도 있는데 이는 낮 동안 축적했던 여러 정보들 중 더 이상 필요 없는 정보들을 정리하는 작업이 필요하고 이것이 주관적 꿈 경험으로 나타난다고 생각하는 이론이다.

즉 일종의 정보 청소작업의 부산물이 꿈이라고 생각하는 것이다. 신경생리학적 기능을 하지만 꿈 자체는 의미가 없다는 생각인데 이 생각은 흥미롭게도 유전자의 이중나선 구조를 밝히는데 일조한 크릭과 동료들이 제기한 이론이다. 또 다른 이론은 꿈이 생존에 필요하다는 이론이다. 우리의 생존에 중요성을 갖는 여러 정보 즉 걱정, 염려, 생각, 욕구, 불확실성을 꿈으로 다시 고려하고 처리하는 것이라는 주장으로 즉 꿈의 내용이 우리의 걱정과 염려를 나타내는 것이기에 의미가 있다고 생각하는 것이다. 이 외에도 앞서 말한 역학습 이론과 맥을 같이하는 활성화–종합 이론이 있는데 이 이론은 대뇌의 뇌간에서 신경전달물질의 변화로 신경흥분이 발생하고 이것들이 대뇌의 피질에 전달되면 이를 그럴듯한 시나리오로 구성해 내는, 즉 종합의 부산물이 꿈일 것이라는 주장이다. 그러기에 어떤 특별한 심리적 의미를 부여할 필요가 없게 된다. 하지만 최근에 심리학자인 돔호프는 20,000 사례가 넘는 꿈을 분석하면서, 실제 꿈의 내용은 아주 잘 정돈되어 있으며 우리가 깨어 있을 때의 생각이나 사고와 아주 일치된다는 사실을 보고하며 활성화–종합 이론을 비판하고 있다. 더구나 5살 미만의 아이들에게는 꿈에 대한 보고가 드물고, 있다고 하더라도 아주 개략적인 특성(예, '강아지를 보았다'는 식의)이라는 점, REM을 보이지만 전두엽 손상 환자는 꿈을 꾸지 않는다는 결과 등을 들며 새로운 꿈 이론이 필요함을 역설하고 있다. 그리고 꿈 자체가 어떤 적응적인 가치가 있는 것은 아니며, 단지 수면과 고차인지과정의 진화론적 발달의 부산물이라고 주장한다. 아울러 앞서 언급했던 것처럼 깨어있을 때 일어나는 우리의 인지과정 즉 생각이나 사고의 내용과, 꿈의 내용이 같은 특성이라는 점에서 즉, 평소 깨어 있을 때 하던 생각의 내용이 꿈에서도 나타난다는 점에서 인지과학적인 꿈 연구가 필요함을 역설하고 있다.

① 꿈이 어떤 심리적 기능 혹은 역할을 하는지, 그리고 꿈의 내용이 의미가 있는지에 대해서는 현재까지 여러 가지 이론들로 설명되어지고 있다.

② 역학습 이론이란 낮 동안 축적했던 여러 정보들 중 더 이상 필요 없는 정보들을 정리하는 작업이 필요하고 이것이 주관적 꿈 경험으로 나타난다고 생각하는 이론을 말한다.

③ REM 수면은 깊은 수면 상태인데도 불구하고, 1단계과 같은 뇌파를 보이며 혈압이 높아지고 호흡이 증가하며 안구가 신속하게 움직이는 단계다.

④ 유전자의 이중나선구조를 밝히는데 일조한 크릭과 동료들은 꿈이 신경생리학적 기능을 하지만 꿈 자체는 의미가 없다고 주장하였다.

⑤ 돔호프의 연구결과 꿈에 대한 보고는 5살 미만의 아이들에게서 현저히 높은 비율로 나타나며 꿈의 내용 또한 매우 구체적이라는 것을 알았다.

 ⑤ 돔호프는 그의 연구에서 5살 미만의 아이들에게는 꿈에 대한 보고가 드물고, 있다고 하더라도 아주 개략적인 특성만 나타난다고 주장하였다.

74 다음 글을 읽고 '법'과 '정치'의 관계를 설명한 것으로 적절하지 않은 것은?

우리가 살아가면서 부딪치는 숱한 문제들은 너무 복잡다단하여 모든 것을 법에만 의존해 해결하는 것은 효율성도 떨어지고 현실적으로 가능하지도 않다. 법은 공동생활이 기본적으로 지향해야 할 목표를 제시하고, 그 실현 방법과 절차에 대한 기본적 기준만을 설정하게 된다. 공동의 관심사와 이해관계를 조정하기 위한 구체적인 실천은 정치의 몫에 해당한다. 한편 법은 정치의 결과물이자 수단이기도 하다. 법이 내용으로 하는 공동체의 목표나 정치의 방법 또는 절차를 결정하는 것이 바로 정치의 일부분이기 때문이다.

이로 보아 법과 정치는 서로 순환 관계에 있다고 할 수 있다. 다시 말해 정치는 법을 만들지만 법은 다시 정치를 규제하려는 관계에 있는 것이다. 정치가 법을 만드는 과정에 몰두하면 법은 정치의 시녀에 불과하게 되고, 정치가 법의 규율을 받는 측면을 강조하면 정치의 역동성은 사라진다. 그런데 정치와 법이 이처럼 꼭 충돌하는 관계에 있는 것만은 아니다. 둘 다 인간의 공동생활에 꼭 필요한 요소로, 이들은 상호 의존할 수밖에 없는 관계에 있기도 하다. 즉, 정치는 법을 통하지 않고는 안정적으로 이해 조정의 목적을 달성할 수 없다. 법 없는 정치는 입헌주의가 극복하고자 했던 권력자의 자의적이고 원칙 없는 지배를 의미하며, 이는 공동체의 파행과 불안정을 낳을 뿐이다.

법은 정치가 안정되고 사람들이 법을 제대로 준수할 때에만 그 실효성을 확보할 수 있다. 법을 지키는 것이 오히려 개인에게 손해를 초래한다고 여기는 경우가 많으면 법은 우리를 옥죄는 굴레일 뿐이며, 정치적인 혼란으로 누구도 법을 지키려 하지 않는다면 법은 종이호랑이로 전락하게 될 것이다. 결국 정치가 법을 무시하는 상황, 즉 법의 내용을 법의 적용 대상이 되는 당사자들에게 관철시키는 제도적 장치가 결여되면 법은 정당성과 그 존재 의의를 상실하게 된다. 그러므로 법이 정치의 역동적인 기능을 훼손하지 않는 범위 내에서 정치를 규율하고 서로 보완해 줄 때 공동체의 안정과 발전을 꾀할 수 있다.

그렇다면 법과 정치의 관계를 균형적으로 유지하면서 공동체의 건전한 발전을 이루기 위해서는 어떻게 해야 하는가? 이때 가장 먼저 염두에 두어야 할 것은 법과 정치가 서로 균형 관계를 이루는 데 중요한 기능을 하는 것이 이 둘의 교차 지점에 존재하는 특수한 법으로서의 헌법이라는 점이다. 헌법은 기존의 사회에서도 존재하던 인간들의 세부적인 일상생활을 규율하는 일반법들과는 그 성격이 다르다. 헌법은 법의 형성과 집행이라는 정치 과정 자체를 규율하는 것을 목적으로 삼는다는 점에서 정치 현실과 밀접한 관계를 갖는다. 정치가 지향하는 가치를 직접적으로 법의 내용으로 수용한다는 점에서도 강한 정치성을 띤다.

이렇듯 강한 정치성을 가지는 헌법은 형식면에서도 일반법과는 다른 체제를 지향한다. 일반법은 구체적 현실에 곧바로 적용되기 쉽도록 비교적 세세하게 규정하지만 헌법은 정치 관계의 상황을 고려하여 포괄적이고 추상적인 표현을 통해 기본 원칙을 제시하는 것이 특징이다. 이러한 포괄적 원리들이 정치의 기본적 활동을 설정하면 정치는 스스로의 목적 달성을 위해 헌법이 추구하는 가치들을 구체화할 수 있는 자율성을 확보하게 된다. 우리 헌법이 국민 주권주의, 대의제, 법치주의, 권력 분립과 같은 정치를 규율하는 여러 가지 기본 원칙을 명시적으로 혹은 암시적으로 밝혀 놓고 있는 것이 그러한 예이다.

① 정치의 혼란은 법을 무용지물로 만들 수 있다.
② 법은 정치의 과정에 관여하고 정치를 규제한다.
③ 정치의 지향성이 법의 내용에 반영되기도 한다.
④ 법과 정치의 상호 견제와 보완이 공동체 안정에 기여한다.
⑤ 법의 실효성의 확보는 정치의 역동성이 전제되어야 가능하다.

 정치가 법의 규율을 받는 측면이 강조되면 정치의 역동성이 사라지게 된다고 글쓴이는 주장하고 있다. 하지만, 이를 정치의 역동성이 전제가 되어야 법의 실효성이 확보된다는 논리로 볼 수는 없다.

75 다음 글의 전개방식을 사용하는 것은?

> 지금 지구 상공에는 수많은 인공위성이 돌고 있다. 인공위성은 크게 군사용 위성과 평화용 위성으로 나뉜다. 첩보위성, 위성 파괴 위성 등은 전자에 속하고, 통신 위성, 기상 관측 위성, 지구 자원 탐사 위성 등은 후자에 속한다.

① 법은 간단하게 공법과 사법으로 나누어 설명할 수 있다. 공법에는 헌법, 형법, 행정법 등이 있고, 사법에는 민법, 상법 등이 있다.
② 독서는 음독 중심의 독서에서 묵독으로, 그리고 다독이라는 분산형 독서에서 다시 20세기 후반부터 검색형 독서로 그 방식이 변화하였다.
③ 연민은 먼저 타인의 고통이 그 자신의 잘못에서 비롯된 것이 아니라 우연히 닥친 비극이어야 한다. 다음으로 그 비극이 언제든 나를 엄습할 수도 있다고 생각해야 한다.
④ 직구란 국내 소비자들이 인터넷 쇼핑몰 등을 통해 외국의 상품을 구매하는 행위를 의미하며, 역직구란 해외 소비자가 국내 인터넷 쇼핑몰 등에서 상품을 구입하는 행위를 말한다.
⑤ 프로이드는 그의 이론에서 주요 개념으로 리비도, 본능, 동일시 등을 제시하고 있고, 융은 페르소나, 아니마, 아니무스 등을 제시하고 있다.

 제시된 글은 인공위성을 군사용 위성과 평화용 위성으로 나누어 각각에 포함되는 것이 무엇이 있는지 설명하고 있다.
② 시간의 흐름에 따른 독서 방식의 변화에 대해 설명하고 있다.
③ 연민이라는 것을 정의하기 위한 요소에 대해 설명하고 있다.
④ 직구와 역직구를 비교하여 설명하고 있다.
⑤ 프로이드와 융의 이론에서 주요개념을 비교하여 설명하고 있다.

Answer ➜ 74.⑤ 75.①

'여가'는 개인의 문제인 동시에 요즘 사회적인 뜨거운 화두이기도 하다. 주 5일 근무제로 매주 2박3일의 휴가가 생겼는데도 그 휴가를 제대로 사용하지 못하고 무의미하게 흘려보낸다면 그것은 심각한 사회문제일 수 있다. 이처럼 사회 구성원들이 여가를 어떻게 보내는가 하는 문제는 개인의 차원에서 벗어나 사회학적 · 심리학적 · 경제학적 연구 대상이 되고 있다.

'레저 사이언스'(Leisure Science)라고 불리는 여가학은 서구 사회에서는 이미 학문의 한 영역에 편입된 지 오래다. 미국의 일리노이 주립대와 조지아대, 캐나다의 워털루대 등에 학과가 개설돼 있다. 사회과학, 사회체육, 관광학 등이 여가학의 모태다. 사회과학자들은 심리학, 사회학 문화이론의 관점에서 여가학을 연구하는 데 반해, 사회체육은 '여가치료'라는 개념으로 여가학을 조망한다. 반면 관광학 쪽은 산업의 측면에서 여가학을 다루고 있다. 국내에서도 M대학에 여가정보학과가 개설되어 있다.

M대학 여가정보학과의 김 교수는 "여가를 즐기는 것은 단순히 노는 게 아니라 문화를 구성하는 과정입니다. 세계 어느 나라나 일하는 패턴은 비슷합니다. 그러나 각 나라마다 노는 방식은 천차만별이죠. 따라서 여가학은 문화연구의 한 분야라고 할 수 있습니다." 라고 말한다. 그는 또 '여가에 대한 환상을 버리라'고 충고한다. 개개인이 가족과 함께 놀 수 있는 능력을 개발하지 않는 한, 긴 여가는 오히려 괴로운 시간이 될지도 모른다는 것이다. "한국의 성인 남성들은 '독수리 5형제 증후군'에 빠져 있습니다. 무언가 대단한 일을 하지 않으면 인생의 의미가 없다는 식의 시각이죠. 하지만 여가를 잘 보내기 위해서는 사소하고 작은 일에도 재미를 느끼고 그 재미를 가족과 공유할 수 있는 자세가 필요합니다."

그렇다면 왜 한국인들은 여가를 제대로 즐기지 못하는 것일까? 적잖은 기성세대는 '놀이'라고 하면 기껏해야 술을 마시거나 고스톱 정도밖에 떠올리지 못하는 것이 현실이다. 지난 91년 일찌감치 한국인의 여가문화 분야에서 박사학위를 받은 부산대의 한 교수는 여가를 규정하는 중요한 변수 두 가지로 시간과 경제적 요인, 즉 돈을 꼽았다. 휴일이 늘어난다고 해도 경제적 여유와 직업의 안정성이 함께 충족되지 않는 한, 여가를 즐길 수 있는 마음의 여유가 생겨나기는 어렵다. 결국 잠을 자거나 아무 생각 없이 몰두할 수 있는 술, 도박 등에 빠지게 된다는 것이다.

사실 진정한 의미의 여가는 주말에만 국한되는 것이 아니다. 최근의 직장인들이 느끼는 '체감정년'은 38세라고 한다. 반면 평균수명은 이미 70세를 훌쩍 넘어 80세를 넘보고 있다. 직장 은퇴 이후 30여 년의 여가를 어떻게 보내는가는 어떠한 직장을 선택하느냐 못지않게 중요한 문제가 되었다. 결국 여가학은 단순히 주말을 어떻게 보내는가의 차원이 아니라 좀 더 잘살 수 있는 방법에 대한 연구, 즉 삶의 질을 높이기 위한 학문인 셈이다.

76 윗글에서 궁극적으로 의미하는 바를 가장 적절하게 요약한 것은 어느 것인가?

① 한국인들의 놀이문화는 한두 가지 방법에 국한되어 있다.

② 놀 줄 모르는 한국인들은 여가학에 관심을 가질 필요가 있다.

③ 국내에도 여가학을 공부할 수 있는 대학 과정이 보강되어야 한다.

④ 여가를 즐기기 위해 경제적인 독립을 이루어야 한다.

⑤ 여가를 대단한 것으로 규정하는 습관을 버려야 한다.

 윗글은 한국인들의 여가를 즐길 줄 모르는 문화를 지적하며, 여가문화를 올바르게 누릴 수 있는 방안을 제시하고 있다. 따라서 서구 사회에서 이미 학문화되어 있는 여가학에 보다 많은 관심을 가져 진정한 의미의 여가를 즐길 수 있어야 한다는 것이 글에서 이야기하는 궁극적인 목적이라고 할 수 있다.

77 다음 중 윗글에서 이야기하는 논지에 부합하지 않는 것은 어느 것인가?

① 여가는 평소에 하지 못했던 대단한 활동을 해야만 하는 것은 아니다.

② 여가는 오히려 아무 일 없이 내적인 자유를 누리는 것이 진정한 향유 방법이다.

③ 한국인들은 여가를 보다 다양한 활동들로 구성할 필요가 있다.

④ 여가의 가장 큰 목적은 삶의 질을 제고할 수 있어야 한다는 것이다.

⑤ 여가는 단순한 휴식을 넘어 문화의 한 분야로 인식해야 한다.

 필자는 여가를 잘 보내기 위해서는 사소하고 작은 일에도 재미를 느낄 수 있어야 한다고 주장하고 있으나, 이것은 여가를 특별하지 않은 일로 구성해야 한다고 주장하는 것은 아니다. 특별한 일을 해야만 한다는 관념을 버리고 의미 있는 일을 찾아 행하는 것이 진정한 여가라는 것이므로, 각자의 환경과 특성에 맞고 재미를 찾을 수 있는 활동이 여가의 핵심이라고 주장하는 것이다.

Answer → 76.② 77.②

78 다음 글의 내용과 일치하지 않는 것은 어느 것인가?

인문학이 기업 경영에 도움을 주는 사례는 대단히 많다. 휴렛패커드의 칼리 피오리나는 중세에서 르네상스로 전환하는 시기에 대한 관심이 디지털시대로 전환하는 시대를 이해하는 데 큰 도움을 주고 있다는 말을 하곤 한다. 또 마이클 아이즈너 디즈니 CEO는 자신의 인문학적 소양이 국제 관계를 다루는데 큰 도움이 되었다고 한다.

역사나 문학은 인간과 사회에 대한 다양한 사례를 제공함으로써 인간과 사회를 깊이 이해하게 한다. 철학이 인간과 사회에 대한 본질적인 문제를 다루고 우리가 무엇을 지향해야 할 것인가 하는 가치의 문제를 다루게 하는 것과 함께 고려하면 문학, 역사, 철학은 인간과 사회에 대한 다양한 경험과 깊은 통찰을 알려주고 연마하는 중요한 학문임을 알게 된다. 그 핵심은 소통하고 공감하는 능력이다.

사회 환경 변화에 민감할 수밖에 없는 기업이 이를 가장 예민하게 받아들이고 있다. 현재는 경영 환경이 이전과 달리 복합적이고 복잡하다. 소비 자체가 하나의 문화적 현상이 되면서 기업도 물건을 파는 것이 아니라 문화를 함께 제공하여야 한다. 당연한 말이지만 이를 해결하기 위해서는 단편적인 지식이 아니라 인간을 이해하고 사회 문화를 파악할 수 있는 통찰력과 복합적 사고력이 요구된다.

게다가 요즈음은 새로운 기술이 개발되었다고 해도 복제나 다른 방법을 통해 곧 평준화된다. 신기술의 생명이 점점 짧아지는 것이 바로 이러한 추세를 반영한다. 그렇다면 후발 기업이나 선진 기업의 기술 격차가 난다고 해도 그것이 못 따라갈 정도는 아니라는 말이다. 지금의 차이도 시간의 문제일 뿐 곧 평준화된다고 보아야 한다. 이제 기술을 통해서 차별을 할 수 있는 시기는 지난 것이다.

이런 때 요구되는 것은 인간에 대한 깊은 이해로부터 만들어진 차별이다. 문화를 통한 기술이라는 것이 바로 이런 점이다. 어느 기업이든 인간을 어떻게 보느냐에 따라서 생산물에 그 철학이 담기게 되고 이것은 독특한 색채가 된다.

① 인문학적 소양은 인간과 사회를 깊이 이해하게 한다.
② 문학, 역사, 철학이 인간 사회에 주는 영향의 핵심은 소통과 공감 능력이다.
③ 소비자의 소비 행위는 단순히 물건을 구매하는 것을 넘어 하나의 문화적 현상이 되었다.
④ 기술 개발력의 향상으로 기업 간 격차와 차별화는 날로 심해진다.
⑤ 인간에 대한 깊은 이해가 바로 '문화를 통한 기술'의 핵심이다.

 필자는 주어진 글을 통해 복제나 다른 방법으로 신기술의 생명이 점점 짧아지고 있으며, 기업 간 기술 격차의 해소는 시간의 문제일 뿐 곧 평준화될 것이라는 점을 강조하며, 그러한 현상에 대한 대안적인 차별화 전략으로 인문학의 중요성을 이야기하고 있는 것이다.

79 다음 글의 내용과 일치하지 않는 것은?

> 돈으로 사람들에게 동기를 부여하는 것은 가장 값비싼 방식이면서도 그리 효과적이지 않다. 미국 마이애미에서 해상 순찰을 하는 세관원들은 자동 소총으로 무장을 하고 있다. 그러나 그들은 마약 밀매선을 향해 총을 쏜 적이 없다고 하며, 정부에서 받는 월급 때문에 자신의 목숨을 위태롭게 할 생각은 없다고 잘라 말한다. 마약 밀매꾼들이 총을 쏘지 않는 한 연방 관리들도 총을 쏘지 않는다는 무언의 협정이 있기 때문이다.
>
> 이런 상황을 어떻게 바꿀 수 있을까? 우선 기꺼이 위험을 감수할 만큼 급료를 충분히 올려 주는 방법이 있다. 그렇다면 얼마를 주면 될까? 마이애미로 밀매선을 타고 들어오는 밀수꾼이 벌어들이는 수입에 맞먹는 액수면 충분할까? 이런 물음에 대한 대답은 어느 정도 나와 있다. 사람들은 돈에 목숨까지 걸지는 않는다. 경찰관, 소방관, 군인들은 돈 때문에 목숨을 바치는 것이 아니다. 그들이 목숨 바쳐 일하는 것은 자신의 생명과 육신의 안녕을 과감히 버릴 수 있도록 만드는 사회 규범, 즉 자기 직업과 임무에 대한 사명감 때문이다.
>
> 생산성이 점점 더 노동자의 능력과 노력에 좌우되고 있다는 사실을 염두에 둔다면 기업의 입장에서 이런 문제는 자못 심각하다. 더군다나 더 많은 비용을 들이지 않고도 노동자들의 자발적인 능력(能力)과 노력(努力)을 이끌어 내어 생산성을 높일 수 있다면 더욱 솔깃하다. 우리는 돈에 어느 정도 끌린다. 하지만 장기적 관점에서 볼 때 더 중요한 영향을 미치는 힘은 사회 규범이다. 따라서 성과나 경쟁, 월급 등에 초점을 맞출 것이 아니라 사업의 목적, 사명감, 자부심 등을 사람들 마음속에 스며들게 하는 것이 더 나을 수 있다. 사회 질서를 유지하고 청소년들을 마약의 위험으로부터 지켜내는 경찰관들이나 소방관들을 치하하듯이 그들의 직업을 치하하는 것이다. 그러면서 동시에 기업이 육아 및 집세 보조, 자유 근무 제도, 체력 단련실, 구내 매점, 가족 야유회 등의 실질적 혜택과 편의를 제공하여 노동자들의 정서적 감응도 이끌어 내는 것이다. 이러한 혜택과 편의들은 고용주와 노동자라는 분명한 시장 교환적 관계를 사회 규범적 관계로 전환시킨다. 사회 규범적 관계가 형성된 직원들은 일에 대하여 열의와 성실성, 회사에 대한 애정을 보이며, 충성도가 약한 시장에서도 충실히 일하도록 동기를 부여받는다.

① 돈으로 노동자들의 생산성을 높이는 것은 한계가 있다.
② 경찰관이나 소방관은 사명감 때문에 목숨을 바치기도 한다.
③ 최근 경찰관이 위험한 상황에 노출되는 일이 더욱 많아졌다.
④ 기업은 실질적 혜택과 편의를 제공하여 생산성을 높일 수 있다.
⑤ 사회 규범적 관계를 맺은 직원들은 열의를 가지고 성실하게 일한다.

Tip ③ 경찰관이 위험에 노출되는 상황이 증가했다는 내용은 글에서 찾을 수 없다.

㈎ 전통주의는 냉전을 유발한 근본적 책임이 소련의 팽창주의에 있다고 보았다. 소련은 세계를 공산 화하기 위한 계획을 수립했고, 이 계획을 실행하기 위해 특히 동유럽 지역을 시작으로 적극적인 팽 창 정책을 수행하였다. 그리고 미국이 자유 민주주의 세계를 지켜야 한다는 도덕적 책임감에 기초 하여 그에 대한 봉쇄 정책을 추구하는 와중에 냉전이 발생했다고 본다. 그리고 미국의 봉쇄 정책이 성공적으로 수행된 결과 냉전이 종식되었다는 것이 이들의 입장이다.

㈏ 제2차 세계대전이 끝나고 나서 미국과 소련 및 그 동맹국들 사이에서 공공연하게 전개된 제한적 대 결 상태를 냉전이라고 한다. 냉전의 기원에 관한 논의는 냉전이 시작된 직후부터 최근까지 계속 진 행되었다. 이는 단순히 냉전의 발발 시기와 이유에 대한 논의만이 아니라, 그 책임 소재를 묻는 것 이기도 하다. 그 연구의 결과를 편의상 세 가지로 나누어 볼 수 있다.

㈐ 그러나 이와 같은 절충적 시각의 연구 성과는 일견 무난해 보이지만, 잠정적일 수밖에 없었다. 역 사적 현상은 복합적인 요인들로 구성되지만, 중심적 경향성은 존재하고 이를 파악하여 설명하는 것이 역사 연구의 본령 중 하나이기 때문이다.

㈑ 다른 입장에서는 절충적 시도로서 냉전의 책임을 일방적으로 어느 한쪽에 부과해서는 안 된다고 보았다. 즉, 냉전은 양국이 추진한 정책의 '상호 작용'에 의해 발생했다는 것이다. 또 경제를 중심 으로만 냉전을 보아서는 안 되며 안보 문제 등도 같이 고려하여 파악해야 한다고 보았다. 소련의 목적은 주로 안보 면에서 제한적으로 추구되었는데, 미국은 소련의 행동에 과잉 반응했고, 이것이 상황을 악화시켰다는 것이다. 이로 인해 냉전책임론은 크게 후퇴하고 구체적인 정책 형성에 대한 연구가 부각되었다.

㈒ 여기에 비판을 가한 연구는 기본적으로 냉전의 책임이 미국 쪽에 있고, 미국의 정책은 경제적 동기 에서 비롯했다고 주장했다. 즉, 미국은 전후 세계를 자신들이 주도해 나가야한다고 생각했고, 전쟁 중에 급증한 생산력을 유지할 수 있는 시장을 얻기 위해 세계를 개방 경제 체제로 만들고자 했다. 그러므로 미국 정책 수립의 기저에 깔린 것은 이념이 아니라는 것이다. 무엇보다 소련은 미국에 비 해 국력이 미약했으므로 적극적 팽창 정책을 수행할 능력이 없었다는 것이 수정주의의 기본적 입 장이었다. 오히려 미국이 유럽에서 공격적인 정책을 수행했고, 소련은 이에 대응했다는 것이다.

80 주어진 글의 문맥이 자연스럽게 이어지도록 나열된 것을 고르시오.

① (가) – (나) – (다) – (라) – (마)

② (가) – (나) – (라) – (마) – (다)

③ (라) – (다) – (나) – (가) – (마)

④ (나) – (가) – (다) – (라) – (마)

⑤ (나) – (가) – (마) – (라) – (다)

 (나) 냉전의 기원에 대한 논의 – (가) 소련에 책임이 있다고 보는 전통주의 입장 – (마) 미국에 책임이 있다고 보는 수정주의 입장 – (라) 전통주의와 수정주의의 절충적 연구 – (다) 절충적 연구의 잠정적인 경향

81 주어진 글의 내용과 일치하지 않는 것은?

① 냉전의 기원에 대한 책임이 소련에 있다고 보는 시각은 미국의 정책 성공으로 냉전이 종식되었다고 본다.

② 절충적 시각은 냉전을 바라볼 때 다양한 부분에 대한 고려가 필요하다고 본다.

③ 절충적 시각의 연구는 역사의 중심적인 경향성을 설명해준다.

④ 냉전의 책임이 미국 쪽에 있다고 보는 시각은 냉전이 이념으로 인해 발생했다는 주장을 비판한다.

⑤ 냉전의 기원에 대한 논의는 최근까지 진행되었다.

 ③ 절충적 시각의 연구는 복합적인 요인들의 상호작용에 의해 냉전이 발생했다고 보는 관점으로, 역사의 중심적인 경향성을 설명하지 못하는 잠정적인 성격을 지닌다.

Answer ➜ 80.⑤ 81.③

정부나 기업이 사업에 투자할 때에는 현재에 투입될 비용과 미래에 발생할 이익을 비교하여 사업의 타당성을 진단한다. 이 경우 물가 상승, 투자 기회, 불확실성을 포함하는 할인의 요인을 고려하여 미래의 가치를 현재의 가치로 환산한 후, 비용과 이익을 공정하게 비교해야 한다. 이러한 환산을 가능케 해 주는 개념이 할인율이다. 할인율은 이자율과 유사하지만 역으로 적용되는 개념이라고 생각하면 된다. 현재의 이자율이 연 10%라면 올해의 10억 원은 내년에는 (1+0.1)을 곱한 11억 원이 되듯이, 할인율이 연 10%라면 내년의 11억 원의 현재 가치는 (1+0.1)로 나눈 10억 원이 된다.

공공사업의 타당성을 진단할 때에는 대개 미래 세대까지 고려하는 공적 차원의 할인율을 적용하는데, 이를 사회적 할인율이라고 한다. 사회적 할인율은 사회 구성원이 느끼는 할인의 요인을 정확하게 파악하여 결정하는 것이 바람직하나, 이것은 현실적으로 매우 어렵다. 그래서 시장 이자율이나 민간 자본의 수익률을 사회적 할인율로 적용하자는 주장이 제기된다.

시장 이자율은 저축과 대출을 통한 자본의 공급과 수요에 의해 결정되는 값이다. 저축을 하는 사람들은 원금을 시장 이자율에 의해 미래에 더 큰 금액으로 불릴 수 있고, 대출을 받는 사람들은 시장 이자율만큼 대출금에 대한 비용을 지불한다. 이때의 시장 이자율은 미래의 금액을 현재 가치로 환산할 때의 할인율로도 적용할 수 있으므로, 이를 사회적 할인율로 간주하자는 주장이 제기되는 것이다. 한편 민간 자본의 수익률을 사회적 할인율로 적용하자는 주장은, 사회 전체적인 차원에서 공공사업에 투입될 자본이 민간 부문에서 이용될 수도 있으므로, 공공사업에 대해서도 민간 부문에서만큼 높은 수익률을 요구해야 한다는 것이다.

그러나 시장 이자율이나 민간 자본의 수익률을 사회적 할인율로 적용하자는 주장은 수용하기 어려운 점이 있다. 우선 ㉠공공 부문의 수익률이 민간 부문만큼 높다면, 민간 투자가 가능한 부문에 굳이 정부가 투자할 필요가 있는가 하는 문제가 제기될 수 있다. 더욱 중요한 것은 시장 이자율이나 민간 자본의 수익률이, 비교적 단기적으로 실현되는 사적 이익을 추구하는 자본 시장에서 결정된다는 점이다. 반면에 사회적 할인율이 적용되는 공공사업은 일반적으로 그 이익이 장기간에 걸쳐 서서히 나타난다. 이러한 점에서 공공사업은 미래 세대를 배려하는 지속 가능한 발전의 이념을 반영한다. 만일 사회적 할인율이 시장 이자율이나 민간 자본의 수익률처럼 높게 적용된다면, 미래 세대의 이익이 저평가되는 셈이다. 그러므로 사회적 할인율은 미래 세대를 배려하는 공익적 차원에서 결정되는 것이 바람직하다.

82 ㉠이 전제하고 있는 것은?

① 민간 투자도 공익성을 고려해서 이루어져야 한다.

② 정부는 공공 부문에서 민간 투자를 선도하는 역할을 해야 한다.

③ 공공 투자와 민간 투자는 동등한 투자 기회를 갖는 것이 바람직하다.

④ 정부는 공공 부문에서 민간 자본의 수익률을 제한하는 것이 바람직하다.

⑤ 정부는 민간 기업이 낮은 수익률로 인해 투자하기 어려운 공공 부문을 보완해야 한다.

 ㉠은 '실제로 공공 부문의 수익률이 민간 부문보다 높지 않다'는 정보와 '정부는 공공 부문에 투자해야 한다'는 정보를 연상할 수 있다. 따라서 '정부는 낮은 수익률이 발생하는 공공 부문에 투자해야 한다'는 내용을 전제로 하므로 ⑤가 가장 적합하다.

83 윗글의 글쓴이가 상정하고 있는 핵심적인 질문으로 가장 적절한 것은?

① 시장 이자율과 사회적 할인율은 어떻게 관련되는가?

② 자본 시장에서 미래 세대의 몫을 어떻게 고려해야 하는가?

③ 사회적 할인율이 민간 자본의 수익률에 어떤 영향을 미치는가?

④ 공공사업에 적용되는 사회적 할인율은 어떤 수준에서 결정되어야 하는가?

⑤ 공공 부문이 수익률을 높이기 위해서는 민간 부문과 어떻게 경쟁해야 하는가?

 글쓴이는 사회적 할인율이 공공사업의 타당성을 진단할 때 사용되는 개념이며 미래 세대까지 고려하는 공적 차원의 성격을 갖고 있음을 밝히고 있으며 이런 면에서 사회적 할인율을 결정할 때 시장 이자율이나 민간 자본의 수익률과 같은 사적 부문에 적용되는 요소들을 고려하자는 주장에 대한 반대 의견과 그 근거를 제시하고 있다. 또한 사회적 할인율은 공익적 차원에서 결정되어야 한다는 자신의 견해를 제시하고 있으므로 사회적 할인율을 결정할 때 고려해야 할 수준에 대해 언급한 질문이 가장 핵심적인 질문이라 할 수 있다.

Answer ➟ 82.⑤ 83.④

84 윗글로 보아 다음의 ⓐ에 대한 판단으로 타당한 것은?

> 한 개발 업체가 어느 지역의 자연 환경을 개발하여 놀이동산을 건설하려고 한다. 해당 지역 주민들은 자연 환경의 가치를 중시하여 놀이동산의 건설에 반대하는 사람들과 지역 경제 활성화를 중시하여 찬성하는 사람들로 갈리어 있다. 그래서 개발 업체와 지역 주민들은 ⓐ<u>놀이동산으로부터 장기간 파급될 지역 경제 활성화의 이익을 추정하고, 이를 현재 가치로 환산한 값</u>을 계산해 보기로 하였다.

① 사업의 전망이 불확실하다고 판단하는 주민들은 낮은 할인율을 적용할 것이다.

② 후손을 위한 환경의 가치를 중시하는 주민들은 높은 할인율을 적용할 것이다.

③ 개발 업체는 놀이동산 개발의 당위성을 확보하기 위해 높은 할인율을 적용할 것이다.

④ 놀이동산이 소득 증진의 좋은 기회라고 생각하는 주민들은 높은 할인율을 적용할 것이다.

⑤ 지역 경제 활성화의 효과가 나타나는 데 걸리는 시간이 길다고 판단되면 낮은 할인율을 적용할 것이다.

 ⓐ는 사업의 활성화로 인한 이익과 현재 가치로 환산한 값을 따지는 것이므로, 제시문에서 소개한 할인율의 개념과 유사하다. 또한 후손을 위한 환경의 가치를 중시하는 주민들은 개발에 대한 부정적인 입장을 취할 것이므로 자연 환경 개발에 대해서는 높은 할인율을 적용하는 것이 적절하다.

85 다음 제시된 글에 이어질 내용으로 알맞은 것은?

> 한 기업이 여러 분야에 걸쳐서 사업을 확장하는 것을 다각화라고 한다. 우리는 흔히 한 기업이 무분별하게 다각화를 많이 전개하는 경우를 문어발식 확장이라고 비난한다. 그렇다면 기업들은 왜 다각화를 하는 것일까? 기업이 다각화를 하는 이유에 대해서는 여러 가지 설명들이 제시되었는데 크게 보자면 주주들의 이익에서 그 이유를 찾는 설명들과 경영자들의 이익에서 그 이유를 찾는 설명들로 나눌 수 있다. 주주들의 이익을 위해 다각화를 한다는 설명들은 하나의 기업이 동시에 복수의 사업 활동을 하는 것이 지출되는 총비용을 줄이고 기업의 효율성을 높일 수 있다는 범위의 경제에 바탕을 두고 있다. 이와 관련된 설명으로는 첫째, 다양한 제품들을 생산하는 기술들이나 그 제품들을 구매하는 소비자들 사이의 공통성을 활용함으로써 범위의 경제가 발생한다고 보는 견해가 있다. 각각의 제품을 생산하여 판매하는 일을 서로 다른 기업들이 따로 하는 것보다 한 기업이 전담하는 방법을 통해 비용의 효율성을 높일 수 있다는 것이다. 둘째, 기업이 충분히 활용하지 못하고 있는 인적·물적 자원을 새로운 영역에 확대 사용함으로써 범위의 경제가 발생한다고 보는 견해가 있다. 예를 들어 경영자가 가지고 있는 경영 재능이나 기업의 생산 및 유통 시스템을 여러 사업 분야에 확산시키는 방법을 통해 자원을 보다 효율적으로 활용할 수 있다고 보는 것이다. 셋째, 기업 내부의 자본 운용 효율성을 높임으로써 범위의 경제가 발생한다고 보는 견해가 있다. 여유 자금이 있는 사업 부문에서 벌어들인 돈을 이용하여 새로운 사업 부문의 투자 기회를 잘 살리는 방법을 통해 수익성을 높일 수 있다는 것이다. 이러한 설명들은 다각화를 통해 효율성을 높이며 기업의 수익 구조가 개선되어 주주들의 이익이 증진된다고 본다.

① 다각화를 전개하는 방법
② 다각화를 통해 이익을 얻는 주체
③ 다각화를 추진해야 하는 적절 시기
④ 소비자의 이익 추구가 다각화의 목적이라는 입장
⑤ 경영자들의 이익 추구가 다각화의 목적이라는 입장

 ⑤ '다각화를 하는 이유에 대해서는 여러 가지 설명들이 제시되었는데 크게 보자면 <u>주주들의 이익에서 그 이유를 찾는 설명들</u>과 <u>경영자들의 이익에서 그 이유를 찾는 설명들</u>로 나눌 수 있다.'라는 부분을 통해 제시문에서 다각화의 이유를 설명하는 두 가지 관점이 제시될 것임을 파악할 수 있다. 먼저 '주주들의 이익 추구가 다각화의 목적'이라는 입장이 제시되었으므로 이어질 내용은 '경영자들의 이익 추구가 다각화의 목적'이라는 입장이다.

수리

| 1~15 | 다음에 나열된 숫자의 규칙을 찾아 빈칸에 들어가기 적절한 수를 고르시오.

1

$$78 \quad 86 \quad 92 \quad 94 \quad 98 \quad 106 \quad (\quad)$$

① 110   ② 112

③ 114   ④ 116

⑤ 118

 일의 자리에 온 숫자를 그 항에 더한 값이 그 다음 항의 값이 된다.
$78 + 8 = 86,\ 86 + 6 = 92,\ 92 + 2 = 94,\ 94 + 4 = 98,\ 98 + 8 = 106,\ 106 + 6 = 112$

2

$$13 \quad 17 \quad 20 \quad 10 \quad 27 \quad 3 \quad (\quad) \quad -4$$

① 38   ② 34

③ 30   ④ 26

⑤ 22

 홀수 항만 보면 +7씩, 짝수 항만 보면 −7씩 변화하는 규칙을 가진다.

3

| 3　5　8　13　21　34　(　)　89 |

① 45　　　　　　　　　　　② 55

③ 65　　　　　　　　　　　④ 75

⑤ 85

Tip 앞의 두 항을 더한 결과가 다음 항의 값이 되는 피보나치 수열이다.
21 + 34 = 55, 34 + 55 = 89이므로 빈칸에 들어갈 수는 55가 된다.

4

| 6　7　9　13　21　37　(　) |

① 69　　　　　　　　　　　② 68

③ 67　　　　　　　　　　　④ 66

⑤ 65

Tip 각 항에서의 증가폭이 +1, +2, +4, +8, +16이다. 각각 2^0, 2^1, 2^2, 2^3, 2^4이므로 다음 항에서는 2^5 (= 32)만큼 증가할 것을 알 수 있다. 따라서 37 + 32 = 69가 된다.

5

| 3　5　1　7　-1　9　(　) |

① 0　　　　　　　　　　　② -1

③ -2　　　　　　　　　　　④ -3

⑤ -4

Tip +2, -4, +6, -8, +10, -12 규칙을 가진다. 따라서 9 - 12 = -3이다.

Answer 1.② 2.② 3.② 4.① 5.④

6

$$\frac{1}{3} \qquad \frac{4}{5} \qquad \frac{13}{9} \qquad \frac{40}{17} \qquad \frac{121}{33} \qquad (\quad) \qquad \frac{1093}{129}$$

① $\dfrac{364}{65}$

② $\dfrac{254}{53}$

③ $\dfrac{413}{48}$

④ $\dfrac{197}{39}$

⑤ $\dfrac{174}{36}$

(Tip)
• 앞의 항의 분모에 2^1, 2^2, 2^3, ……을 더한 것이 다음 항의 분모가 된다.
• 앞의 항의 분자에 3^1, 3^2, 3^3, ……을 더한 것이 다음 항의 분자가 된다.
따라서 $\dfrac{121+3^5}{33+2^5}=\dfrac{121+243}{33+32}=\dfrac{364}{65}$

7

$$\frac{1}{2} \qquad \frac{1}{3} \qquad \frac{2}{6} \qquad \frac{3}{18} \qquad (\quad) \qquad \frac{8}{1944} \qquad \frac{13}{209952}$$

① $\dfrac{8}{83}$

② $\dfrac{6}{91}$

③ $\dfrac{5}{108}$

④ $\dfrac{4}{117}$

⑤ $\dfrac{9}{251}$

(Tip)
• 앞의 두 항의 분모를 곱한 것이 다음 항의 분모가 된다.
• 앞의 두 항의 분자를 더한 것이 다음 항의 분자가 된다.
따라서 $\dfrac{2+3}{6\times18}=\dfrac{5}{108}$

8

$$10 \quad 2 \quad \frac{17}{2} \quad \frac{9}{2} \quad 7 \quad 7 \quad \frac{11}{2} \quad (\quad)$$

① $\frac{13}{2}$

② $\frac{15}{2}$

③ $\frac{17}{2}$

④ $\frac{19}{2}$

⑤ $\frac{21}{2}$

 홀수항과 짝수항을 따로 분리해서 생각하도록 한다.

홀수항은 분모 2의 분수형태로 변형시켜 보면 분자에서 −3씩 더해가고 있다.

$$10 = \frac{20}{2} \rightarrow \frac{17}{2} \rightarrow 7 = \frac{14}{2} \rightarrow \frac{11}{2}$$

짝수항 또한 분모 2의 분수형태로 변형시켜 보면 분자에서 +5씩 더해가고 있음을 알 수 있다.

$$2 = \frac{4}{2} \rightarrow \frac{9}{2} \rightarrow 7 = \frac{14}{2} \rightarrow \frac{19}{2}$$

9

$$\underline{20 \quad 10 \quad 3} \qquad \underline{30 \quad 5 \quad 7} \qquad \underline{40 \quad 5 \quad (\quad)}$$

① 8

② 9

③ 10

④ 11

⑤ 13

 첫 번째 수를 두 번째 수로 나눈 후 그 몫에 1을 더하고 있다.

$20 \div 10 + 1 = 3, \quad 30 \div 5 + 1 = 7, \quad 40 \div 5 + 1 = 9$

Answer⤳ 6.① 7.③ 8.④ 9.②

10

2 3 15   3 4 28   5 6 ( )   7 8 120

① 50   ② 55
③ 58   ④ 66
⑤ 72

첫 번째 수와 두 번째 수를 더한 후, 그 숫자에 두 번째 수를 곱하면 세 번째 수가 된다.
$(2 + 3) \times 3 = 15$, $(3 + 4) \times 4 = 28$, $(5 + 6) \times 6 = \underline{66}$, $(7 + 8) \times 8 = 120$

11

27 43 106   12 35 74   51 91 34   60 81 24   22 12 ( )

① 34   ② 38
③ 43   ④ 48
⑤ 53

각 조합의 세 개의 숫자 중, 첫 번째와 두 번째 숫자의 십의 자리와 일의 자리 수를 바꾸어 두 수를 더하면 세 번째 숫자가 된다. $72 + 34 = 106$, $21 + 53 = 74$, $15 + 19 = 34$, $6 + 18 = 24$, 따라서 $22 + 21 = 43$이 된다.

12

22 4 2   19 3 1   37 5 2   5 3 2   54 6 ( )

① 0   ② 1
③ 2   ④ 3
⑤ 4

첫 번째 숫자를 두 번째 숫자로 나누었을 때의 나머지가 세 번째 숫자가 된다.
$22 \div 4 = 5 \cdots 2$, $19 \div 3 = 6 \cdots 1$, $37 \div 5 = 7 \cdots 2$, $5 \div 3 = 1 \cdots 2$, $54 \div 6 = 9 \cdots \underline{0}$

13

25	40
10	55

→

37	52
( )	7

① 12
② 15
③ 17
④ 22
⑤ 27

 모든 숫자는 시계의 '분'을 의미한다. 왼쪽 사각형의 네 개의 숫자 중 왼쪽 위의 숫자로부터 시작해 시계 방향으로 15분씩을 더하면 다음 칸의 '분'이 된다. 따라서 오른쪽 사각형에는 37분+15분 = 52분, 52분+15분 = 7분, 7분+15분 = 22분이 된다.

14

2 3 4 13   3 6 ( ) 220   4 2 7 23   5 2 3 35

① 4
② 5
③ 6
④ 7
8

 각 밑줄의 두 번째 수가 첫 번째 수의 제곱수로 가고, 그 값에 세 번째 수를 더한 값이 네 번째 수가 된다. $3^2 + 4 = 13$, $6^3 (= 216) + 4 = 220$, $2^4 + 7 = 23$, $2^5 + 3 = 35$

15

1 2 4 2 5 9 3 8 14 4 11 ( )

① 5
② 11
③ 17
④ 19
⑤ 23

 세 항씩 묶어보면 (1 2 4), (2 5 9), (3 8 14), (4 11 __)가 되는데, 각 묶음의 첫 번째 수는 +1씩, 두 번째 수는 +3씩, 세 번째 수는 +5씩 변하고 있다. $4 + 5 = 9$, $9 + 5 = 14$, $14 + 5 = \underline{19}$

Answer 10.④ 11.③ 12.① 13.④ 14.① 15.④

16 남자 7명, 여자 5명으로 구성된 프로젝트 팀의 원활한 운영을 위해 운영진 두 명을 선출하려고 한다. 남자가 한 명도 선출되지 않을 확률은?

① $\dfrac{1}{11}$

② $\dfrac{4}{33}$

③ $\dfrac{5}{33}$

④ $\dfrac{2}{11}$

⑤ $\dfrac{7}{33}$

(Tip) 남자가 한 명도 선출되지 않을 확률은 여자만 선출될 확률과 같은 의미이다.

$$\frac{_5C_2}{_{12}C_2} = \frac{5 \times 4}{12 \times 11} = \frac{5}{33}$$

17 어떤 물건의 정가는 원가에 $x\%$이익을 더한 것이라고 한다. 그런데 물건이 팔리지 않아 정가의 $x\%$를 할인하여 판매하였더니 원가의 4%의 손해가 생겼을 때, x의 값은?

① 5

② 10

③ 15

④ 20

⑤ 25

(Tip) 물건의 원가를 a라 하자.

이때 정가는 $\left(1 + \dfrac{x}{100}\right)a$이므로, 문제의 조건에 의하면

$$\left(1 - \frac{x}{100}\right)\left(1 + \frac{x}{100}\right)a = \left(1 - \frac{4}{100}\right)a$$

$$\Rightarrow \left(1 - \frac{x}{100}\right)\left(1 + \frac{x}{100}\right) = \frac{96}{100}$$

$$\Rightarrow 1 - \left(\frac{x}{100}\right)^2 = \frac{96}{100}$$

$$\Rightarrow \left(\frac{x}{100}\right)^2 = \frac{4}{100}$$

$$\Rightarrow \frac{x}{100} = \frac{2}{10}$$

$$\therefore x = \frac{2}{10} \times 100 = 20$$

18 12%의 소금물 200g과 6%의 소금물 100g, 그리고 물 xg을 섞어서 8%의 소금물을 만들었다. 이 때 넣은 물의 양은 몇 g인가?

① 75g

② 75.5g

③ 80g

④ 80.5g

⑤ 85g

 $(0.12 \times 200) + (0.06 \times 100) = 0.08(300 + x), \ 2,400 + 600 = 8(300 + x)$
$3,000 = 2,400 + 8x$
$8x = 600$
$x = 75$이다.

19 A마트에서 문구를 정가에서 20% 할인하는 행사를 진행했다. 미정이가 10,000원으로 정가 2,000 원의 스케치북과 정가 1,000원의 색연필을 합쳐서 총 10개를 구매했을 때, 스케치북은 최대 몇 개까지 구매할 수 있는가?

① 1개

② 2개

③ 3개

④ 4개

⑤ 5개

 스케치북의 할인가 : 1,600원
색연필의 할인가 : 800원
스케치북의 개수를 x라고 할 때,
$1,600x + 800(10 - x) \leq 10,000$
$\therefore x \leq 2.5$
따라서 스케치북은 최대 2개까지 구매할 수 있다.

Answer → 16.③ 17.④ 18.① 19.②

20 입구부터 출구까지의 총 길이가 840m인 터널을 열차가 초속 50m의 속도로 달려 열차가 완전히 통과할 때까지 걸린 시간이 25초라고 할 때, 이보다 긴 1,400m의 터널을 동일한 열차가 동일한 속도로 완전히 통과하는 데 걸리는 시간은 얼마인가?

① 34.5초

② 35.4초

③ 36.2초

④ 36.8초

⑤ 37.2초

 터널을 완전히 통과한다는 것은 터널의 길이에 열차의 길이를 더한 것을 의미한다. 따라서 열차의 길이를 x라 하면, '거리 = 시간 × 속력'을 이용하여 다음과 같은 공식이 성립한다.
$(840 + x) \div 50 = 25$, $x = 410$m가 된다. 이 열차가 1,400m의 터널을 통과하게 되면 $(1,400 + 410) \div 50 = 36.2$초가 걸리게 된다.

21 리우올림픽 축구 본선 경기는 리그전과 토너먼트로 진행된다. 리그전은 조별로 경기에 참가한 팀이 돌아가면서 모두 경기하는 방식이고, 토너먼트는 이긴 팀만이 다음 경기에 진출하고 진 팀은 탈락하는 방식이다. 경기가 다음과 같이 진행된다고 할 때 전체 경기 수는 몇 경기인가?

> • 32개 팀을 한 조에 4개 팀씩 8개조로 나누어 먼저 각 조에서 리그전을 한다.
> • 각 조의 상위 2개 팀이 16강에 진출하여 토너먼트를 한다.
> • 준결승전에서 이긴 팀끼리 1·2위전을 하고 진 팀끼리 3·4위전을 한다.

① 63

② 64

③ 86

④ 126

⑤ 128

 ㉠ 한 개 조의 경기 수는 6번이므로, $6 \times 8 = 48$이다.
㉡ 토너먼트 경기 수는 $16 - 1 = 15$이며, 이 외에도 3·4위전 경기를 1번 한다.
$\therefore 48 + 15 + 1 = 64$

22 기범이네 동아리 캠핑에서 고구마 25개, 감자 40개, 옥수수 70개를 모두에게 같은 개수대로 나누어주려고 했더니 고구마는 1개 부족하고, 감자는 1개가 남고, 옥수수는 5개가 남았다. 기범이네 동아리 인원은 최대 몇 명인가?

① 11명   ② 12명

③ 13명   ④ 14명

⑤ 15명

 고구마 $(25+1)$개, 감자 $(40-1)$개, 옥수수 $(70-5)$개를 똑같이 나누어줄 수 있는 최대의 사람을 구하는 것이므로 26, 39, 65의 최대공약수를 구하면 13명이 된다.

23 기준이의 엄마와 아빠는 4살 차이이고, 엄마와 아빠 나이의 합은 기준이 나이의 다섯 배이다. 10년 후의 아빠의 나이가 기준이의 2배가 될 때, 엄마의 현재 나이는? (단, 아빠의 나이가 엄마의 나이보다 많다.)

① 38세   ② 40세

③ 42세   ④ 44세

⑤ 46세

 엄마의 나이를 x, 아빠의 나이를 $x+4$, 기준이의 나이를 y라고 할 때,
$x+x+4=5y \cdots \bigcirc$
$x+4+10=2(y+10) \cdots \bigcirc$
$\bigcirc$, $\bigcirc$ 두 식을 정리하여 연립하면,
$x=38, y=16$이므로,
엄마는 38세, 아빠는 42세, 기준이는 16세이다.

24 형이 학교를 향해 분속 50m로 걸어간 지 24분 후에 동생이 자전거를 타고 분속 200m로 학교를 향해 출발하여 학교 정문에서 두 사람이 만났다. 형이 학교까지 가는 데 걸린 시간은?

① 24분   ② 26분

③ 30분   ④ 32분

⑤ 35분

> **Tip**
> 형이 학교까지 가는 데 걸린 시간 x
> 동생이 학교까지 가는 데 걸린 시간 $(x-24)$
> 두 사람의 이동거리는 같으므로
> $50x = 200(x-24)$
> $\therefore x = 32$

25 어떤 네 자리수가 있다. 백의 자리 숫자에서 1을 빼면 십의 자리 숫자와 같게 되고, 십의 자리 숫자의 2배가 일의 자리 숫자와 같다. 또, 이 네 자리수의 네 숫자를 순서가 반대가 되도록 배열하여 얻은 수에 원래의 수를 더하면 8778이 된다. 이 숫자의 각 자리수를 모두 더한 값은 얼마인가?

① 15   ② 16

③ 17   ④ 18

⑤ 19

> **Tip**
> 네 자리수를 $a \times 10^3 + b \times 10^2 + c \times 10 + d$라 하면, 조건에 의하여 $(a \times 10^3 + b \times 10^2 + c \times 10 + d) + (d \times 10^3 + c \times 10^2 + b \times 10 + a) = 8778$이 된다.
> 즉, $(a+d) \times 10^3 + (b+c) \times 10^2 + (b+c) \times 10 + (a+d) = 8778$이 된다.
> 따라서 각 조건에 따라, a+d=8, b+c=7, b−1=c, 2c=d가 된다.
> 이에 따라 a=2, b=4, c=3, d=6이 되어 원래의 네 자리 숫자는 2436이 되며, 이 네 자리 수를 모두 더한 값은 15가 되는 것을 알 수 있다.

26 서원이는 소금물 A 100g과 소금물 B 300g을 섞어 15%의 소금물을 만들려고 했는데 실수로 두 소금물 A와 B의 양을 반대로 섞어 35%의 소금물을 만들었다. 두 소금물 A, B의 농도는 각각 얼마인가?

① A : 30%, B : 10%　　　　　　　　② A : 35%, B : 5%

③ A : 40%, B : 10%　　　　　　　　④ A : 45%, B : 5%

⑤ A : 50%, B : 10%

 소금물 A의 농도를 $a\%$, B의 농도를 $b\%$라 할 때,

원래 만들려던 소금물은 $\dfrac{a+3b}{100+300}\times 100 = 15\%$이고,

실수로 만든 소금물의 농도는 $\dfrac{3a+b}{300+100}\times 100 = 35\%$이다.

두 식을 정리하면 $\begin{cases} a+3b=60 \\ 3a+b=140 \end{cases}$ 이다.

$\therefore a = 45\%, b = 5\%$

27 어떤 일을 할 때 A가 3일 동안 하고 남은 일을 A와 B 두 사람이 함께 하면 5일 만에 끝이 난다. 같은 일을 B가 2일 동안 하고 남은 일을 A와 B 두 사람이 함께 하면 4일 만에 끝이 난다. B가 이 일을 혼자 한다면 며칠이 걸리겠는가?

① 5일　　　　　　　　　　　　　② 6일

③ 7일　　　　　　　　　　　　　④ 8일

⑤ 9일

 A가 하루 동안 하는 일의 양을 x라고 하고, B가 하루 동안 하는 일의 양을 y라고 하면

$\begin{cases} 3x+5(x+y)=1 \\ 2y+4(x+y)=1 \end{cases}$

$\begin{cases} 8x+5y=1 \\ 4x+6y=1 \end{cases}$

$\begin{cases} 8x+5y=1 \\ 8x+12y=2 \end{cases}$

$7y=1, y=1/7$

B가 혼자서 한다면 7일 동안 해야 한다.

28 남녀 총 300명에게 설문조사를 한 결과 40%가 ○○ 핸드폰을 소지하고 있었다. 여자 중 62.5%, 남자 중 25%가 ○○ 핸드폰을 소지하고 있다면, 남녀 수의 차이는 얼마인가?

① 40명　　　　　　　　　　　② 45명

③ 50명　　　　　　　　　　　④ 55명

⑤ 60명

 여자의 수를 x, 남자의 수를 y라 할 때,

$x+y=300$ … ㉠

$\dfrac{5}{8}x+\dfrac{1}{4}y=120$, 즉 $5x+2y=960$ … ㉡ 이므로

㉠과 ㉡을 연립하면

$x=120$, $y=180$ 이므로

남녀 수의 차이는 60명이다.

29 G사의 공장 앞에는 '가로 20m×세로 15m' 크기의 잔디밭이 조성되어 있다. 시청에서는 이 잔디밭의 가로, 세로 길이를 동일한 비율로 확장하여 새롭게 잔디를 심었는데 새로운 잔디밭의 총 면적은 432m^{2}였다. 새로운 잔디밭의 가로, 세로의 길이는 순서대로 얼마인가?

① 24m, 18m　　　　　　　　② 23m, 17

③ 22m, 16.5m　　　　　　　④ 21.5m, 16m

⑤ 21m, 15.5m

 늘어난 비율을 x라 하면, 다음 공식이 성립한다.

$20x \times 15x = 432 \rightarrow (5x)^2 = 6^2$, $\therefore x=1.2$

따라서 x의 비율로 확장된 가로, 세로의 길이는 각각 24m($=20 \times 1.2$), 18m($=15 \times 1.2$)가 된다.

30 민국이가 어느 해의 12월 달력을 보니 화요일과 금요일이 4번 있었다. 12월 31일의 요일은?

① 월요일　　　　　　　　　　② 수요일

③ 목요일　　　　　　　　　　④ 토요일

⑤ 일요일

 12월은 31일까지 있고, 7로 나누면 3이 남으므로 3개의 요일이 5번씩 있다. 문제에서 화요일과 금요일이 4번 있다고 했으므로 12월 31일은 월요일이다.

일	월	화	수	목	금	토
						1
2	3	4	5	6	7	8
9	10	11	12	13	14	15
16	17	18	19	20	21	22
23	24	25	26	27	28	29
30	31					

31 찬수네 가게는 원가가 14,000원인 제품 A 30개와 원가가 12,000원인 제품 B 50개를 판매하려고 한다. 제품 A의 정가를 원가의 15%의 이익이 있게 책정하고 제품 A, B의 총 판매 순수익이 같도록 제품 B의 정가를 정하려고 할 때, 제품 B의 이윤율은 얼마로 해야 하는가?

① 10%　　　　　　　　　　② 10.5%

③ 11%　　　　　　　　　　④ 11.5%

⑤ 12%

 제품 A의 순수익은 $30 \times 14,000 \times 0.15 = 63,000$(원)이다.
제품 A와 B의 순수익을 같도록 한다고 했으므로 $50 \times 12,000 \times x = 63,000$, $x = 0.105$ 즉, 10.5%의 이윤율로 정가를 정해야 한다.

32 태현이는 자전거를 타고 운동장을 한 바퀴 돌면서 절반까지는 시속 15km로 달리다가, 힘이 빠지면서 나머지 절반은 시속 10km로 달렸다. 이 때 걸린 시간이 25분이라고 할 때, 운동장 한 바퀴는 몇 km인가?

① 3km

② 3.5km

③ 4km

④ 4.5km

⑤ 5km

(Tip) $\dfrac{25}{60} = \dfrac{x}{15} + \dfrac{x}{10} = \dfrac{10x}{60}$, $x = 2.5$. 운동장 한 바퀴는 $2x = 5km$이다.

33 수레 A와 B에는 각각 백과사전과 국어사전이 같은 개수만큼 실려 있다. 백과사전과 국어사전 무게의 비는 3:2이다. 백과사전을 실은 수레가 너무 무거워서 백과사전 10권을 수레 B로 옮겼더니 두 수레에 실린 책의 무게가 같아졌을 때, 처음 수레에 실려 있던 백과사전은 총 몇 권인가?

① 50권

② 55권

③ 60권

④ 65권

⑤ 70권

(Tip) 백과사전의 무게를 $3a$, 국어사전의 무게를 $2a$라 하고, 처음 수레에 실려 있던 책의 개수를 b라 할 때, 백과사전을 옮긴 후 수레에 실린 책의 무게는 $3a(b-10) = 2ab + 10 \times 3a$이다. 양변에 a를 나눠주고 식을 정리하면 $b = 60$(권)이다.

34 통신사 A의 월별 기본료는 40,000원이고 무료통화는 300분이 제공되며 무료통화를 다 쓴 후의 초과 1분당 통화료는 60원이다. 통신사 B의 월별 기본료는 50,000원이고 무료통화는 400분 제공되고 초과 1분당 통화료는 50원이다. 통신사 B를 선택한 사람의 통화량이 몇 분이 넘어야 통신사 A를 선택했을 때 보다 이익인가?

① 600분

② 650분

③ 700분

④ 750분

⑤ 800분

(Tip) 통화량이 x분인 사람의 요금은
통신사 A의 경우 $40,000 + 60(x-300)$, 통신사 B의 경우 $50,000 + 50(x-400)$이므로
$50,000 + 50(x-400) < 40,000 + 60(x-300)$일 때 A를 선택했을 때보다 더 이익이다.
∴ $x > 800$(분)

35 지난 주 S사의 신입사원 채용이 완료되었다. 신입사원 120명이 새롭게 채용되었고, 지원자의 남녀 성비는 5:4, 합격자의 남녀 성비는 7:5, 불합격자의 남녀 성비는 1:1이었다. 신입사원 채용 지원자의 총 수는 몇 명인가?

① 175명   ② 180명

③ 185명   ④ 190명

⑤ 195명

 합격자 120명 중, 남녀 비율이 $7:5$이므로 남자는 $120 \times \frac{7}{12}$명이 되고, 여자는 $120 \times \frac{5}{12}$가 된다. 따라서 남자 합격자는 70명, 여자 합격자는 50명이 된다. 지원자의 남녀 성비가 $5:4$이므로 남자를 $5x$, 여자를 $4x$로 치환할 수 있다. 이 경우, 지원자에서 합격자를 빼면 불합격자가 되므로 $5x-70$과 $4x-50$이 $1:1$이 된다. 따라서 $5x-70=4x-50$이 되어, $x=20$이 된다. 그러므로 총 지원자의 수는 남자 100명($=5 \times 20$)과 여자 80명($=4 \times 20$)의 합인 180명이 된다.

36 C사의 사내 설문조사 결과, 전 직원의 $\frac{2}{3}$가 과민성대장증상을 보이고 있으며, 이 중 $\frac{1}{4}$이 출근 길에 불편을 겪어 아침을 먹지 않는 것으로 조사되었다. 과민성대장증상을 보이는 직원 중 아침 식사를 하는 직원의 수가 144명이라면, C사의 전 직원의 수는 몇 명인가?

① 280명   ② 282명

③ 285명   ④ 288명

⑤ 290명

 전 직원의 수를 x라 하면, 과민성대장증상을 보이는 직원의 수는 $\frac{2}{3}x$가 된다. 이 중 아침 식사를 하는 직원의 수 $\frac{2}{3}x \times \frac{3}{4}=144$에서 전 직원 수 x를 구하면 288명이 된다.

37 갑, 을, 병, 정, 무, 기 6명의 채용 시험 결과를 참고로 평균 점수를 구하여 편차를 계산하였더니 결과가 다음과 같다. 이에 대한 분산과 표준편차를 합한 값은 얼마인가?

직원	갑	을	병	정	무	기
편차	3	-1	( )	2	0	-3

① 3   ② 4

③ 5   ④ 6

⑤ 7

 편차는 변량에서 평균을 뺀 값이므로 편차의 총합은 항상 0이 된다는 사실을 이용하여 계산할 수 있다. 따라서 편차를 모두 더하면 3-1+( )+2+0-3=0이 되므로 '병'의 편차는 -1임을 알 수 있다.

분산은 편차를 제곱한 값들의 합을 변량의 개수로 나눈 값이므로 (9+1+1+4+0+9)÷6=4가 되어 분산은 4이다. 분산의 양의 제곱근이 표준편차가 되므로 표준편차는 2가 되는 것을 알 수 있다. 따라서 분산과 표준편차를 합한 값은 6이 된다.

38 세 수 A, B, C는 등비수열이다. $A+B+C=14$, $A^2+B^2+C^2=84$라면 B는 얼마인가?

① 2   ② 3

③ 4   ④ 5

⑤ 6

 $A=a$, $B=ar$, $C=ar^2$이라 하면

㉠ $a+ar+ar^2=a(1+r+r^2)=14$

㉡ $a^2+a^2r^2+a^2r^4=a^2(1+r^2+r^4)=a^2(1-r+r^2)(1+r+r^2)=84$

㉡÷㉠ 하면 $a(1-r+r^2)=6$, 이것을 ㉠으로 나누면

$\dfrac{a(1-r+r^2)}{a(1+r+r^2)}=\dfrac{6}{14}$, 간단히 하면 $2r^2-5r+2=0$

$(2r-1)(r-2)=0$, $r=2$, $\dfrac{1}{2}$, $a=2$, 8

∴ $A=2$ or 8, $B=4$, $C=8$ or 2

39 가로의 길이가 48m이고, 세로의 길이가 60m인 직사각형 모양의 꽃밭의 둘레를 따라서 일정한 간격으로 말뚝을 박아 울타리를 만들려고 한다. 말뚝사이의 간격은 10m를 넘지 않게 하고 울타리의 네 귀퉁이에는 반드시 말뚝을 박으려고 할 때 필요한 말뚝의 최소 개수는?

① 32   ② 34

③ 36   ④ 38

⑤ 40

 48과 60의 최대공약수는 12이다. 하지만, 말뚝 사이의 간격이 10m 이하여야 하므로 48과 60의 공약수를 구하면 1, 2, 3, 4, 6, 12이다. 10 이하이지만 가장 큰 공약수는 6이므로 말뚝을 6m 간격으로 배치한다.

말뚝의 개수를 구하면 $2 \times \{(48 \div 6) + (60 \div 6)\} = 36$이다.

40 A기업에서는 매년 3월에 정기 승진 시험이 있다. 시험을 치른 사람이 남자사원, 여자사원을 합하여 총 100명이고 시험의 평균이 남자사원은 72점, 여자사원은 76점이며 남녀 전체평균은 73점일 때 시험을 치른 여자사원의 수는?

① 25명   ② 30명

③ 35명   ④ 40명

⑤ 45명

 시험을 치른 여자사원의 수를 x라 하고 (여자사원의 총점)+(남자사원의 총점)=(전체 사원의 총점)이므로

$76x + 72(100 - x) = 73 \times 100$

식을 간단히 하면 $4x = 100$, $x = 25$

∴ 여자사원은 25명이다.

41 다음 표는 각국의 연구비에 대한 부담원과 사용 조직을 제시한 것이다. 알맞은 것은?

(단위 : 억 엔)

부담원	사용 조직 \ 국가	일본	미국	독일	프랑스	영국
정부	정부	8,827	33,400	6,590	7,227	4,278
	산업	1,028	71,300	4,526	3,646	3,888
	대학	10,921	28,860	7,115	4,424	4,222
산업	정부	707	0	393	52	472
	산업	81,161	145,000	34,771	11,867	16,799
	대학	458	2,300	575	58	322

① 독일 정부가 부담하는 연구비는 미국 정부가 부담하는 연구비의 약 반이다.
② 정부부담 연구비 중에서 산업의 사용 비율이 가장 높은 것은 프랑스이다.
③ 산업이 부담하는 연구비를 산업 자신이 사용하는 비율이 가장 높은 것은 프랑스이다.
④ 미국의 대학이 사용하는 연구비는 일본의 대학이 사용하는 연구비의 약 두 배이다.
⑤ 정부부담 연구비 중에서 산업의 사용 비율이 가장 낮은 것은 독일이다.

 ① 독일 정부가 부담하는 연구비 : 6,590 + 4,526 + 7,115 = 18,231
　　미국 정부가 부담하는 연구비 : 33,400 + 71,300 + 28,860 = 133,560
②⑤ 정부부담 연구비 중에서 산업의 사용 비율이 가장 높은 것은 미국이며, 가장 낮은 것은 일본이다.
④ 미국 대학이 사용하는 연구비 : 28,860 + 2,300 = 31,160
　　일본 대학이 사용하는 연구비 : 10,921 + 458 = 11,379

42 다음은 '갑' 지역의 연도별 65세 기준 인구의 분포를 나타낸 자료이다. 이에 대한 올바른 해석은 어느 것인가?

구분	인구 수(명)		
	계	65세 미만	65세 이상
2010년	66,557	51,919	14,638
2011년	68,270	53,281	14,989
2012년	150,437	135,130	15,307
2013년	243,023	227,639	15,384
2014년	325,244	310,175	15,069
2015년	465,354	450,293	15,061
2016년	573,176	557,906	15,270
2017년	659,619	644,247	15,372

① 65세 미만 인구수는 조금씩 감소하였다.

② 2017년 인구수가 2010년에 비해 약 10배로 증가한 데에는 65세 미만 인구수의 영향이 크다.

③ 65세 이상 인구수는 매년 지속적으로 증가하였다.

④ 65세 이상 인구수는 매년 전체의 5% 이상이다.

⑤ 전년 대비 65세 이상 인구수가 가장 많이 변화한 3개 연도는 2011년, 2012년, 2016년이다.

 65세 이상 인구수는 크게 변동이 없는 데 비해, 65세 미만 인구수는 5만여 명에서 64만여 명으로 크게 증가한 것을 알 수 있다.
① 65세 미만 인구 수 역시 매년 꾸준히 증가하였다.
③ 2014년과 2015년에는 전년보다 감소하였다.
④ 2014년 이후부터는 5% 미만 수준을 계속 유지하고 있다.
⑤ 증가나 감소가 아닌 변화 전체를 묻고 있으므로 2011년(+351명), 2012년(+318명), 그리고 2014년(−315명)이 된다.

43 다음 표는 우리나라의 기대수명과 고혈압 및 당뇨 유병률, 비만율에 대한 표이다. 이에 대한 설명으로 옳은 것은?

(단위 : 세, %)

	2007	2008	2009	2010	2011	2012	2013
기대수명	79.6	80.1	80.5	80.8	81.2	81.4	81.9
고혈압 유병률	24.6	26.3	26.4	26.9	28.5	29	27.3
당뇨 유병률	9.6	9.7	9.6	9.7	9.8	9	11
비만율	31.7	30.7	31.3	30.9	31.4	32.4	31.8

① 고혈압 유병률과 당뇨 유병률은 해마다 증가하고 있다.

② 고혈압 유병률의 변동은 2011년에 가장 크게 나타났다.

③ 당뇨 유병률의 변동은 1% 이상 나타나지 않는다.

④ 비만율의 증감은 증가 또는 감소와 같이 일정한 방향성이 없다.

⑤ 기대수명은 해마다 0.5세 이상 변동이 나타난다.

① 고혈압 유병률은 2013년에 감소하였고, 당뇨 유병률은 2009년과 2012년에 감소하였다.

② 고혈압 유병률은 2008년과 2013년에는 1.7%, 2011년에는 1.6% 변동이 나타났다.

③ 당뇨 유병률의 변동은 2013년에 2%였다.

⑤ 기대수명은 2008년과 2013년만 0.5세의 변동이 나타났고, 그 외에는 0.5세 이하의 변동이 있었다.

▌44~45 ▌ 다음 두 자료는 일제강점기 중 1930~1936년 소작쟁의 현황에 관한 자료이다. 두 표를
보고 물음에 답하시오.

〈표1〉 소작쟁의 참여인원

(단위 : 명)

구분 \ 연도	1930	1931	1932	1933	1934	1935	1936
지주	860	1,045	359	1,693	6,090	22,842	29,673
마름	0	0	0	586	1,767	3,958	3,262
소작인	12,151	9,237	4,327	8,058	14,597	32,219	39,518
전체	13,011	10,282	4,686	10,337	22,454	59,019	72,453

〈표2〉 지역별 소작쟁의 발생건수

(단위 : 건)

지역 \ 연도	1930	1931	1932	1933	1934	1935	1936
강원도	4	1	6	4	92	734	2,677
경기도	95	54	24	119	321	1,873	1,299
경상도	230	92	59	300	1,182	5,633	7,040
전라도	240	224	110	1,263	5,022	11,065	7,712
충청도	139	315	92	232	678	3,714	8,136
평안도	5	1	0	16	68	1,311	1,733
함경도	0	0	0	2	3	263	404
황해도	13	10	14	41	178	1,241	947
전국	726	697	305	1,977	7,544	25,834	29,948

Answer ↱→ 43.④

44 위의 두 표에 관한 설명으로 옳지 않은 것은?

① 1932년부터 지주의 소작쟁의 참여인원은 매년 증가하고 있다.

② 전국 소작쟁의 발생건수에서 강원도 소작쟁의 발생건수가 차지하는 비중은 1933년보다 1934년에 증가했다.

③ 충청도의 1936년 소작쟁의 발생건수는 전년도의 두 배 이상이다.

④ 1930년에 비해 1931년에 소작쟁의 발생건수가 증가한 지역은 없다.

⑤ 경기도의 1935년 소작쟁의 발생건수는 1934년 발생건수의 5배 이상이다.

 ④ 1930년에 비해 1931년에 소작쟁의 발생건수가 증가한 지역은 충청도 한 곳 뿐이다.

45 위의 두 표에서 전국 소작쟁의 발생 건당 참여인원이 가장 많은 해는?

① 1930년   ② 1933년

③ 1934년   ④ 1935년

⑤ 1936년

 ① 1930년 : $\dfrac{13,011}{726} = 17.92$

② 1933년 : $\dfrac{10,337}{1,977} = 5.22$

③ 1934년 : $\dfrac{22,454}{7,544} = 2.97$

④ 1935년 : $\dfrac{59,019}{25,834} = 2.28$

⑤ 1936년 : $\dfrac{72,453}{29,948} = 2.42$

46 다음은 도시 갑, 을, 병, 정의 공공시설 수에 대한 통계자료이다. A~D 도시를 바르게 연결한 것은?

(단위 : 개)

구분	2011			2012			2013		
	공공청사	문화시설	체육시설	공공청사	문화시설	체육시설	공공청사	문화시설	체육시설
A	472	54	36	479	57	40	479	60	42
B	239	14	22	238	15	22	247	16	23
C	94	5	9	96	5	10	100	6	10
D	96	14	10	98	13	12	98	13	12

※ 공공시설이란 공공청사, 문화시설, 체육시설만을 일컫는다고 가정한다.

> ⊙ 병의 모든 공공시설은 나머지 도시들의 공공시설보다 수가 적지만 2013년에 처음으로 공공청사의 수가 을보다 많아졌다.
> ⓒ 을을 제외하고 2012년 대비 2013년 공공시설 수의 증가율이 가장 작은 도시는 정이다.
> ⓒ 2012년 갑의 공공시설 수는 2011년과 동일하다.

```
   A   B   C   D
① 갑  을  병  정
② 갑  정  병  을
③ 을  갑  병  정
④ 병  정  갑  을
⑤ 정  갑  병  을
```

 ⊙ 모든 공공시설의 수가 나머지 도시들의 수보다 적은 도시는 C 도시이고, 2013년에 C도시의 공공청사의 수가 D 도시보다 많아졌으므로 C 도시는 병, D 도시는 을이다.
ⓒ 을(D 도시)을 제외하고 2012년 대비 2013년 공공시설 수의 증가는 A 5개, B 11개, C(병) 5개이다. A의 공공시설의 수가 월등히 많은 데 비해 증가 수는 많이 않으므로 증가율이 가장 작은 도시인 정은 A 도시이다.
ⓒ 2012년과 2013년의 공공시설 수가 같은 도시는 B 도시이다.
∴ A : 정, B : 갑, C : 병, D : 을

47 다음 그림에 대한 설명으로 가장 옳은 것은?

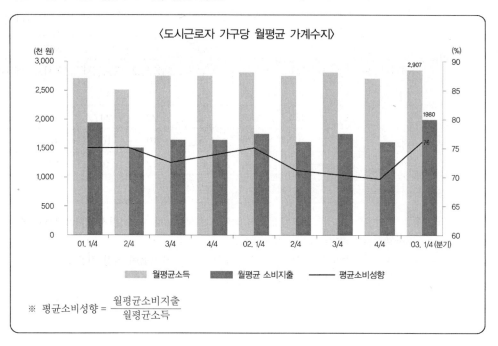

① 소득이 증가할수록 소비지출도 소득에 비례하여 증가하였다.

② 월평균 소득과 평균소비성향은 서로 반비례적인 관계를 보인다.

③ 우리나라 도시 근로자 가구는 대개 소득의 75 ~ 80% 정도를 지출하고 있다.

④ 분기별 월평균 소비지출은 지속적으로 증가하는 추세이다.

⑤ 매년 1/4분기에는 동일 연도 다른 분기에 비해 소득에서 더 많은 부분을 소비하였다.

① 소득의 증가와 소비지출의 증가가 반드시 일치하지는 않는다.
② 월평균 소득과 평균소비성향은 서로 반비례적인 관계를 보이지 않는다.
③ 우리나라 도시 근로자 가구는 대개 소득의 70 ~ 76% 정도를 지출하고 있다.
④ 분기별 월평균 소비지출은 증감을 계속하고 있다.

48 다음은 우리나라의 성별, 졸업대학 특성별 고용률을 연도별로 나타낸 자료이다. 다음 자료를 보고 판단한 〈보기〉의 의견 중 올바른 것만으로 짝지어진 것은 어느 것인가?

(단위: %)

		2015	2014	2013	2012	2011
	전체	73.9	74.9	73.7	75.9	79.4
성	남성	75.1	76.3	75.0	77.4	81.6
	여성	72.9	73.7	72.5	74.4	77.3
학교유형	2~3년제	76.1	77.6	75.6	78.0	80.3
	4년제	72.5	73.1	72.2	74.4	78.7
	교육대	89.6	91.3	90.9	87.5	87.2
전공계열	인문	69.5	68.0	65.5	69.1	75.1
	사회	74.2	74.1	73.2	75.8	78.8
	교육	77.1	78.2	76.3	74.9	78.1
	공학	75.3	76.7	76.2	78.6	81.8
	자연	66.4	67.8	67.5	69.4	75.4
	의약	84.8	85.9	83.1	83.4	86.5
	예체능	70.9	74.4	73.0	76.5	78.8

〈보기〉

㈎ 교육대를 졸업한 교육 전공자들은 4년제 공학계열 전공자들보다 매년 고용률이 더 높다고 판단할 수 있다.

㈏ 2014년에는 모든 지표에서 2013년보다 높은 고용률을 나타내고 있다.

㈐ 전공 기준으로만 보면, 의약 전공자들의 고용률이 매년 가장 높다.

㈑ 2011년 대비 2015년의 고용률은 사회 전반적으로 더 악화되었다고 볼 수 있다.

① ㈏, ㈐, ㈑

② ㈎, ㈐, ㈑

③ ㈎, ㈏, ㈑

④ ㈎, ㈏, ㈐

⑤ ㈎, ㈏, ㈐, ㈑

Answer↳ 47.⑤ 48.①

(개) 학교유형과 전공계열을 교차하여 판단하기에 충분한 자료라고 할 수 없다.

(내) 전년 대비 모든 지표에서 2014년의 수치가 2013년보다 더 높다.

(대) 매년 가장 높은 고용률을 보이고 있다.

(래) 교육대 졸업자들을 제외하면, 전체 지표를 포함한 모든 지표에서 2011년 대비 2015년의 고용률이 하락한 것을 알 수 있으므로, 이로써 교육대 졸업자들의 고용률 상승에도 불구하고 사회 전반적인 고용률이 하락되었다고 판단할 수 있다.

49 다음과 같은 자료를 활용하여 작성할 수 있는 하위 자료로 적절하지 않은 것은 어느 것인가?

(단위: 천 가구, 천 명, %)

구분	2013	2014	2015	2016	2017
농가	1,142	1,121	1,089	1,068	1,042
농가 비율(%)	6.2	6.0	5.7	5.5	5.3
농가 인구	2,847	2,752	2,569	2,496	2,422
남자	1,387	1,340	1,265	1,222	1,184
여자	1,461	1,412	1,305	1,275	1,238
성비	94.9	94.9	96.9	95.9	95.7
농가인구 비율(%)	5.6	5.4	5.0	4.9	4.7

* 농가 비율과 농가인구 비율은 총 가구 및 총인구에 대한 농가 및 농가인구의 비율임.

① 2013년~2017년 기간의 연 평균 농가의 수

② 연도별 농가당 성인 농가인구의 수

③ 총인구 대비 남성과 여성의 농가인구 구성비

④ 연도별, 성별 농가인구 증감 수

⑤ 2017년의 2013년 대비 농가 수 증감률

 연도별 농가당 평균 농가인구의 수는 비례식을 통하여 계산할 수 있으나, 성인이나 학생 등의 연령대별 구분은 제시되어 있지 않아 확인할 수 없다.

① 제시된 농가의 수에 대한 산술평균으로 계산할 수 있다.

③ 총인구의 수를 계산할 수 있으므로 그에 대한 남녀 농가인구 구성비도 확인할 수 있다.

④, ⑤ 증감내역과 증감률 역시 해당 연도의 정확한 수치를 통하여 계산할 수 있다.

50 다음 〈표〉는 콩 교역에 관한 자료이다. 이 자료에 대한 설명으로 옳지 않은 것은?

(단위 : 만 톤)

순위	수출국	수출량	수입국	수입량
1	미국	3,102	중국	1,819
2	브라질	1,989	네덜란드	544
3	아르헨티나	871	일본	517
4	파라과이	173	독일	452
5	네덜란드	156	멕시코	418
6	캐나다	87	스페인	310
7	중국	27	대만	169
8	인도	24	벨기에	152
9	우루과이	18	한국	151
10	볼리비아	12	이탈리아	144

① 이탈리아 수입량은 볼리비아 수출량의 12배이다.

② 수출량과 수입량 모두 상위 10위에 들어있는 국가는 네덜란드뿐이다.

③ 캐나다의 콩 수출량은 중국, 인도, 우루과이, 볼리비아 수출량을 합친 것보다 많다.

④ 수출국 1위와 10위의 수출량은 약 250배 이상 차이난다.

⑤ 파라과이 수출량은 브라질 수출량의 10%도 되지 않는다.

(Tip) ② 수출량과 수입량 모두 상위 10위에 들어있는 국가는 네덜란드와 중국이다.

51 다음 자료를 참고한 올바른 판단을 〈보기〉에서 모두 고른 것은 어느 것인가?

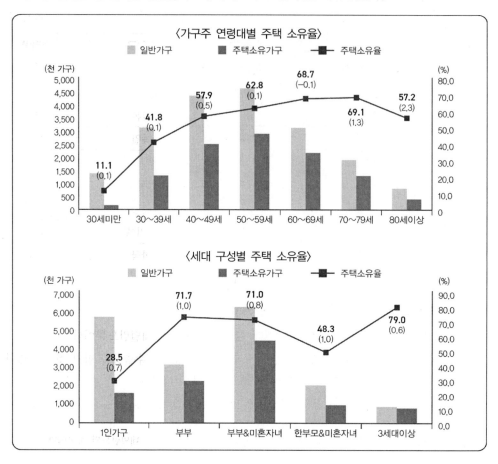

〈보기〉

㈎ 일반가구 수가 더 많은 연령대는 주택소유가구 수도 더 많다.

㈏ 주택소유가구 수가 더 많은 연령대는 주택소유율도 더 높다.

㈐ 일반가구는 '부부&미혼자녀' 세대 구성에서 가장 많고, '3세대 이상'에서 가장 적다.

㈑ '3세대 이상' 세대 구성은 일반가구 수, 주택소유가구 수가 다른 세대 구성에 비해 가장 적지만, 주택소유율은 가장 높다.

① ㈎, ㈐   ② ㈐, ㈑
③ ㈏, ㈐   ④ ㈏, ㈑
⑤ ㈏, ㈐, ㈑

㈎ [×] 30세 미만 연령대에서 80세 이상 연령대보다 일반가구 수가 더 많지만 주택소유가 구 수는 80세 이상 연령대에서 더 많다. 따라서 일반가구 수가 더 많은 연령대라고 해 서 주택소유가구 수도 더 많다고 할 수 없다.

㈏ [×] 50~59세와 60~69세, 60~69세와 70~79세를 각각 비교해보면, 전자가 주택소유가 구 수는 더 많지만, 주택소유율은 더 낮음을 알 수 있다.

㈐ [○] '부부&미혼자녀' 세대의 막대그래프 높이가 가장 높으며, '3세대 이상'에서 가장 낮다.

㈑ [○] 일반가구 수와 주택소유가구 수를 나타내는 두 막대그래프가 '3세대 이상' 세대 구 성에서 가장 낮고, 주택소유율을 나타내는 꺾은선 그래프는 가장 높게 나타난다.

52 다음은 3개 회사의 '갑' 제품에 대한 국내 시장 점유율 현황을 나타낸 자료이다. 다음 자료에 대한 설명 중 적절하지 않은 것은 어느 것인가?

(단위: %)

구분	2012	2013	2014	2015	2016
A사	17.4	18.3	19.5	21.6	24.7
B사	12.0	11.7	11.4	11.1	10.5
C사	9.0	9.9	8.7	8.1	7.8

① 2012년부터 2016년까지 3개 회사의 점유율 증감 추이는 모두 다르다.

② 3개 회사를 제외한 나머지 회사의 '갑' 제품 점유율은 2012년 이후 매년 감소하였다.

③ 2012년 대비 2016년의 점유율 감소율은 C사가 B사보다 더 크다.

④ 3개 회사의 '갑' 제품 국내 시장 점유율이 가장 큰 해는 2016년이다.

⑤ 3개 회사의 2016년의 시장 점유율은 전년 대비 5% 이상 증가하였다.

 ② A, B, C 3개 회사의 '갑' 제품 점유율 총합은 2012년부터 순서대로 38.4%, 39.9%, 39.6%, 40.8%, 43.0%이다. 2014년도에는 전년도에 비해 3개 회사의 점유율이 감소하였으 므로, 반대로 3개 회사를 제외한 나머지 회사의 점유율은 증가하였음을 알 수 있다. 따라 서 나머지 회사의 점유율이 2012년 이후 매년 감소했다고 할 수 없다.

① A사는 지속 증가, B사는 지속 감소, C사는 증가 후 감소하는 추이를 보인다.

③ C사는 $\frac{7.8-9.0}{9.0} \times 100 ≒ -13.3\%$이며, B사는 $\frac{10.5-12.0}{12.0} \times 100 ≒ -12.5\%$로 C사의 감소 율이 B사보다 더 크다.

④ 매년 증가하여 2016년에 3개 회사의 점유율은 43%로 가장 큰 해가 된다.

⑤ 2015년은 점유율의 합이 40.8%이며, 2016년에는 43%이므로 점유율의 증가율은 $\frac{43.0-40.8}{40.8} \times 100 ≒ 5.4\%$에 이른다.

Answer 51.② 52.②

❚53~54❚ 다음 표는 2009년과 2010년 정부창업지원금 신청자를 대상으로 직업과 창업단계를 조사한 자료이다. 물음에 답하시오.

〈표1〉 정부창업지원금 신청자의 직업 구성

(단위 : 명, %)

직업	2009년		2010년		합계	
	인원	비율	인원	비율	인원	비율
교수	34	4.2	183	12.5	217	9.6
연구원	73	9.1	118	8.1	191	8.4
대학생	17	2.1	74	5.1	91	4.0
대학원생	31	3.9	93	6.4	124	5.5
회사원	297	37.0	567	38.8	864	38.2
기타	350	43.6	425	(㉠)	775	34.3
계	802	100.0	1,460	100.0	2,262	100.0

〈표2〉 정부창업지원금 신청자의 창업단계

(단위 : 명, %)

창업단계	2009년		2010년		합계	
	인원	비중	인원	비중	인원	비중
예비창업단계	79	9.9	158	10.8	237	10.5
기술개발단계	291	36.3	668	45.8	959	42.4
시제품 제작단계	140	17.5	209	14.3	349	15.4
시장진입단계	292	36.4	425	29.1	717	31.7
계	802	100.0	1,460	100.0	2,262	100

53 위의 표에 대한 설명으로 옳지 않은 것은?

① '기타'를 제외하고 2009년 정부창업지원금 신청자의 직업이 가장 높은 비율을 차지하는 것은 회사원이다.

② 〈표2〉에서 2009년에 비해 2010년에 인원은 늘어났으나 비율이 감소한 단계는 시제품 제작단계 뿐이다.

③ 2010년에는 기술개발단계에 있는 신청자의 인원수가 가장 많았다.

④ 2009년에 정부창업지원금 신청자의 인원수는 교수가 대학생의 두 배이다.

⑤ 2010년 시장진입단계에 있는 신청자는 시제품 제작단계에 있는 신청자의 두배 이상이다.

 ② 2010년에 인원은 늘어났으나 비율이 감소한 단계는 시제품 제작단계와 시장진입단계이다.

54 복수응답과 무응답이 없다고 할 때, ㉠에 알맞은 것은?

① 25.1 ② 29.1

③ 34.1 ④ 39.1

⑤ 40.1

 $100 - 12.5 - 8.1 - 5.1 - 6.4 - 38.8 = 29.1$

Answer 53.② 54.②

|55~56 | 다음은 우리나라 각 지역의 경제활동인구, 경제활동참가율, 실업률이다. 다음을 보고 물음에 답하시오.

(단위 : 천 명, %)

행정구역	경제활동인구			경제활동참가율			실업률		
	남	여	전체	남	여	전체	남	여	전체
서울특별시	2,968	2,360	5,329	72.4	52.9	62.2	3.6	3.6	3.6
부산광역시	963	760	1,723	67.9	49.2	58.2	3.4	3.1	3.3
대구광역시	736	538	1,274	73.0	49.9	61.0	2.8	3.3	3.0
인천광역시	918	661	1,579	75.9	53.4	64.5	4.8	4.4	4.7
광주광역시	434	333	766	70.2	50.8	60.2	3.0	2.7	2.8
대전광역시	465	341	806	73.5	51.8	62.4	3.1	2.1	2.7
울산광역시	378	204	582	76.4	43.7	60.5	1.8	3.0	2.2

※ 경제활동참가율(%) = (경제활동인구 ÷ 만 15세 이상 인구) × 100
※ 실업률(%) = (실업자 ÷ 경제활동인구) × 100

55 위의 표를 바탕으로 실업자 수를 구한 것으로 옳지 않은 것은?

① 인천광역시 여성 실업자 수 : 29,000명
② 대전광역시 여성 실업자 수 : 7,000명
③ 부산광역시 남성 실업자 수 : 22,000명
④ 광주광역시 남성 실업자 수 : 13,000명
⑤ 서울특별시 여성 실업자 수 : 84,000명

① 인천광역시 여성 실업률(4.4%) ≒ 29,000 ÷ 661,000 × 100 = 4.38 …
② 대전광역시 여성 실업률(2.1%) ≒ 7,000 ÷ 341,000 × 100 = 2.05 …
③ 부산광역시 남성 실업률(3.4%) ≒ 33,000 ÷ 963,000 × 100 = 3.42 …
④ 광주광역시 남성 실업률(3.0%) ≒ 13,000 ÷ 434,000 × 100 = 2.99 …
⑤ 서울특별시 여성 실업률(3.6%) ≒ 84,000 ÷ 2,360,000 × 100 = 3.55 …

56 위의 표에 대한 설명으로 옳은 것은?

① 대전광역시보다 울산광역시의 전체 실업자 수가 더 많다.

② 전체 경제활동참가율이 높을수록 전체 경제활동인구가 많다.

③ 인천광역시는 경제활동참가율이 남녀 모두에서 가장 높다.

④ 남녀 실업률에서 가장 많이 차이가 나는 지역은 울산광역시이다.

⑤ 여성 실업률이 가장 높은 지역은 여성 경제활동인구 수가 가장 적다.

 ① 대전광역시 실업률(2.7%) ≒ 22,000 ÷ 806,000 × 100 = 2.72 …
울산광역시 실업률(2.2%) ≒ 13,000 ÷ 582,000 × 100 = 2.23 …
22,000 > 13,000
② 전체 경제활동참가율은 인천광역시가 가장 높지만, 전체 경제활동인구는 서울특별시가 가장 많다.
③ 여성 경제활동참가율은 인천광역시가 가장 높지만, 남성 경제활동참가율은 울산광역시가 가장 높다.
⑤ 여성 실업률이 가장 높은 지역은 인천광역시이지만, 여성 경제활동인구 수가 가장 적은 지역은 울산광역시이다.

57 다음은 A제품과 B제품에 대한 연간 판매량을 분기별로 나타낸 자료이다. 이 자료에 대한 설명으로 적절하지 않은 것은 어느 것인가?

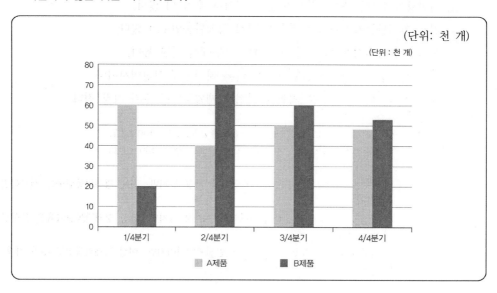

① A 제품과 B 제품은 동일한 시기에 편차가 가장 크게 나타난다.

② 연간 판매량은 B제품이 A제품보다 더 많다.

③ 4/4분기 전까지 두 제품의 분기별 평균 판매량은 동일하다.

④ 두 제품의 판매량 차이는 연말이 다가올수록 점점 감소한다.

⑤ 4/4분기 B제품의 판매량이 51이라면, B제품의 이전 분기 대비 판매량 감소율의 크기는 3/4분기가 4/4분기보다 더 작다.

 ① 분기별 판매량의 평균은 두 제품 모두 약 50이다. 편차는 A제품의 경우 1/4분기와 2/4분기에서 약 10으로 가장 크고, B제품의 경우 1/4분기에서 약 30으로 가장 크다. 따라서 동일한 시기에 두 제품의 편차가 모두 가장 크다고 할 수 없다.

② 4/4분기 A, B 각 제품의 판매량을 a, b라고 할 때, A제품의 연간 판매량은 60 + 40 + 50 + a = 150 + a이고, B제품의 연간 판매량은 20 + 70 + 60 + b = 150 + b이다. 막대그래프에서 'a〈b'이므로 B제품이 A제품보다 연간 판매량이 더 많다.

③ 세 분기 동안(1/4분기, 2/4분기, 3/4분기) 두 제품의 평균을 구해보면, A 평균 판매량 $= \dfrac{60+40+50}{3} = 50$, B 평균 판매량 $= \dfrac{20+70+60}{3} = 50$으로, 두 제품의 평균 판매량은 동일하다.

④ 1/4분기에는 40, 2/4분기에는 30, 3/4분기에는 10, 4/4분기에는 10미만의 판매량 차이를 보이며 연말이 다가올수록 점점 감소한다.

⑤ 3/4분기의 변화율은 $\dfrac{60-70}{70} \times 100 ≒ -14.3(\%)$이며, 4/4분기의 변화율은 $\dfrac{51-60}{60} \times 100 = -15(\%)$가 된다. 둘 다 음수이므로 변화율은 곧 감소율을 나타내며, 감소율의 크고 작음은 수치의 절댓값으로 알 수 있으므로 감소율의 크기는 3/4분기가 더 작다.

58 다음 도표와 〈보기〉의 설명을 참고할 때, 빈 칸 ㉠～㉣에 들어갈 알맞은 병명을 순서대로 나열한 것은 어느 것인가?

〈주요 사망원인별 사망자 수〉

(단위: 인구 10만 명당 사망자 수)

	2006	2010	2011	2012	2013	2014	2015	2016
㉠	134.0	144.4	142.8	146.5	149.0	150.9	150.8	153.0
㉡	41.1	46.9	49.8	52.5	50.1	52.3	55.6	58.2
㉢	61.3	53.2	50.7	51.1	50.3	48.2	48.0	45.8
㉣	23.7	20.7	21.5	23.0	21.5	20.7	20.7	19.2

〈보기〉
1. 암과 심장질환에 의한 사망자 수는 2006년 대비 2016년에 증가하였다.
2. 당뇨병에 의한 사망자 수는 매년 가장 적었다.
3. 2006년 대비 2016년의 사망자 증감률은 심장질환이 암보다 더 크다.

① 당뇨병 – 심장질환 – 뇌혈관 질환 – 암
② 암 – 뇌혈관 질환 – 심장 질환 – 당뇨병
③ 암 – 심장질환 – 당뇨병 – 뇌혈관 질환
④ 심장질환 – 암 – 뇌혈관 질환 – 당뇨병
⑤ 암 – 심장질환 – 뇌혈관 질환 – 당뇨병

〈보기〉 1에 의해 ㉠과 ㉡ 중 하나는 암이고, 다른 하나는 심장질환임을 알 수 있다.

〈보기〉 2에 의해 ㉣이 당뇨병이 되며, 따라서 남는 하나인 ㉢은 보기에 제시된 뇌혈관 질환이 된다.

〈보기〉 3에 의하면 2006년 대비 2016년의 사망자 증감률은 심장질환이 암보다 더 크다고 하였다. ㉠의 증감률은 $\frac{153.0 - 134.0}{134.0} \times 100 ≒ 14.2(\%)$이며, ㉡의 증감률은 $\frac{58.2 - 41.1}{41.1} \times 100 ≒ 41.6$ (%)으로, '㉠〈㉡'이 되어 ㉡이 심장질환, ㉠이 암이 된다. 따라서 ㉠～㉣에 들어갈 병명을 순서대로 나열하면, '암 – 심장질환 – 뇌혈관 질환 – 당뇨병'이 된다.

59 다음은 구직자를 대상으로 실시한 설문조사 결과이다. 다음 설명 중 적절하지 않은 것은 어느 것인가?

〈면접 시 가장 많이 받았던 질문〉

(단위: %)

질문내용	신입직	경력직
지원동기	61.3	51.6
자기소개	45.0	33.2
직무에 대한 관심	27.2	34.1
지원 분야 전문지식	28.9	29.7
전 직장에서의 프로젝트 수행사례	9.0	35.1
앞으로의 포부	17.5	14.7
인·적성 및 성격 장단점	13.8	17.9
개인의 가치관	12.3	12.6
지원 분야 인턴 경험	16.6	6.1
개인 신상	7.9	13.5
영어회화 실력	11.8	8.6

① 신입직과 경력직 모두에서 하위 3개 질문 중에 '영어회화 실력'이 포함된다.
② 경력직과 신입직의 응답비율 차이가 가장 큰 것은 '전 직장에서의 프로젝트 수행사례'이다.
③ '개인의 가치관' 질문에서 경력직과 신입직의 응답비율 차이가 가장 작다.
④ 신입직인 경우 가장 많이 받은 질문 5개는 '지원동기', '자기소개', '직무에 대한 관심', '지원 분야 전문지식', 그리고 '지원 분야 인턴 경험'이다.
⑤ 경력직인 경우 가장 많이 받은 질문 3개는 '지원동기', '전 직장에서의 프로젝트 수행사례', 그리고 '직무에 대한 관심'이다.

④ 신입직이 가장 많이 질문 5개에는 '지원 분야에 대한 인턴 경험' 대신 17.5%를 기록한 '앞으로의 포부'가 포함되어야 한다.

[오답풀이]

① 신입직의 경우 하위 3개 질문은 순서대로 '개인 신상(7.9%) < 전 직장에서의 프로젝트 수행사례(9.0%) < 영어회화 실력(11.8%)'이며, 경력직의 경우에는 '지원 분야 인턴 경험(6.1%) < 영어회화 실력(8.6%) < 개인의 가치관(12.6%)' 순서이다. '영어회화 실력'이 신입직, 경력직 모두에서 공통질문으로 들어가 있다.

② 경력직에서는 35.1%인 반면, 신입직에서는 9.0%를 나타내고 있어 가장 큰 차이를 보이는 질문내용이다.

③ 신입직에서 12.3%, 경력직에서 12.6%를 나타내고 있어 가장 작은 차이를 보이는 질문내용이다.

⑤ 경력직의 경우 '지원동기(51.6%) > 전 직장에서의 프로젝트 수행사례(35.1%) > 직무에 대한 관심(34.1%)' 순서로 가장 많이 받은 질문에 해당한다.

Answer⤷ 59.④

┃60~61┃ 다음 표는 법령에 근거한 신고자 보상금 지급기준과 신고자별 보상대상가액 사례이다. 물음에 답하시오.

〈표 1〉 신고자 보상금 지급기준

보상대상가액	지급기준
1억 원 이하	보상대상가액의 10 %
1억 원 초과 5억 원 이하	1천만 원 + 1억 원 초과금액의 7 %
5억 원 초과 20억 원 이하	3천8백만 원 + 5억 원 초과금액의 5 %
20억 원 초과 40억 원 이하	1억1천3백만 원 + 20억 원 초과금액의 3 %
40억 원 초과	1억7천3백만 원 + 40억 원 초과금액의 2 %

※ 보상금 지급은 보상대상가액의 총액을 기준으로 함

※ 공직자가 자기 직무와 관련하여 신고한 경우에는 보상금의 100분의 50 범위 안에서 감액할 수 있음

〈표 2〉 신고자별 보상대상가액 사례

신고자	공직자 여부	보상대상가액
A	예	8억 원
B	예	21억 원
C	예	4억 원
D	아니요	6억 원
E	아니요	2억 원

60 다음 설명 중 옳은 것을 모두 고르면?

> ㉠ A가 받을 수 있는 최대보상금액은 E가 받을 수 있는 최대보상금액의 3배 이상이다.
> ㉡ B가 받을 수 있는 최대보상금액과 최소보상금액의 차이는 6,000만 원 이상이다.
> ㉢ C가 받을 수 있는 보상금액이 5명의 신고자 가운데 가장 적을 수 있다.
> ㉣ B가 받을 수 있는 최대보상금액은 다른 4명의 신고자가 받을 수 있는 최소보상금액의 합계보다 적다.

① ㉠, ㉡   ② ㉠, ㉢

③ ㉠, ㉣   ④ ㉡, ㉢

⑤ ㉡, ㉣

 ㉠ A의 최대보상금액 : 3,800만 원 + 1,500만 원 = 5,300만 원
　　 E의 최대보상금액 : 1,000만 원 + 700만 원 = 1,700만 원
　㉡ B의 최대보상금액 : 1억 1,300만 원 + 300만 원 = 1억 1,600만 원
　　 B의 최소보상금액 : 1억 1,600만 원 × 50% = 5,800만 원→감액된 경우 가정
　㉢ C의 최소보상금액 : (1,000만 원 + 2,100만 원)×50% = 1,550만 원→감액된 경우 가정
　㉣ B의 최대보상금액은 1억 1,600만 원이고, 다른 4명의 최소보상금액의 합은 1억 200만
　　 원(A 2,650만 원, C 1,550만 원, D 4,300만 원, E 1,700만 원)이다.

61 올해부터 공직자 감면액을 30%로 인하한다고 할 때 B의 최소보상금액은 기존과 비교하여 얼마나 증가하는가?

① 2,218만 원   ② 2,220만 원

③ 2,320만 원   ④ 2,325만 원

⑤ 2,400만 원

 감면액이 50%일 경우 최소보상금액은 5,800만 원이고,
　감면액이 30%일 경우 최소보상금액은 8,120만 원이므로 2,320만 원이 증가한다.

Answer↝ 60.② 61.③

|62~63| 다음 표는 정책대상자 294명과 전문가 33명을 대상으로 정책과제에 대한 정책만족도를 조사한 자료이다. 물음에 답하시오.

〈표 1〉 정책대상자의 항목별 정책만족도

(단위 : %)

항목＼만족도	매우 만족	약간 만족	보통	약간 불만족	매우 불만족
의견수렴도	4.8	28.2	34.0	26.9	6.1
적절성	7.8	44.9	26.9	17.3	3.1
효과성	6.5	31.6	32.7	24.1	5.1
체감만족도	3.1	27.9	37.4	26.5	5.1

〈표 2〉 전문가의 항목별 정책만족도

(단위 : %)

항목＼만족도	매우 만족	약간 만족	보통	약간 불만족	매우 불만족
의견수렴도	3.0	24.2	30.3	36.4	6.1
적절성	3.0	60.6	21.2	15.2	-
효과성	3.0	30.3	30.3	36.4	-
체감만족도	-	30.3	33.3	33.3	3.0

※ 만족비율 = '매우 만족' 비율 + '약간 만족' 비율

※ 불만족비율 = '매우 불만족' 비율 + '약간 불만족' 비율

62 다음 중 위 자료에 근거한 설명으로 옳은 것은?

① 정책대상자의 정책만족도를 조사한 결과, 만족비율은 불만족 비율보다 약간 낮은 수준이다.

② 효과성 항목에서 '약간 불만족'으로 응답한 전문가 수는 '매우 불만족'으로 응답한 정책대상자 수보다 많다.

③ 체감만족도 항목에서 만족비율은 정책대상자가 전문가보다 낮다.

④ 의견수렴도 항목에서 만족비율은 전문가가 정책대상자보다 높다.

⑤ 적절성 항목이 타 항목에 비해 만족비율이 높다.

 ① 각 항목별로 모두 결과가 다르기 때문에 단언할 수 없다.

② 효과성 항목에서 '약간 불만족'으로 응답한 전문가 수는 '매우 불만족'으로 응답한 정책대상자 수보다 적다.

③ 체감만족도 항목에서 만족비율은 정책대상자가 31%, 전문가가 30.3%로 정책대상자가 전문가보다 높다.

④ 의견수렴도 항목에서 만족비율은 전문가 27.2%, 전문가 33%로 전문가가 정책대상자보다 낮다.

63 정책대상자 중 의견수렴도 항목에 만족하는 사람의 비율은 몇 명인가? (단, 소수점 첫째자리에서 반올림한다)

① 97명   ② 99명

③ 100명   ④ 102명

⑤ 103명

 매우 만족하는 사람 : 294 × 0.048 = 14.112 → 14명
약간 만족하는 사람은 : 294 × 0.282 = 82.908 → 83명

Answer → 62.⑤ 63.①

64 다음은 A사의 전년대비 이익증가율을 나타낸 그래프이다. 다음 자료를 보고 올바른 판단을 한 것은 어느 것인가?

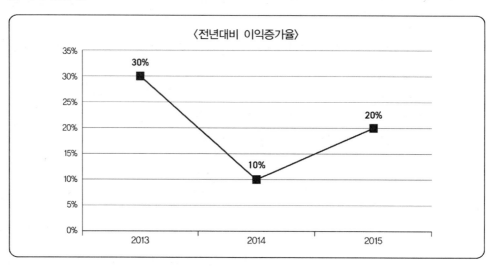

〈전년대비 이익증가율〉

① 2015년의 이익은 2012년에 비해 60% 증가하였다.

② 전년대비 이익증가액이 가장 큰 해는 2015년이다.

③ 2014년의 이익은 2012년보다 더 적다.

④ 2013년 대비 2015년의 이익은 30%보다 적게 증가하였다.

⑤ 2013년의 전년대비 이익증가액은 2014년의 전년대비 이익증가액보다 더 크다.

 ⑤ 2012년의 이익에 임의의 수치를 대입하여 도표를 만들어 보면 선택지의 내용들을 확인할 수 있다. 2012년의 이익 금액을 100으로 가정한 연도별 이익 금액은 다음과 같다.

	2012	2013	2014	2015
이익 금액	100	130	143	171.6
이익증가율	–	30 %	10 %	20 %

따라서 2013년의 전년대비 이익증가액(130 − 100 = 30)은 2014년의 전년대비 이익증가액(143 − 130 = 13)보다 더 큰 것을 알 수 있다.

[오답풀이]

① $\frac{171.6-100}{100} \times 100 = 71.6(\%)$이므로 2015년도 이익이 2012년에 비해 71.6% 증가했음을 알 수 있다.

② 전년대비 이익증가액을 연도별로 구해보면, 2013년에는 30, 2014년에는 13, 2015년에는 28.6이다. 따라서 2013년이 가장 크다.

③ 매년 증가하였으므로 증가율이 작아질 수 있을 뿐 이익 자체는 더 크다.

④ $\frac{171.6-130}{130} \times 100 = 32(\%)$이므로 2013년 대비 2015년 이익은 30%보다 큰 비율로 증가했다.

65 A, B, C 직업을 가진 부모 세대 각각 200명, 300명, 400명을 대상으로 자녀도 동일 직업을 갖는지 여부를 물은 설문조사 결과가 다음과 같았다. 다음 조사 결과를 올바르게 해석한 설명을 〈보기〉에서 모두 고른 것은 어느 것인가?

〈세대 간의 직업 이전 비율〉

(단위 : %)

자녀 직업 부모 직업	A	B	C	기타
A	35	20	40	5
B	25	25	35	15
C	25	40	25	10

* 한 가구 내에서 부모의 직업은 따로 구분하지 않으며, 모든 자녀의 수는 부모 당 1명이라고 가정한다.

〈보기〉
㈎ 부모와 동일한 직업을 갖는 자녀의 수는 C직업이 A직업보다 많다.
㈏ 부모의 직업과 다른 직업을 갖는 자녀의 비중은 B와 C직업이 동일하다.
㈐ 응답자의 자녀 중 A직업을 가진 사람은 B직업을 가진 사람보다 더 많다.
㈑ 기타 직업을 가진 자녀의 수는 B직업을 가진 부모가 가장 많다.

① ㈏, ㈐, ㈑

② ㈎, ㈏, ㈑

③ ㈎, ㈐, ㈑

④ ㈎, ㈏, ㈐

⑤ ㈎, ㈏, ㈐, ㈑

 ㈎ [○] A직업의 경우는 200명 중 35%이므로 200 × 0.35 = 70명, C직업의 경우는 400명 중 25%이므로 400 × 0.25 = 100명이 부모와 동일한 직업을 갖는 자녀의 수가 된다.
㈏ [○] B와 C직업 모두 75%(= 100 − 25)로 동일함을 알 수 있다.
㈐ [×] A직업을 가진 자녀는 (200 × 0.35) + (300 × 0.25) + (400 × 0.25) = 245명이며, B직업을 가진 자녀는 (200 × 0.2) + (300 × 0.25) + (400 × 0.4) = 275명이다.
㈑ [○] 기타 직업을 가진 자녀의 수는 각각 200 × 0.05 = 10명, 300 × 0.15 = 45명, 400 × 0.1 = 40명으로 B직업을 가진 부모가 가장 많다.

Answer ↦ 64.⑤ 65.②

| 66~67 | 아래 자료는 2012년 행정구역별 인구 이동자 수의 자료이다. 물음에 답하시오.

행정구역	전입	전출
서울특별시	1,555,281	1,658,928
부산광역시	461,042	481,652
대구광역시	348,642	359,206
인천광역시	468,666	440,872
광주광역시	228,612	230,437
대전광역시	239,635	239,136
울산광역시	161,433	157,427
세종특별자치시	32,784	15,291

※ 순이동 : 전입 − 전출

66 인구의 순이동이 가장 컸던 지역은 어디인가?

① 서울특별시   ② 부산광역시

③ 대구광역시   ④ 인천광역시

⑤ 대전광역시

(Tip) 서울특별시가 순이동이 −103,647로 변화폭이 가장 컸다.

67 위 표에 대한 설명으로 옳지 않은 것은?

① 서울특별시의 인구 순이동은 대전광역시와 울산광역시의 인구 순이동의 합보다 크다.

② 인구 순이동이 제일 적었던 지역은 대전광역시이다.

③ 인천광역시는 세종특별자치시보다 인구가 더 많이 증가하였다.

④ 세종특별자치시의 전입자 수는 전출자 수의 두 배를 넘었다.

⑤ 제시된 행정구역 전체의 인구는 증가하였다.

(Tip) 제시된 행정구역 전체의 전입자 수는 3,496,095명이고 전출자 수는 3,582,949명으로 전출이 더 많아 인구가 감소하였음을 알 수 있다.

68 다음 자료를 통해 알 수 있는 사항을 올바르게 설명하지 못한 것은 어느 것인가?

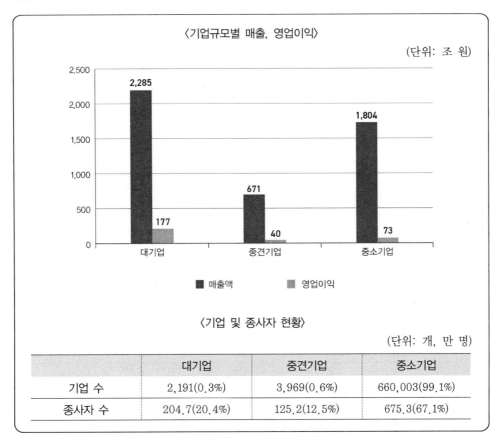

〈기업규모별 매출, 영업이익〉

(단위: 조 원)

■ 매출액 ■ 영업이익

〈기업 및 종사자 현황〉

(단위: 개, 만 명)

	대기업	중견기업	중소기업
기업 수	2,191(0.3%)	3,969(0.6%)	660,003(99.1%)
종사자 수	204.7(20.4%)	125.2(12.5%)	675.3(67.1%)

① 1개 기업당 매출액과 영업이익 실적은 대기업에 속한 기업이 가장 우수하다.

② 기업군 전체의 매출액 대비 영업이익은 대기업, 중견기업, 중소기업 순으로 높다.

③ 1개 기업 당 종사자 수는 대기업이 중견기업의 3배에 육박한다.

④ 전체 기업 수의 약 1%에 해당하는 기업이 전체 영업이익의 70% 이상을 차지한다고 할 수 있다.

⑤ 전체 기업 수의 약 99%에 해당하는 기업이 전체 매출액의 40% 이상을 차지한다고 할 수 있다.

 전체 기업 수의 약 99%에 해당하는 기업은 중소기업이며, 중소기업의 매출액은 1,804조 원으로 전체 매출액의 약 37.9%($=\dfrac{1,804}{2,285+671+1,804}\times100$)를 차지하여 40%를 넘지 않는다.

① 대기업이 매출액, 영업이익 모두 가장 높은 동시에, 기업군에 속한 기업 수가 가장 적으므로 1개 기업당 매출액과 영업이익 실적이 가장 높게 나타난다.

② 매출액 대비 영업이익은 $\frac{영업이익}{매출액} \times 100$이 될 것이므로 대기업이 $\frac{177}{2,285} \times 100 = 7.7\%$로 가장 높고, 그 다음이 중견기업($\frac{40}{671} \times 100 = 6.0\%$), 마지막이 중소기업($\frac{73}{1,804} \times 100 = 4.0\%$)이 된다.

③ 대기업은 2,047,000÷2,191=약 934명이며, 중견기업은 1,252,000÷3,969=약 315명이므로 3배에 육박한다고 말할 수 있다.

④ 전체 기업 수의 약 1%의 기업은 대기업과 중견기업이며, 이 두 기업집단의 영업이익은 $\frac{177+40}{177+40+73} \times 100 = 74.8\%$에 해당한다.

69 표준 업무시간이 80시간인 업무를 각 부서에 할당해 본 결과, 다음과 같은 표를 얻었다. 어느 부서의 업무효율이 가장 높은가?

부서명	투입인원(명)	개인별 업무시간(시간)	회의	
			횟수(회)	소요시간(시간/회)
A	2	41	3	1
B	3	30	2	2
C	4	22	1	4
D	3	27	2	1

※ 1) 업무효율 = $\frac{표준\ 업무시간}{총\ 투입시간}$

2) 총 투입시간은 개인별 투입시간의 합임.
개인별 투입시간 = 개인별 업무시간 + 회의 소요시간

3) 부서원은 업무를 분담하여 동시에 수행할 수 있음.

4) 투입된 인원의 업무능력과 인원당 소요시간이 동일하다고 가정함.

① A
② B
③ C
④ D
⑤ 모두 같음

㉠ 총 투입시간 = 투입인원 × 개인별 투입시간

㉡ 개인별 투입시간 = 개인별 업무시간 + 회의 소요시간

㉢ 회의 소요시간 = 횟수(회) × 소요시간(시간/회)

∴ 총 투입시간 = 투입인원 × (개인별 업무시간 + 횟수 × 소요시간)

각각 대입해서 총 투입시간을 구하면,

A = 2×(41+3×1)=88,　　　B = 3×(30+2×2)=102

C = 4×(22+1×4)=104,　　　D = 3×(27+2×1)=87

업무효율 = $\frac{표준\ 업무시간}{총\ 투입시간}$이므로, 총 투입시간이 적을수록 업무효율이 높다. D의 총 투입시간이 87로 가장 적으므로 업무효율이 가장 높은 부서는 D이다.

70 다음은 세계 초고층 건물 층수 및 실제 높이에 대한 표이다. 다음 중 층당 높이가 높은 순으로 바르게 나열된 것은?

건물	층수	실제높이(m)
시어스 타워	108	442
엠파이어 스테이트 빌딩	102	383
타이페이 101	101	509
페트로나스 타워	88	452
진 마오 타워	88	421
국제 금융 빌딩	88	415
CITIC 플라자	80	391
선힝스퀘어	69	384

① 선힝스퀘어 – CITIC 플라자 – 페트로나스 타워 – 진 마오 타워
② 선힝스퀘어 – 타이페이 101 – 국제 금융 빌딩 – 진 마오 타워
③ 페트로나스 타워 – 타이페이 101 – CITIC 플라자 – 시어스 타워
④ 타이페이 101 – 시어스 타워 – 국제 금융 빌딩 – 엠파이어 스테이트 빌딩
⑤ 페트로나스 타워 – 국제 금융 빌딩 – 진 마오 타워 – 엠파이어 스테이트 빌딩

 층당 높이가 높은 순으로 나열하면,
선힝스퀘어(5.57) – 페트로나스 타워(5.14) – 타이페이 101(5.04) – CITIC 플라자(4.89) – 진 마오 타워(4.78) – 국제 금융 빌딩(4.72) – 시어스 타워(4.09) – 엠파이어 스테이트 빌딩(3.75) 순이다.

┃71~72┃ 다음은 특정 지역의 연도별 불법, 무질서 행위의 유형별 현황을 나타낸 자료이다. 이 자료를 보고 이어지는 물음에 답하시오.

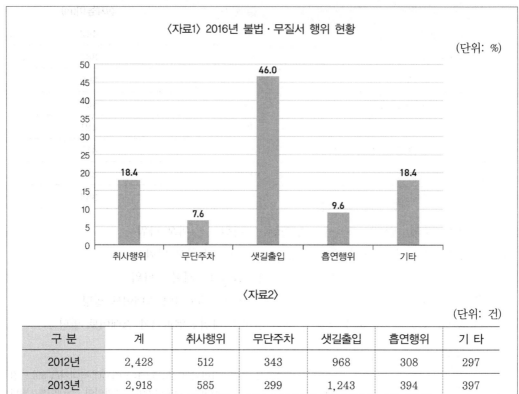

〈자료1〉 2016년 불법 · 무질서 행위 현황

(단위: %)

〈자료2〉

(단위: 건)

구 분	계	취사행위	무단주차	샛길출입	흡연행위	기 타
2012년	2,428	512	343	968	308	297
2013년	2,918	585	299	1,243	394	397
2014년	2,667	364	301	1,269	372	361
2015년	2,611	484	296	1,163	276	392

71 위의 자료를 참고할 때, 2016년의 전년대비 전체 불법, 무질서 행위 증가율이 10%일 경우 2016년의 샛길출입 건수는 얼마인가? (모든 수치 계산은 반올림하여 정수로 표시함)

① 1,276건

② 1,288건

③ 1,295건

④ 1,305건

⑤ 1,321건

 2016년의 전체 불법, 무질서 행위는 전년대비 증가율이 10%라고 했으므로 2,611×1.1=약 2,872건이 된다. 또한 2016년의 샛길출입 비율은 전체의 46%이므로 2,872×0.46=약 1,321건이 됨을 알 수 있다.

72 다음 중 위 자료에 대한 설명으로 적절하지 않은 것은 어느 것인가?

① 흡연행위 건수는 2013~2016년 기간 동안 감소하는 경향을 보인다.

② 매년 가장 많은 불법·무질서 행위는 샛길출입이다.

③ 무단주차 건수의 비율은 2016년이 전년보다 더 낮다.

④ 2013~2015년까지 취사행위의 건수가 전년대비 증가한 경우 '기타' 건수도 증가하였다.

⑤ 2013년, 2014년, 2016년에는 무단주차 행위가 가장 낮은 비율을 차지한다.

 2013~2015년까지는 감소하는 경향을 보이지만, 2016년의 경우 유형별 비율만 제시되어 있을 뿐, 전체 불법·무질서 행위 건수를 알 수 없어 비교할 수 없다.
③ 2015년의 무단주차 건수 비율은 296÷2,611×100=약 11%이나, 2016년에는 제시된 그래프에서 알 수 있듯이 7.6%로 전년보다 더 낮아졌다.
④ 취사행위 건수가 증가한 2012년에서 2013년, 2014년에서 2015년에 '기타' 행위 건수도 증가하였다.

Answer↪ 71.⑤ 72.①

73 다음은 2012년과 2013년 환율표이다. 2012년 말 엔화 대비 원화 환율이 2013년 말에 어느 정도 변화하였는지 바르게 계산한 것은?

분류	원/달러			엔/달러	
	연말	절상률	기간평균	연말	절상률
2012년	1,200.5	10.52	1,255.24	120.01	10.85
2013년	1,198.5	0.25	1,200.89	108.05	10.81

① 1원 정도 하락

② 변함없음

③ 1원 정도 상승

④ 2원 정도 상승

⑤ 2원 정도 하락

㉠ 2012년 말 엔화 대비 원화 환율 : $\dfrac{1,200.5}{120.01} ≒ 10$

㉡ 2013년 말 엔화 대비 원화 환율 : $\dfrac{1,198.5}{108.05} ≒ 11$

74 도표는 국민 1,000명을 대상으로 준법 의식 실태를 조사한 결과이다. 이에 대한 분석으로 가장 타당한 것은?

• 설문 1 : "우리나라에서는 법을 위반해도 돈과 권력이 있는 사람은 처벌받지 않는 경향이 있다."라는 주장에 동의합니까?

(단위 : %)

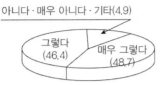

• 설문 2 : 우리나라에서 분쟁의 해결 수단으로 가장 많이 사용되는 것은 무엇이라 생각합니까?

(단위 : %)

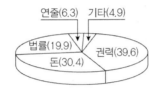

---

① 전반적으로 준법 의식이 높은 편이다.

② 권력보다는 법이 우선한다고 생각한다.

③ 법이 공정하게 집행되지 않는다고 본다.

④ 악법도 법이라는 사고가 널리 퍼져 있다.

⑤ 국민 전반적으로 법에 대한 신뢰도가 높다.

> (Tip) ① 국민들이 권력이나 돈을 이용해 분쟁을 해결하려는 것을 볼 때 준법 의식이 약하다는 것을 알 수 있다.
> ② 권력이 법보다 분쟁 해결 수단으로 많이 사용되고, 권력이 있는 사람이 처벌받지 않는 경향이 있다는 것은 법보다 권력이 우선함을 의미한다.
> ④ 악법도 법이라는 사고는 법을 준수해야 한다는 시각이므로 자료의 결과와 모순된다.
> ⑤ 법률보다 돈과 권력이 분쟁 해결 수단으로써의 신뢰도가 높다고 볼 수 있다.

Answer 73.③ 74.③

〈우리나라에 대한 연도별, 건당 투자규모별 외국인 직접투자 현황〉

1) 신고기준

(단위: 백만 달러, %)

구 분	1백만$~1천만$		1천만$~1억$		1억$ 이상		전 체
	금액	비중	금액	비중	금액	비중	금액
2010	1,141	8.7	4,141	31.7	7,450	57.0	13,073
2011	1,689	12.4	5,349	39.1	6,218	45.5	13,673
2012	1,297	8.0	6,295	38.7	8,268	50.8	16,286
2013	1,414	9.7	5,396	37.1	7,332	50.4	14,548
2014	1,785	9.4	7,003	36.9	9,812	51.6	19,000
2015	1,648	7.9	6,907	33.0	11,942	57.1	20,910
2016	1,881	8.8	7,105	33.4	11,863	55.7	21,299

2) 도착기준

(단위: 백만 달러, %)

구 분	1백만$~1천만$		1천만$~1억$		1억$ 이상		전 체
	금액	비중	금액	비중	금액	비중	금액
2010	1,142	21.0	2,652	48.7	1,328	24.4	5,443
2011	1,610	24.2	3,146	47.3	1,486	22.3	6,651
2012	1,532	14.3	5,229	48.8	3,560	33.2	10,712
2013	1,520	15.4	5,369	54.3	2,618	26.5	9,883
2014	1,620	13.4	5,066	41.9	5,005	41.4	12,079
2015	1,611	9.7	4,745	28.7	8,767	59.1	16,526
2016	1,461	13.8	4,915	46.5	3,797	35.9	10,569

75 다음 중 건당 1백만 달러 미만 투자금액의 신고 기준 금액에 대한 실제 도착한 투자금액의 도착률(도착 기준 금액÷신고 기준 금액×100)의 2010년 대비 2016년의 증감률은 얼마인가? (반올림하여 소수 첫째 자리까지 표시함)

① 약 −6.5% ② 약 −3.5%

③ 약 −1.0% ④ 약 3.5%

⑤ 약 6.5%

우선 2010년과 2016년의 각각의 투자금액 도착률을 구하여, 다시 두 개의 도착률의 증감률을 구하면 된다.

• 2010년 투자금액 도착률(1백만 달러 미만)

$$= \frac{\text{전체 도착기준 금액}-('1백만\$\sim1억\$이상' \text{ 도착기준금액})}{\text{전체 신고기준 금액}-('1백만\$\sim1억\$이상' \text{ 신고기준금액})}$$

$$= \frac{5,443-1,142-2,652-1,328}{13,073-1,141-4,141-7,450} \times 100 ≒ 94.1\%$$

• 2016년의 투자금액 도착률(1백만 달러 미만)

$$= \frac{10,569-1,461-4,915-3,797}{21,299-1,881-7,105-11,863} \times 100 = 88\%$$

따라서 2010년 대비 2016년 증감률은 $\frac{88-94.1}{94.1} \times 100 ≒ -6.5\%$이다.

76 위 두 개의 자료에 대한 올바른 설명은 어느 것인가?

① 신고 기준 2010년 대비 2016년 투자금액의 가장 큰 증가율을 보인 건당 투자 금액 대는 1백만 달러 ~ 1천만 달러이다.

② 신고 기준 투자금액과 도착 기준 투자금액의 차액은 2010년보다 2016년에 더 적어 졌다.

③ 매년 신고 기준 투자금액은 1억 달러 이상 금액대의 비중이 가장 컸으나, 도착 기준 투자금액은 1천만 달러 ~ 1억 달러 금액대의 비중이 가장 크다.

④ 신고 기준 투자금액과 도착 기준 투자금액과의 차이는 건당 투자금액의 규모가 클수 록 더 크게 나타난다.

⑤ 2016년의 1백만 달러 미만의 직접투자 금액은 신고 기준과 도착 기준 금액 간의 차 이가 100백만 달러보다 크다.

 1백만 달러 ~ 1천만 달러의 금액대에서는 대체적으로 100백만 달러 내외의 차이를 보이고 있으나 1억 달러 이상 금액대에서는 확연히 증가한 차액을 확인할 수 있다.

① 1천만 달러 ~ 1억 달러 금액대의 투자 금액이 (7,105-4,141)÷4,141×100=약 71.6%로 가장 높은 증가율을 보이고 있다.

② 2010년 7,630백만 달러(=13,073-5,443)에서 2016년 10,730백만 달러(=21,299-10,569)로 더 커졌다.

③ 2015년 도착기준 금액에서는 1억 달러 이상 금액대의 비중이 가장 크다.

⑤ 1백만 달러 미만의 직접투자 신고 기준 금액은 21,299-11,863-7,105-1,881=450백만 달러이며, 도착 기준 금액은 10,569-3,797-4,915-1,461=396백만 달러로 차액은 100 백만 달러보다 적다.

Answer 75.① 76.④

77 다음 〈표〉는 5종류의 작물의 재배 특성에 관한 자료이다. 이에 따를 때 〈보기〉에서 적절하지 않은 것을 모두 고르면? (단, 모든 재배 결과는 항상 〈표〉의 특성을 따름)

〈표〉 작물의 재배 특성

재배 특성 \ 작물	A	B	C	D	E
1m²당 파종 씨앗 수(개)	60	80	50	25	50
발아율(%)	25	25	20	20	16
1m²당 연간 수확물(개)	40	100	30	10	20
수확물 개당 무게(g)	20	15	30	60	50

* 발아율(%) = $\dfrac{\text{발아한 씨앗 수}}{\text{파종 씨앗 수}} \times 100$

* 연간 수확물(개) = 1m²당 연간 수확물(개) × 재배면적(m2)

> ㉠ 20m²의 밭에 C의 씨앗을 파종할 때, 발아한 씨앗 수는 200개이다.
> ㉡ 100m²의 밭 전체 면적을 1/5씩 나누어 서로 다른 작물의 씨앗을 각각 파종하면, 밭 전체 연간 수확물의 총무게는 94kg 이하이다.
> ㉢ 5종류의 작물을 각각 연간 3kg씩 수확하기 위해 필요한 밭의 총면적은 16m²보다 작다.

① ㉠

② ㉡

③ ㉢

④ ㉡, ㉢

⑤ ㉠, ㉡, ㉢

㉡ '수확물 총무게 = 면적(m²) × 1m²당 연간 수확물 무게 1/5'은 각각 20m²이므로 20을 먼저 묶는다. 따라서 각 작물별 1m²당 연간 수확물 무게(= 1m²당 연간 수확물 개수 × 수확물 개당 무게)를 합산한 값에 20을 곱한다.
20(40×20 + 100×15 + 30×30 + 10×60 + 20×50)
= 20(800 + 1,500 + 900 + 600 + 1,000)
= 20×4,800 = 96,000*g* → 96kg

㉢ 1m²당 A~E의 연간 수확물 무게를 각각 계산하면 800g, 1,500g, 900g, 600g, 1,000g 이다. 여기에 각각 어떤 수를 곱해야 3,000g을 만드는 지 순서대로 써보면 3.xx, 2, 3.xx, 5, 3이다. 따라서 이것을 합하면 16m²를 초과하게 된다.

㉠ 20m² × 50개 × 0.2 = 200개

78 다음은 우리나라 여성과 남성의 연령대별 경제 활동 참가율에 대한 그래프이다. 이에 대한 설명으로 옳은 것은?

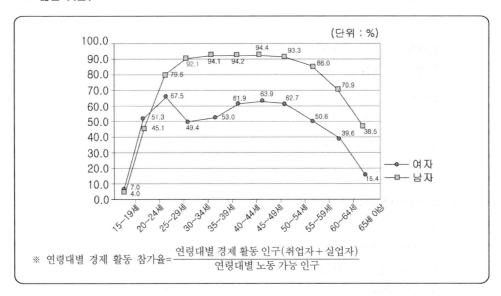

※ 연령대별 경제 활동 참가율= $\dfrac{\text{연령대별 경제 활동 인구(취업자+실업자)}}{\text{연령대별 노동 가능 인구}}$

① 15~24세 남성보다 여성의 경제 활동 참여 의지가 높을 것이다.
② 59세 이후 여성의 경제 활동 참가율의 감소폭이 남성보다 크다.
③ 35세 이후 50세 이전까지 모든 연령대에서 남성보다 여성의 경제 활동 인구의 증가가 많다.
④ 25세 이후 여성의 그래프와 남성의 그래프가 다르게 나타나는 것의 원인으로 출산과 육아를 들 수 있다.
⑤ 25세 이상 60세 미만의 노동 가능 인구 중 취업자의 수는 50% 이상이다.

 ① 제시된 자료만으로는 남성과 여성의 경제 활동 참여 의지의 많고 적음을 비교할 수는 없다.
② 59세 이후 남성의 경제 활동 참가율 감소폭이 여성의 경제 활동 참가율 감소폭보다 크다.
③ 각 연령대별 남성과 여성의 노동 가능 인구를 알 수 없기 때문에 비율만 가지고 여성의 경제 활동 인구의 증가가 남성의 경제 활동 인구의 증가보다 많다고 하는 것은 옳지 않다.
⑤ 주어진 자료로는 취업자와 실업자의 비율을 알 수 없다.

Answer → 77.④ 78.④

79 다음은 우리나라 사물인터넷 사업체 기술 인력 수 및 충원계획에 대한 표이다. 이에 대한 설명으로 옳은 것은?

(단위 : 명)

사물인터넷 사업 분야	2014년			2015년			2016년(충원계획)		
	초급	중급	고급	초급	중급	고급	초급	중급	고급
플랫폼	813	1,042	1,141	1,016	1,184	1,232	56	107	45
네트워크	2,355	1,936	650	2,649	2,091	953	62	38	7
제품기기	1,930	1,235	946	2,087	1,289	983	319	313	149
서비스	2,205	4,991	2,582	2,264	4,718	2,271	729	659	209

① 2014년보다 2015년에 총 기술 인력 수가 감소한 분야는 서비스 분야와 제품기기 분야이다.

② 2014년보다 2015년에 총 기술 인력 수가 가장 많이 증가한 분야는 플랫폼 분야이다.

③ 2015년에 총 기술 인력 수가 가장 적었던 분야의 2016년 총 기술 인력 충원계획 수가 가장 적다.

④ 2014년과 2015년에 총 기술 인력 수가 5,000명 이상이었던 분야는 서비스분야뿐이다.

⑤ 2014년에는 모든 분야에서 중급 기술 인력의 수가 가장 많다.

 ① 2014년보다 2015년에 총 기술 인력 수가 감소한 분야는 서비스 분야뿐이다.
② 2014년보다 2015년에 총 기술 인력 수가 가장 많이 증가한 분야는 네트워크 분야이다.
③ 2015년에 총 기술 인력이 가장 적었던 분야는 플랫폼 분야인데, 이 분야의 2016년 충원계획 총 명수는 네트워크 분야보다 많다.
⑤ 2014년에 플랫폼 분야에서는 고급, 네트워크와 제품기기 분야에서는 초급, 서비스 분야에서는 중급 기술 인력의 수가 가장 많다.

80 다음 제시된 내용과 〈표〉는 S시가 시립대학 설립 및 운영에 관하여 설문조사한 내용이다. 이에 대한 설명으로 옳은 것은?

> S시는 시립대학 설립 및 운영 문제를 결정하기 위하여 시민 1,000명을 대상으로 온라인 설문조사를 실시하였다. 응답자 중 남성은 78%, 여성은 22%였으며 연령대는 10대가 240명, 20대가 260명, 30대가 235명, 40대가 160명, 50대 이상은 105명 이었다. S시에 시립대학이 설립될 경우 대학에 진학할 의사를 밝힌 사람은 남성 110명, 여성 64명으로 나타났다.

〈표〉 S시 시립대학 설립에 대한 의견

(단위 : 명, %)

답변	남성	여성	전체
적극 찬성	48(6.2)	29(13.2)	77(7.7)
대체로 찬성	155(19.9)	35(15.9)	190(19.0)
그저 그렇다.	417(53.4)	103(46.8)	527(52.7)
대체로 반대	68(8.7)	32(14.5)	96(9.6)
적극 반대	92(11.8)	21(9.5)	110(11.0)
전체	780(100.0)	220(100.0)	1,000(100)

① 시립대학 설립을 반대하는 비율은 남성이 여성보다 더 높다.
② 시립대학 설립에 대한 의견은 10대와 30대에서 비슷하다.
③ 시립대학 설립에 적극 찬성한다는 의견은 여성보다 남성이 높다.
④ 시립대학 설립에 적극 반대한다는 의견은 남성보다 여성이 높다.
⑤ 시립대학이 설립될 경우 진학 의사를 밝힌 사람의 비율은 여성이 남성의 2배 정도이다.

 ⑤ 남자 응답자의 약 14%(110/780), 여자 응답자의 약 29%(64/220)가 대학 진학의사를 밝혔다. 따라서 진학 의사를 밝힌 사람의 비율은 여성이 남성의 2배 정도이다.
　① 남성이 반대하는 비율은 20.5%(8.7%+11.8%)이고, 여성이 반대하는 비율은 24%(9.5%+14.5%)로 여성의 반대비율이 더 높다.
　② 제시된 자료만으로는 파악할 수 없는 내용이다.
　③④ 적극 찬성한다는 의견은 여성의 응답비율이 13.2%(남성 6.2%)로 더 높으나, 적극 반대한다는 응답은 남성이 11.8%(여성 9.5%)로 더 높다.

81 다음은 K국의 저축·투자 및 국민 총처분가능소득을 정리한 자료들이다. 이에 대한 설명으로 적절한 것은?

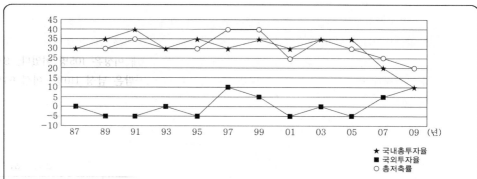

〈그림〉 K국의 저축률과 투자율 추이

총저축률 = (총저축/국민총처분가능소득)×100

국내총투자율 = (국내총투자/국민총처분가능소득)×100

국외투자율 = (국외투자/국민총처분가능소득)×100

총투자율 = (총투자/국민총처분가능소득)×100 = 국내총투자율+국외투자율

〈표〉 국민총처분가능소득

(단위 : 조 원)

연도	1987	1989	1991	1993	1995	1997
국민총처분가능소득	18	31	40	63	80	110
연도	1999	2001	2003	2005	2007	2009
국민총처분가능소득	148	216	278	376	450	478

① 1987년의 총저축은 30조 원이다.

② 1997년의 총투자는 44조 원이다.

③ 2007년 국내총투자와 국외투자의 합은 450조 원이다.

④ 2001년 국내총투자는 64.8조 원이고 1995년 국외투자는 4조 원이다.

⑤ 2009년 국내총투자율과 국외투자율은 동일하지만 국내총투자와 국외투자는 서로 다르다.

② 1997년 총투자를 알아보기 위해서는 먼저 총투자율을 구해야 한다. 총투자율은 국내총투자율(30)과 국외투자율(10)을 더한 값으로 40이다. 총투자율 공식을 통해 총투자를 구해 보면

$40 = \left(\dfrac{총투자}{110}\right) \times 100$이므로 총투자는 44조 원이다.

① 2007년의 총저축을 알아보기 위해서는 총저축률 공식에 대입해 본다.

$30 = \left(\dfrac{총저축}{18}\right) \times 100$이므로 총저축은 5.4조 원이다.

③ 2007년의 국내총투자를 알아보기 위해서는 국내총투자율 공식에 대입해 본다.

$20 = \left(\dfrac{국내총투자}{450}\right) \times 100$이므로 국내총투자는 90조 원이다.

다음으로 국외투자를 알아보면 $5 = \left(\dfrac{국외투자}{450}\right) \times 100$이므로 국외투자는 22.5조 원이다.

따라서 국내총투자와 국외투자의 합은 112.5조 원이다.

④ $30 = \left(\dfrac{국내총투자}{216}\right) \times 100$이므로 64.8조 원이다. 그러나 1995년 국외투자를 알아보기 위해

국외투자율 공식에 대입해 보면 $-5 = \left(\dfrac{국외투자}{80}\right) \times 100$이므로 국외투자는 −4조 원이다.

⑤ 국내총투자율과 국외투자율이 같으면 국내총투자와 국외투자도 같다는 사실을 알 수 있다.

Answer⌐➔ 81.②

82 다음은 기혼 여성의 출생아 수 현황에 대한 표이다. 이에 대한 분석으로 옳은 것은?

(단위 : %)

구분		0명	1명	2명	3명	4명	5명 이상	계
전체		6.4	15.6	43.8	16.2	7.0	11.0	100
지역	농촌	5.0	10.5	30.3	17.9	13.0	23.3	100
	도시	6.8	17.1	47.5	15.7	6.4	6.5	100
연령	20~29세	36.3	40.6	20.9	1.7	0.5	0.0	100
	30~39세	7.8	23.8	58.6	9.1	0.6	0.1	100
	40~49세	3.2	15.6	65.4	13.6	1.8	0.4	100
	50세 이상	4.0	6.1	11.2	19.9	21.4	37.4	100

① 농촌 지역의 출생아 수가 도시 지역보다 많다.

② 50세 이상에서는 대부분 5명 이상을 출산하였다.

③ 자녀를 출산하지 않은 여성의 수는 30대가 40대보다 많다.

④ 3명 이상을 출산한 여성이 1명 이하를 출산한 여성보다 많다.

⑤ 도시의 기혼여성들은 자녀를 출산하지 않으려는 경향을 보인다.

 표에서는 비중만 제시되어 있으므로 ①의 출생아 수와 ③의 여성의 수는 파악할 수 없다.
  ② 5명 이상을 출산한 여성은 37.4%에 불과하다.
  ④ 3명 이상 출산 여성은 전체의 34.2%로 22%의 1명 이하 출산 여성보다 많다.
  ⑤ 도시의 기혼여성 중 가장 많이 차지하는 출생아수는 2명(47.5%)이며 자녀를 출산하지
    않으려는 경향성은 자료를 통해 알 수 없다.

83 다음 조사 결과를 바르게 분석한 것은?

① 질문 : 부모의 노후 생계를 누가 책임져야 한다고 생각하십니까?
② 조사대상 : 15세 이상 인구 중 남녀 각각 3만 5천 명
③ 조사결과

(단위 : %)

조사 대상	연도 / 응답 내용	2002년				2006년			
		가족	부모 스스로	가족과 정부 공동	기타	가족	부모 스스로	가족과 정부 공동	기타
성별	남자	72.6	9.2	16.8	1.4	65.6	7.1	25.2	2.1
	여자	68.9	10.0	19.5	1.6	61.3	8.4	27.6	2.7
소속 가구별	1세대 가구	70.0	13.7	14.9	1.4	65.3	11.4	20.7	2.6
	2세대 가구	70.1	8.8	19.6	1.5	62.6	6.7	28.5	2.2
	3세대 이상 가구	75.0	7.5	15.9	1.6	64.4	6.4	26.5	2.7

① 남자보다 여자가 부모의 노후를 책임지려는 의식이 강하다.
② 노후를 가족이 책임져야 한다고 보는 경향이 확산되고 있다.
③ 노후를 부모 스스로 해결해야 한다는 응답률의 감소폭은 남자가 여자보다 크다.
④ 노후를 부모 스스로 해결해야 한다고 보는 응답자의 비율은 핵가족일수록 낮다.
⑤ 부모의 노후에 대해 정부가 책임져야 한다는 생각은 줄어들고 있다.

 노후를 부모 스스로 해결해야 한다는 응답률의 감소폭
ⓐ 남자 : 2.1(= 9.2 − 7.1)%포인트
ⓑ 여자 : 1.6(= 10.0 − 8.4)%포인트

84 다음 〈표〉는 H시의 전체 가구를 대상으로 원전사고 전·후의 식수 조달원 변경 사항을 조사한 결과이다. 이에 대한 설명으로 옳지 않은 것은? (단, H시의 식수 조달원은 수돗물, 정수, 약수, 생수뿐이다.)

〈표〉 원전 사고 전·후 H시 조달원별 가구 수

(단위 : 천 가구)

사고 전 \ 사고 후	수돗물	정수	약수	생수
수돗물	40	30	20	30
정수	10	50	10	30
약수	20	10	10	40
생수	10	10	10	40

* H시의 각 가구는 한 종류의 식수 조달원만 이용함

① 원전 사고 전에는 식수 조달원으로 수돗물을 이용하는 가구 수가 가장 많았다.
② 원전 사고 전에 비해 원전 사고 후에 이용 가구 수가 감소한 식수 조달원은 2개이다.
③ 원전 사고 전·후 식수 조달원을 변경한 가구 수는 전체 가구 수의 60%를 초과한다.
④ 원전 사고 전 식수 조달원으로 정수를 이용하던 가구는 원전 사고 후에도 정수를 이용한다.
⑤ 각 식수 조달원 가운데 원전 사고 전·후 이용 가구 수의 차이가 가장 큰 것은 생수이다.

 ④ 사고 전 정수를 이용하던 100가구 중에서 50가구만이 원전사고 후에도 정수를 이용하고 있으므로 옳지 않다.

사고 전 \ 사고 후	수돗물	정수	약수	생수	계
수돗물	40	30	20	30	120
정수	10	50	10	30	100
약수	20	10	10	40	80
생수	10	10	10	40	70
계	80	100	50	140	370

① 120(천 가구)으로 원전사고 전에는 수돗물을 식수 조달원으로 사용하는 가구 수가 가장 많았다.
② 원전사고 후 식수 조달원으로 수돗물과 약수를 이용하는 가구 수가 감소하였다.
③ 식수 조달원을 변경하지 않은 가구 수는 140(천 가구)으로 전체 370(천 가구)의 40% 미만이다. 따라서 식수 조달원을 변경한 가구 수는 60% 초과이다.
⑤ 생수가 원전사고 전 70(천 가구)에서 원전사고 후 140(천 가구)으로, 그 차이가 70(천 가구)으로 가장 크다.

85 다음은 매장별 에어컨 판매 조건과 판매가격 표이다. 이 표에 대한 설명으로 옳지 않은 것은?

매장	판매 조건	한 대당 판매 가격
A	10대 구매하면, 1대 무료로 추가 증정	1대당 100만 원
B	9대당 1대 50% 할인	1대당 100만 원
C	20대 구매하면, 1대 무료로 추가 증정	1대당 99만 원

① 50대를 구매하는 경우 C매장에서는 2대를 추가로 받을 수 있다.

② A매장에서는 3,000만 원에 33대를 구매할 수 있다.

③ 10대를 구매하는 경우 B매장이 C매장보다 저렴하다.

④ C매장에서는 42대를 3,960만 원에 구매할 수 있다.

⑤ 20대를 구매하려고 할 때 가장 저렴하게 구매할 수 있는 매장은 C매장이다.

⑤ A매장은 1,900만 원에 20대를 구매할 수 있다. B매장은 20대를 구매하면 2대를 50% 할인 받을 수 있어 1,900만 원에 구매할 수 있다. C매장은 20대를 구매하면 1대를 추가로 증정 받아 1,980만 원에 구매할 수 있다. 그러므로 저렴하게 구입할 수 있는 매장은 A매장과 B매장이다.

① C매장에서는 50대를 구매하면, 총 가격이 4,950만 원이며 2대를 추가로 받을 수 있다.

② A매장에서는 30대를 구매하면 3대를 추가로 증정하므로, 3,000만 원에 33대를 구매할 수 있다.

③ B매장에서는 10대를 구매하면 1대를 50% 할인 받아 950만 원이고, C매장에서는 모두 정가로 구매하여 990만 원이다.

④ C매장에서는 40대를 구매하면 2대를 추가로 증정 받아 3,960만 원에 구매할 수 있다.

Answer↪ 84.④ 85.⑤

도형추리

┃1~10┃ 다음에 제시된 예를 보고 $와 !에 들어갈 도형으로 옳은 것을 고르시오.

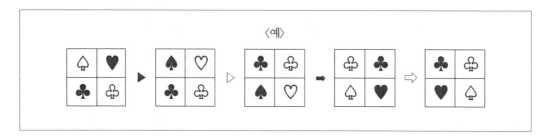

1

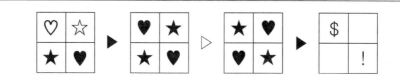

① ★ ♡

② ☆ ★

③ ★ ☆

④ ☆ ♥

⑤ ☆ ♡

Tip 제시된 예의 규칙을 파악하면 다음과 같다.
▶ 1행 색 반전
▷ 1행과 2행 교환
➡ 전체 색 반전
⇨ 1열과 2열 교환

2

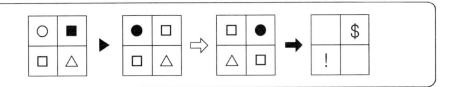

① ○ ▲

② ■ ○

③ ○ ■

④ ○ △

⑤ △ ■

Tip

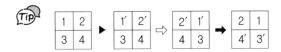

3

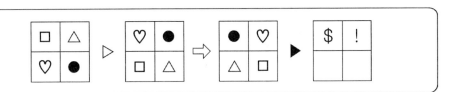

① ● △

② ○ ♥

③ △ □

④ ● ♡

⑤ ▲ □

Tip

1	2		3	4		4	3		4′	3′
3	4	▷	1	2	⇒	2	1	▶	2	1

Answer ↪ 1.② 2.① 3.②

4

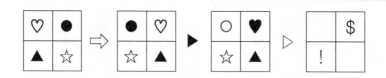

① ▲ ●   ② △ ○
③ △ ●   ④ △ ▲
⑤ ▲ ○

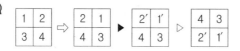

5

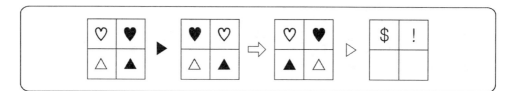

① ▲ △   ② △ ▲
③ ♡ ♥   ④ ♥ ♡
⑤ ♡ ▲

6

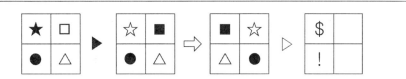

① ● ☆
② △ ■
③ ○ ★
④ ▲ □
⑤ □ ▲

(Tip)
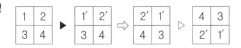

7

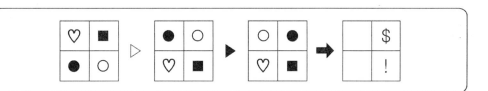

① ♡ ○
② ♥ ■
③ ● □
④ ○ □
⑤ ● ■

(Tip)
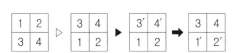

8

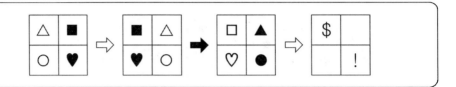

① △ ■   ② ○ ♥
③ ▲ ♡   ④ □ ♡
⑤ △ ♥

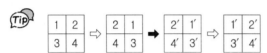

9

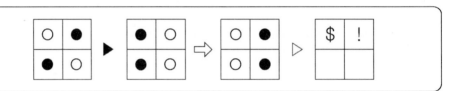

① ○ ●   ② ○ ○
③ ● ●   ④ ● ○
⑤ △ □

$$
\begin{array}{|c|c|}\hline 1 & 2 \\\hline 3 & 4 \\\hline\end{array} \blacktriangleright
\begin{array}{|c|c|}\hline 1' & 2' \\\hline 3 & 4 \\\hline\end{array} \Rightarrow
\begin{array}{|c|c|}\hline 2' & 1' \\\hline 4 & 3 \\\hline\end{array} \triangleright
\begin{array}{|c|c|}\hline 4 & 3 \\\hline 2' & 1' \\\hline\end{array}
$$

10

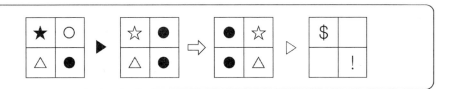

① ○ ☆

② ● ★

③ △ ●

④ ▲ ○

⑤ ● ☆

(Tip)

[예제문제]

[예제1]	[예제2]	[문제]

A   B   A   B

① ③ ⑤   ④ ㉻(A B)

Tip 세로규칙 : 색 반전

가로규칙 : 위, 아래 행 바뀜

11

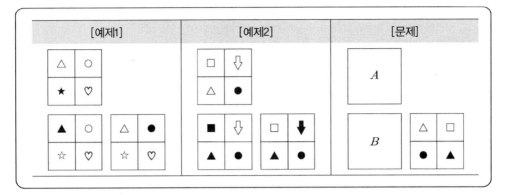

A | B | A | B

①
②

③
④

⑤

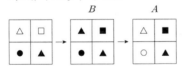

세로규칙 : 1열의 색 반전
가로규칙 : 1행의 색 반전

12

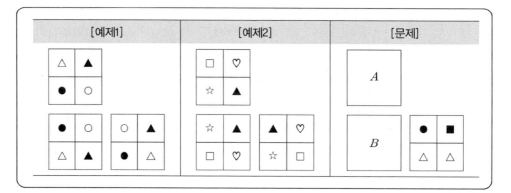

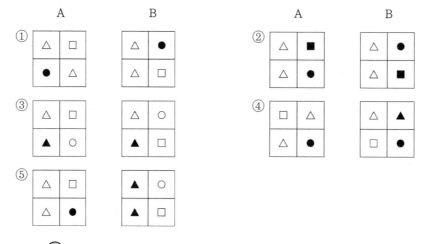

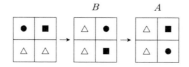

Tip 세로규칙 : 1행과 2행 바꿈
가로규칙 : 반시계 방향으로 한 칸씩 이동

13

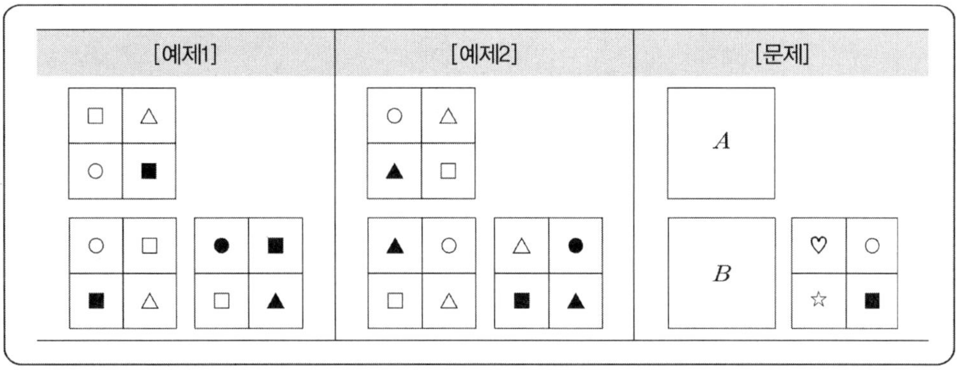

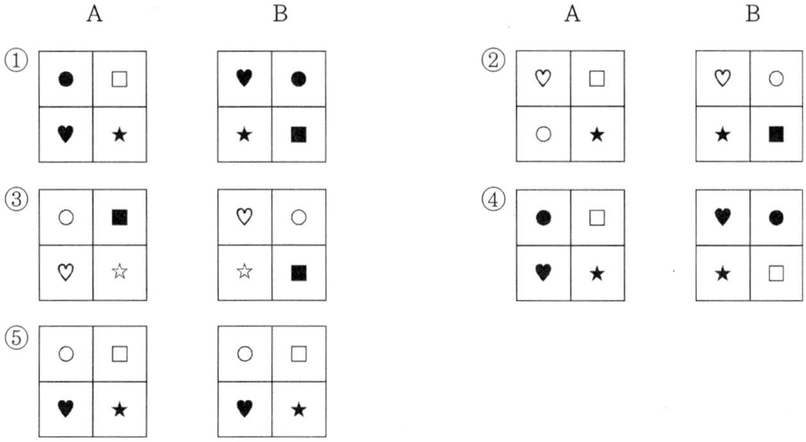

[예제1]	[예제2]	[문제]
(도형)	(도형)	A
(도형)	(도형)	B

A B A B

① (도형 A) (도형 B) ② (도형 A) (도형 B)

③ (도형 A) (도형 B) ④ (도형 A) (도형 B)

⑤ (도형 A) (도형 B)

Tip
세로규칙 : 시계 방향으로 한 칸씩 이동
가로규칙 : 색 반전

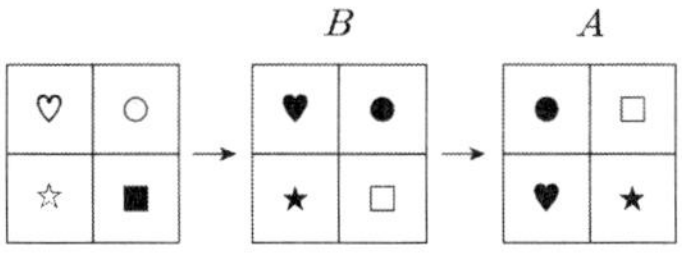

(도형 변환 예시) B A

14

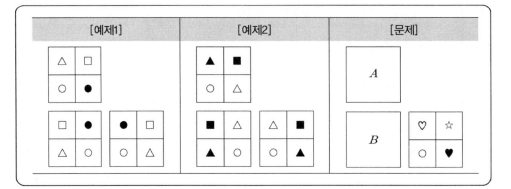

A   B   A   B

①
♥	☆
○	♡

☆	♡
♥	○

②
♥	☆
○	♡

★	♥
♡	○

③
♡	★
●	♥

♡	○
♥	★

④
♡	○
★	●

♡	○
♥	★

⑤
♡	★
○	♥

♡	♡
●	★

Tip 세로규칙 : 반시계 방향으로 한 칸씩 이동
가로규칙 : 1열과 2열 바꿈

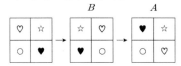

15

[예제1]	[예제2]	[문제]

A

B

A B ① ② A B ③ ④ ⑤

(Tip) 세로규칙 : 색 반전
가로규칙 : 시계 방향으로 한 칸씩 이동

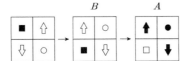

B　*A*

Answer → 14.① 15.②

16

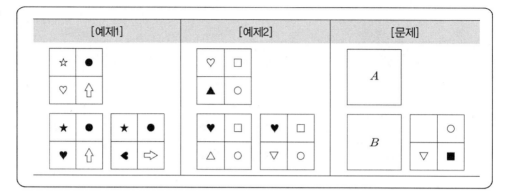

A	B	A	B
①		②	

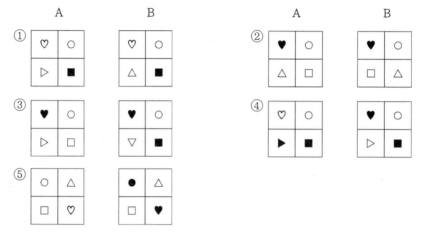

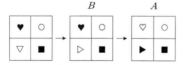

Tip 세로규칙 : 1열의 색 반전
가로규칙 : 2행의 도형을 오른쪽으로 90° 회전

17

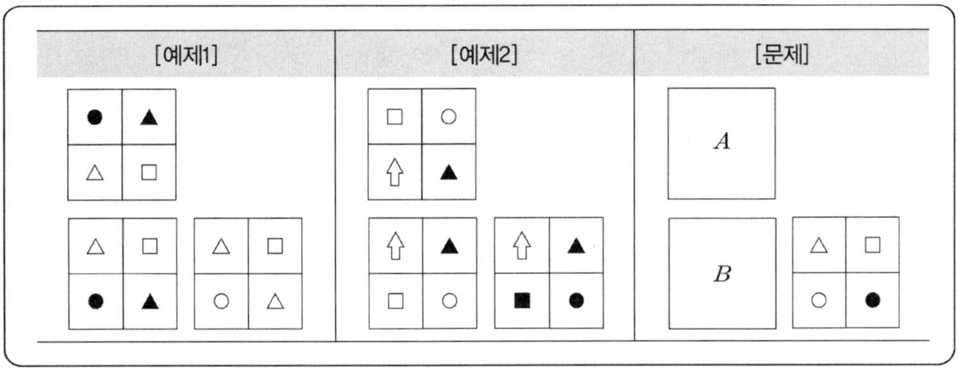

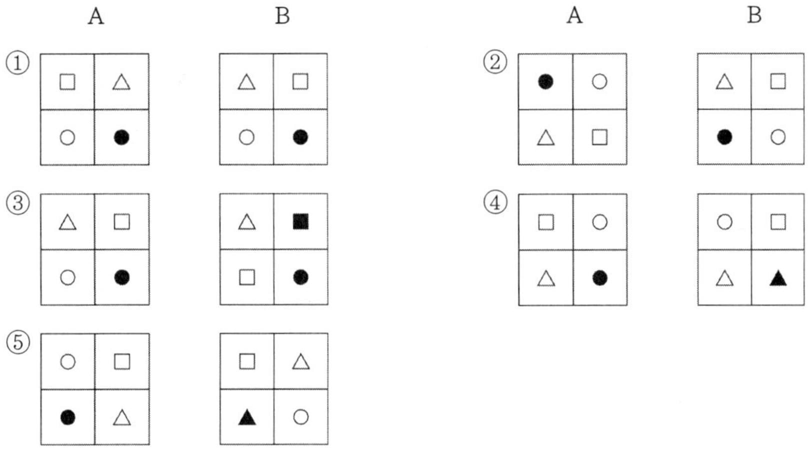

[예제1]	[예제2]	[문제]

[예제1]: (first grid) ● ▲ / △ □ → (grid) △ □ / ● ▲ → (grid) △ □ / ○ △

[예제2]: (first grid) □ ○ / ⇧ ▲ → (grid) ⇧ ▲ / □ ○ → (grid) ⇧ ▲ / ■ ●

[문제]: A / B → (grid) △ □ / ○ ●

	A	B			A	B
①	□ △ / ○ ●	△ □ / ○ ●		②	● ○ / △ □	△ □ / ● ○
③	△ □ / ○ ●	△ ■ / □ ●		④	□ ○ / △ ●	○ □ / △ ▲
⑤	○ □ / ● △	□ △ / ▲ ○				

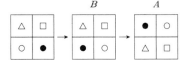

(Tip) 세로규칙 : 1행과 2행 바꿈
가로규칙 : 2행의 색 반전

(grid) △ □ / ○ ● → *B* (grid) △ □ / ● ○ → *A* (grid) ● ○ / △ □

18

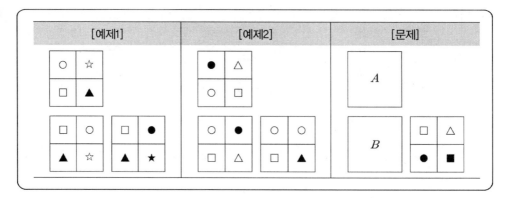

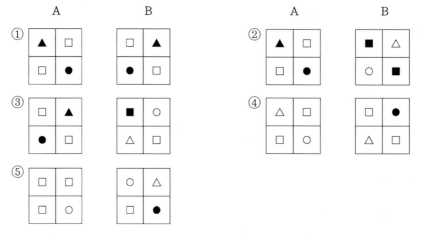

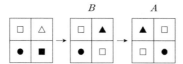

Tip 세로규칙 : 시계 방향으로 한 칸씩 이동
가로규칙 : 2열의 색 반전

19

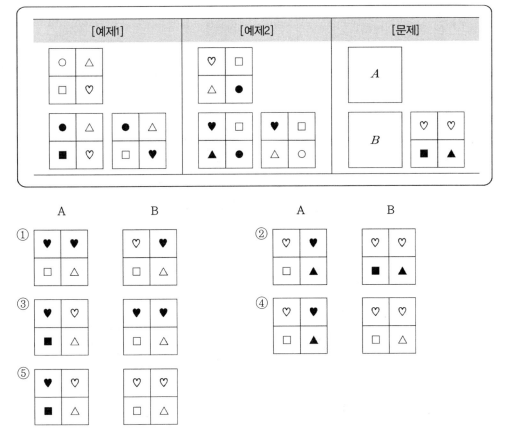

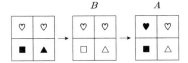

세로규칙 : 1열의 색 반전
가로규칙 : 2행의 색 반전

20

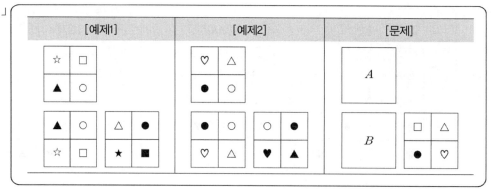

	A	B
①	● ♥ / □ ♡	□ △ / ● ♥
②	♥ ○ / ♥ □	□ ▲ / ○ ♥
③	□ ♡ / ○ ♡	■ ▲ / ○ ♥
④	○ ♥ / ■ ▲	■ ▲ / ○ ♥
⑤	○ ♥ / ■ ♥	■ ▲ / ● ♥

(Tip)

세로규칙 : 1행과 2행 바꿈

가로규칙 : 색 반전

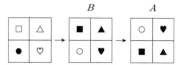

21~30 제시된 점이 다음과 같은 규칙에 의하여 이동한다고 한다. 점은 기본적으로 오른쪽으로 움직이며 궤적을 남긴다고 할 때, 점이 남긴 궤적으로 옳은 것을 고르시오.

○ 궤적이 굵어진다.
× 궤적이 가늘어진다.
→ 궤적의 방향을 나타낸다.
| 제시된 기준의 방향으로 대칭한다.

21

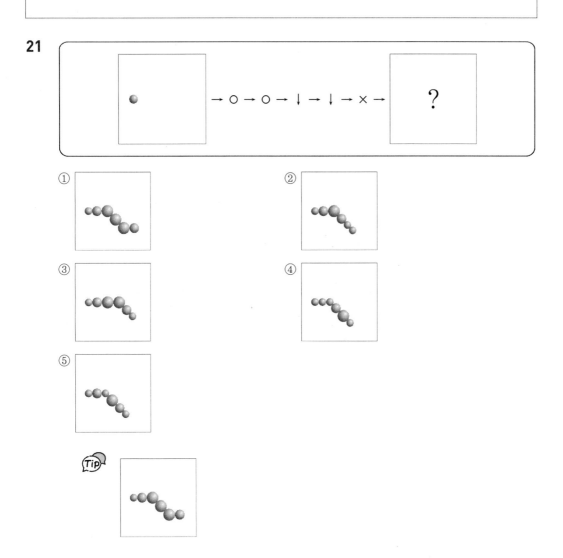

22

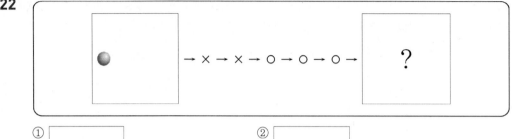

①

②

③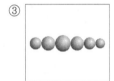

④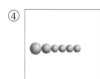

⑤

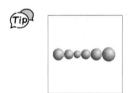

23

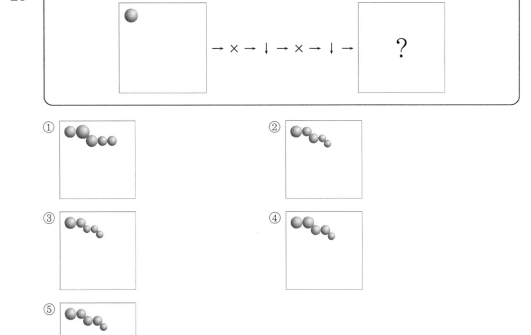

① ② ③ ④ ⑤

24

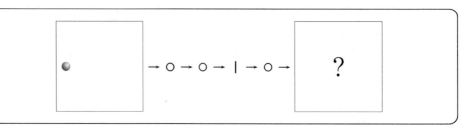

①

②

③

④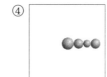

⑤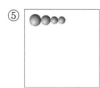

Tip
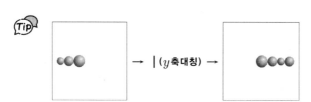

25

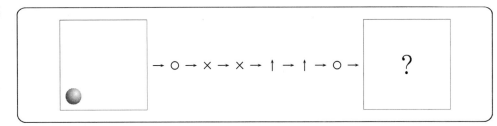

①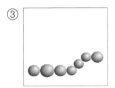

②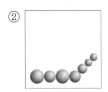

③

④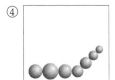

⑤

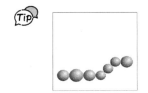

Answer↱ 24.④ 25.③

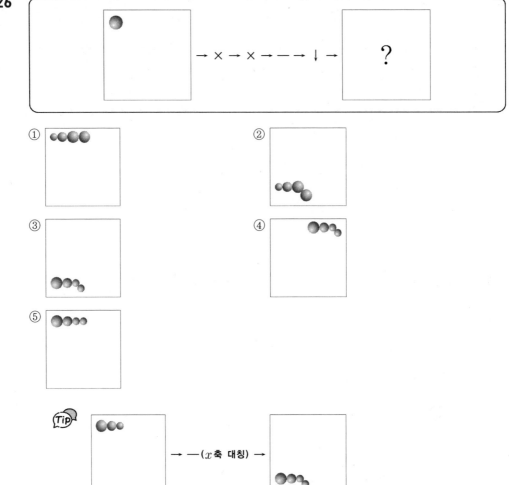

27

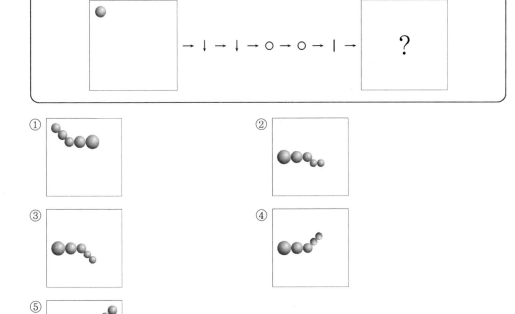

① ② ③ ④ ⑤

(Tip)

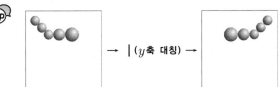

→ | (y축 대칭) →

Answer⌐→ 26.③ 27.⑤

28

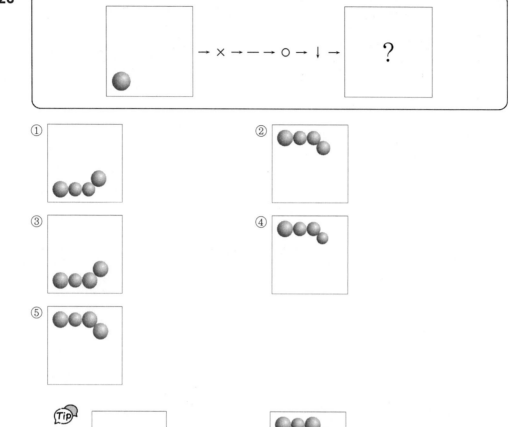

29

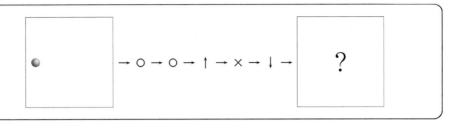

①

②

③

④

⑤

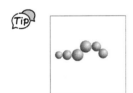
Tip

30

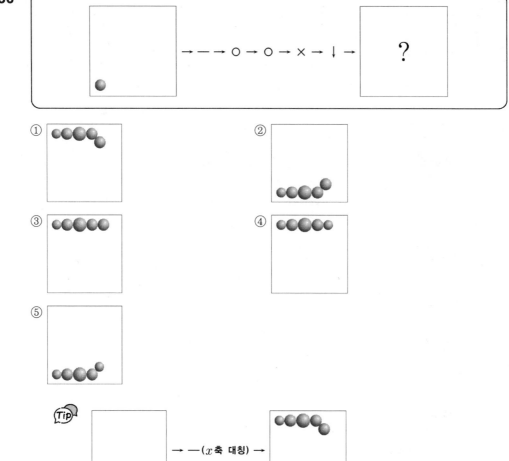

|31~40| 다음 주어진 예제를 보고 규칙을 찾아 ?에 들어갈 도형을 고르시오.

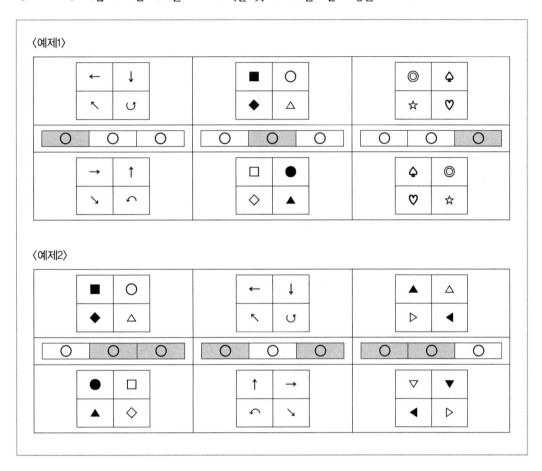

31

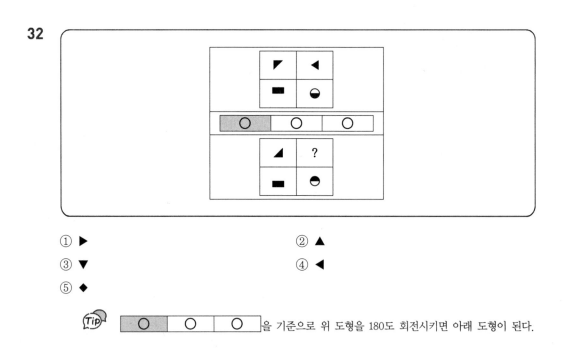

① ▷
② ◇
③ ▫
④ △
⑤ ▭

Tip ☐○☐○☐○☐ 을 기준으로 위 도형을 색 반전시키면 아래 도형이 된다.

32

① ▶
② ▲
③ ▼
④ ◀
⑤ ◆

Tip ☐○☐○☐○☐ 을 기준으로 위 도형을 180도 회전시키면 아래 도형이 된다.

33

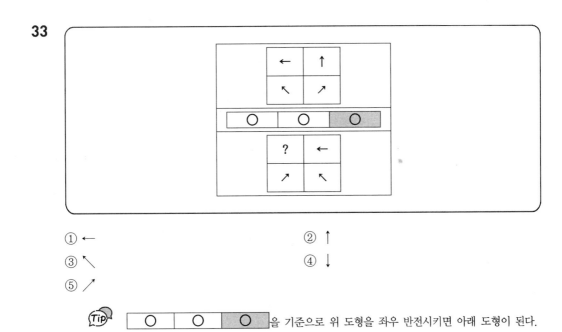

① ←

② ↑

③ ↖

④ ↓

⑤ ↗

Tip 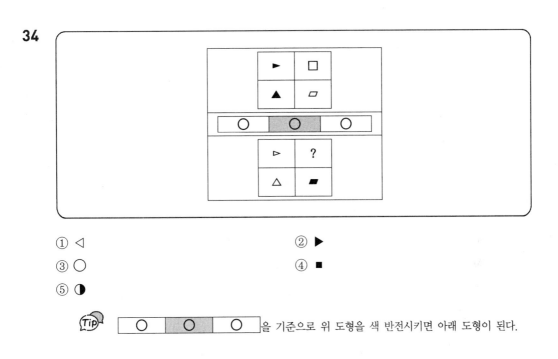을 기준으로 위 도형을 좌우 반전시키면 아래 도형이 된다.

34

① ◁

② ▶

③ ○

④ ■

⑤ ◑

Tip ◯ ◯ ◯ 을 기준으로 위 도형을 색 반전시키면 아래 도형이 된다.

Answer → 31.② 32.① 33.② 34.④

35

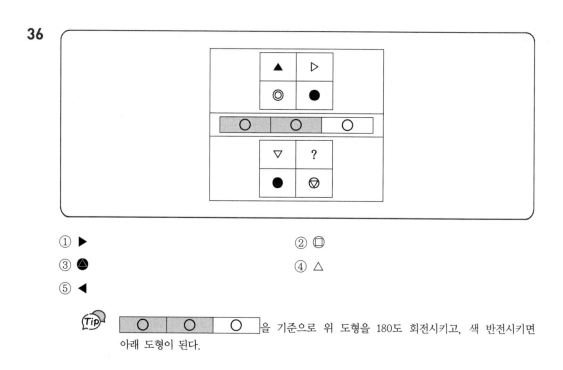

① ◐
② ◑
③ ⬗
④ ◖
⑤ ⬗

(Tip) ▭◯ ◯ ◯▭을 기준으로 위 도형을 180도 회전시키면 아래 도형이 된다.

36

① ▶
② ▢
③ ◬
④ △
⑤ ◀

(Tip) ▭◯ ◯ ◯▭을 기준으로 위 도형을 180도 회전시키고, 색 반전시키면 아래 도형이 된다.

37

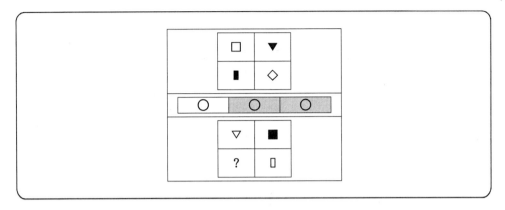

① □

② ◆

③ ▼

④ ⧄

⑤ ▽

(Tip) 〔○ ○ ○〕을 기준으로 위 도형을 색 반전시키고, 좌우 반전시키면 아래 도형이 된다.

38

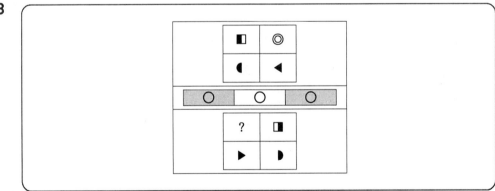

① ◧

② ◀

③ ◎

④ ◖

⑤ ▶

(Tip) 〔○ ○ ○〕을 기준으로 위 도형을 180도 회전시키고, 좌우 반전시키면 아래 도형이 된다.

Answer → 35.③ 36.⑤ 37.② 38.③

39

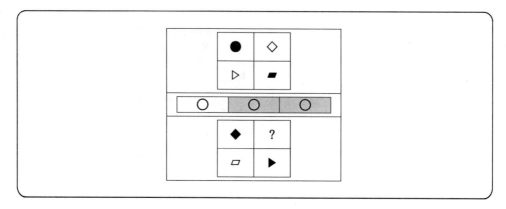

① ▰　　　　　　　　　　　② ▷

③ ●　　　　　　　　　　　④ ◇

⑤ ○

(Tip) ▭○▐○▐○▐ 을 기준으로 위 도형을 색 반전시키고, 좌우 반전시키면 아래 도형이 된다.

40

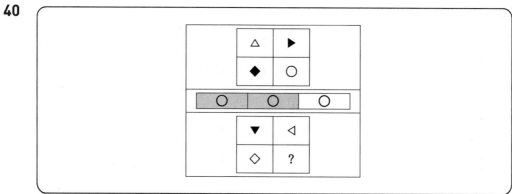

① ▶　　　　　　　　　　　② ○

③ ◇　　　　　　　　　　　④ ●

⑤ △

(Tip) ▐○▐○▐○▭ 을 기준으로 위 도형을 180도 회전시키고, 색 반전시키면 아래 도형이 된다.

Answer↪ 39.⑤　40.④

┃예제 ┃ 다음 규칙을 참고하여 문제의 정답을 고르시오.

	전체도형 시계방향 90° 회전
	전체도형 180° 회전
	전체도형 시계방향 270° 회전
n	n면 시계방향 90° 회전
n	n면 180° 회전
n	n면 시계방향 270° 회전
(A→)	A행 배경색 반전
(A↕)	A열 배경색 반전
	검은색 배경 도형은 왼쪽으로, 흰색 배경 도형은 오른쪽으로 정렬 (각 구간별 배경색을 기준으로)
	흰색 배경 도형은 왼쪽으로, 검은색 배경 도형은 오른쪽으로 정렬 (각 구간별 배경색을 기준으로)

[예시]

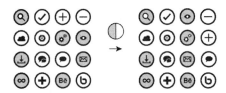

(1/1)	같은 숫자가 적힌 해당 구간끼리 도형과 배경색을 모두 교환
[A↕B]	A열과 B열을 교환
[A↔B]	A행과 B행을 교환
[A→n]	A행 칸을 화살표 방향으로 n만큼 이동(A행에 속한 도형, 배경색 모두 이동하며, D열 오른쪽으로 벗어난 도형을 A열로 이동함)
[A↓n]	A열 칸을 화살표 방향으로 n만큼 이동(A열에 속한 도형, 배경색 모두 이동하며, D행 아래로 벗어난 도형을 A행으로 이동함)

[비교규칙]

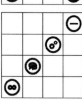

변환된 도형과 배경색이 일치하면 Yes, 그렇지 않으면 No로 이동

변환된 도형과 표시된 위치의 도형 모양 및 방향이 일치하면 Yes, 그렇지 않으면 No로 이동

다음을 주어진 규칙에 따라 변환시킬 때 '?'에 해당하는 것을 고르시오.

41

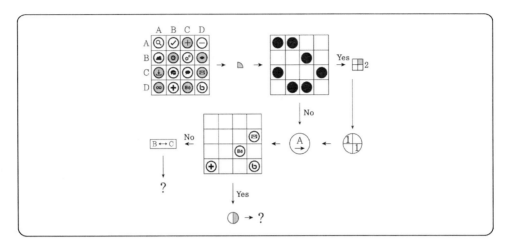

① ② ③ ④ ⑤

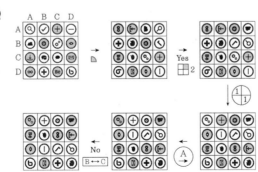

42

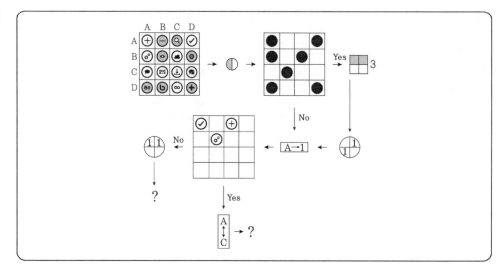

①
②
③
④
⑤

(Tip)

43

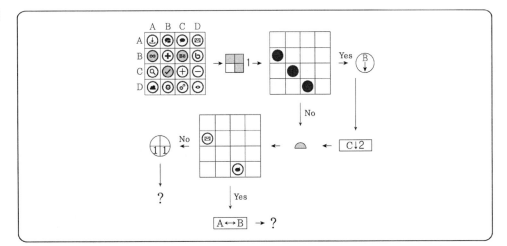

①
②
③
④
⑤

(Tip)

Answer ↪ 42.② 43.④

44

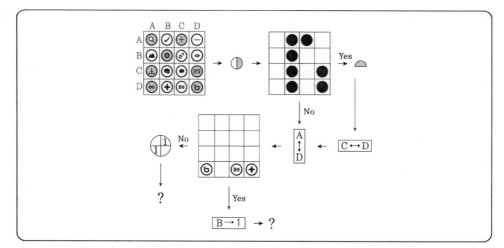

①

②

③

④

⑤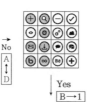

45

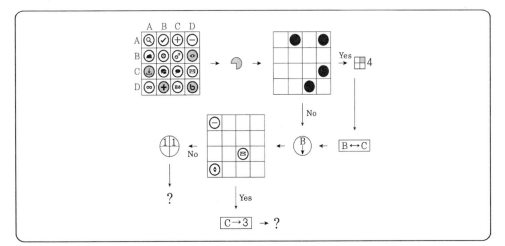

① ⊗ ⊘ ⊕ ⊖

② ⊘ ⊘ ⊗ ⊘

③ ⊘ ⊗ ⊕ ∞

④ ⊗ ⊘ ⊕ ⊖

⑤ ⊗ ⊘ ⊘ ⊘

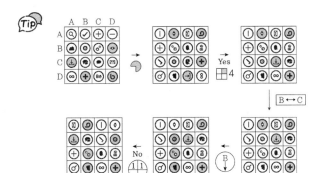

Answer → 44.③ 45.⑤

46

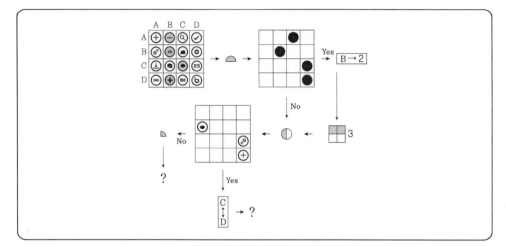

①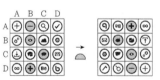

②

③

④

⑤

Tip

47

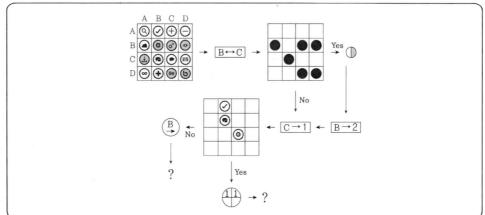

①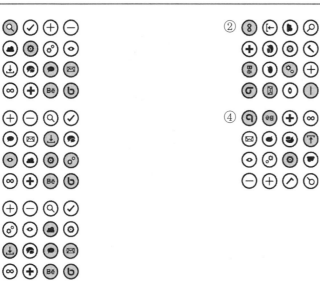

②

③

④

⑤

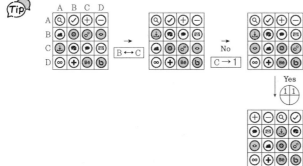

48

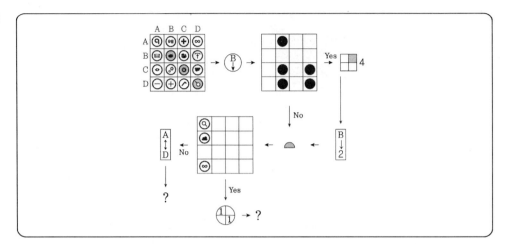

①

②

③

④

⑤

(Tip)

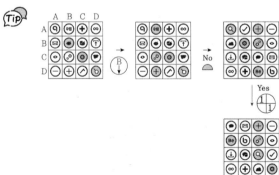

49

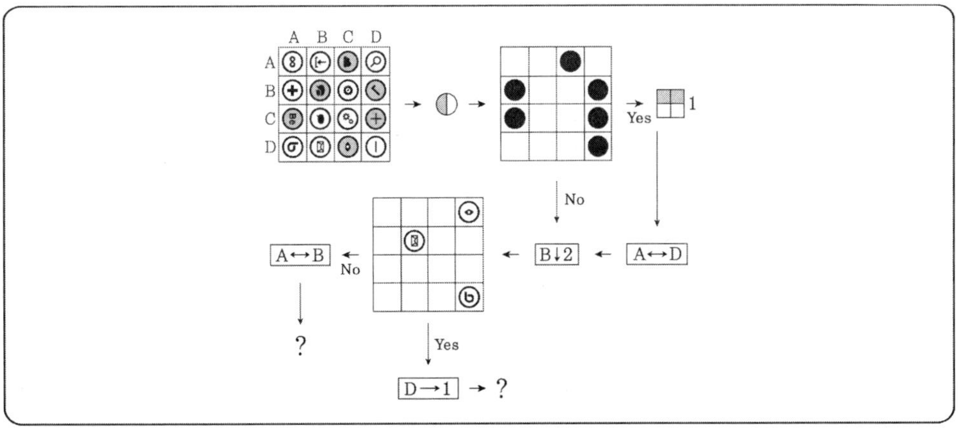

① 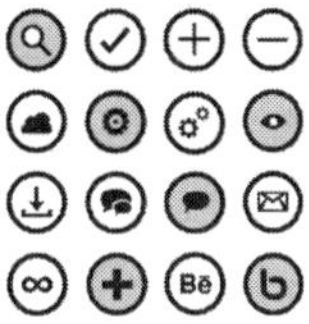

② 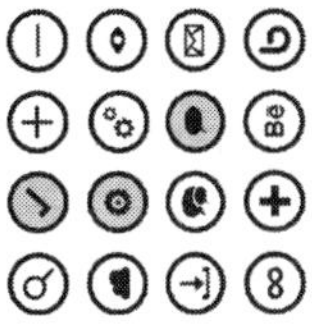

③ 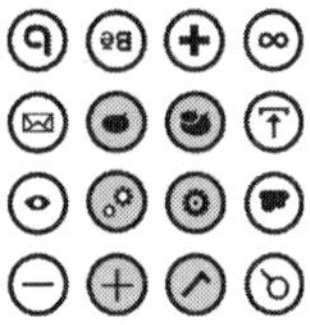

④ 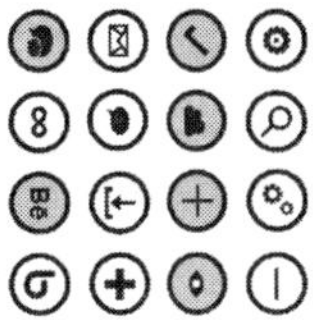

⑤ 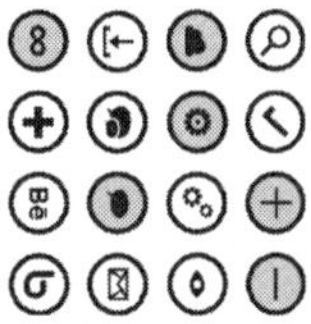

Tip

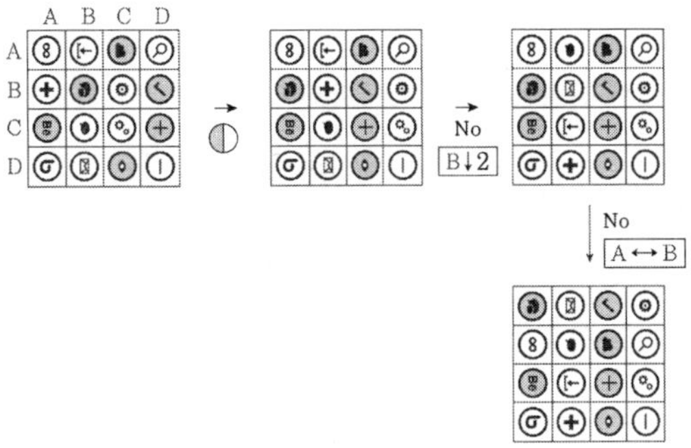

Answer 48.② 49.④

50

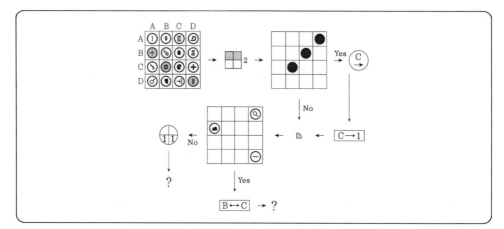

①

②

③

④

⑤

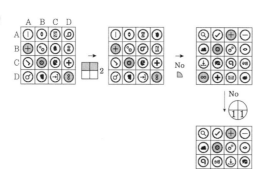

▌예제 ▌ 다음 규칙을 참고하여 문제의 정답을 고르시오.

	A	B	C
A			
B			
C			

전체 시계 방향 90° 회전

전체 180° 회전

전체 시계 방향 270° 회전

도형만 시계 방향 90° 회전

도형만 180° 회전

도형만 시계 방향 270° 회전

A→n　A행 칸을 화살표 방향으로 n만큼 이동(A행에 속한 도형, 배경색 모두 이동하며, C열 오른쪽으로 벗어난 도형은 A열로 이동함)

A↓n　A열 칸을 화살표 방향으로 n만큼 이동(A열에 속한 도형, 배경색 모두 이동하며, C행 아래로 벗어난 도형은 A행로 이동함)

[비교규칙]

변환된 도형과 표시된 위치의 도형 모양 및 방향이 일치하면 Yes, 그렇지 않으면 No로 이동

변환된 도형과 표시된 위치의 배경색이 일치하면 Yes, 그렇지 않으면 No로 이동

┃51~60┃ 다음을 주어진 규칙에 따라 변환시킬 때 '?'에 해당하는 것을 고르시오.

51

① 　②

③ 　④

⑤

(Tip)

52

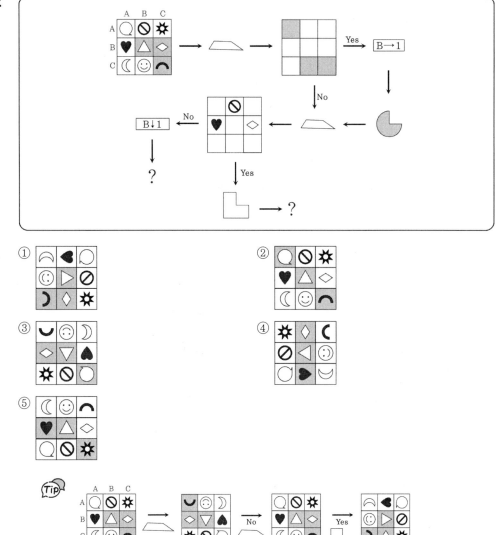

①
②
③
④
⑤

(Tip)

53

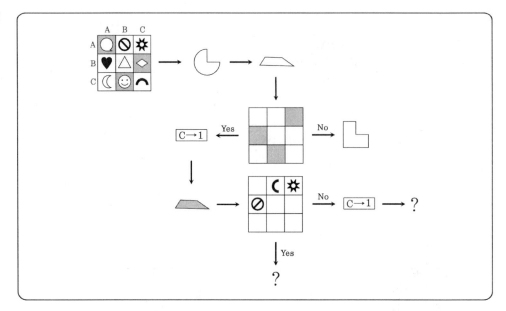

①

②

③

④

⑤

(Tip)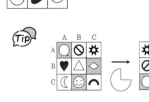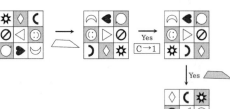

54

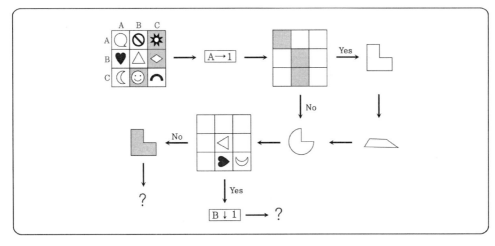

①   ②

③   ④

⑤

55

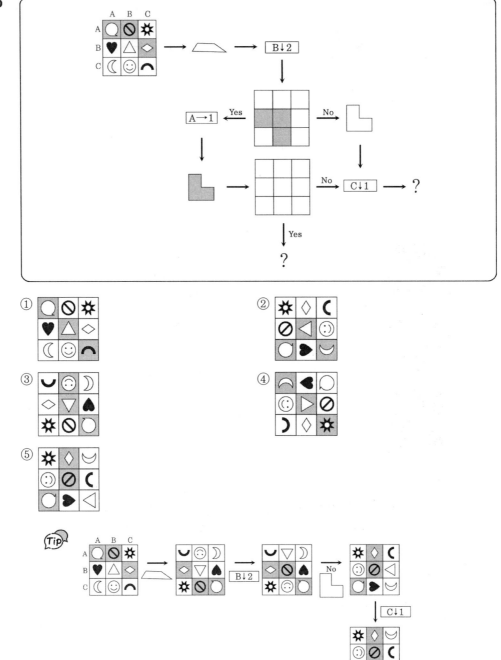

① ② ③ ④ ⑤

56

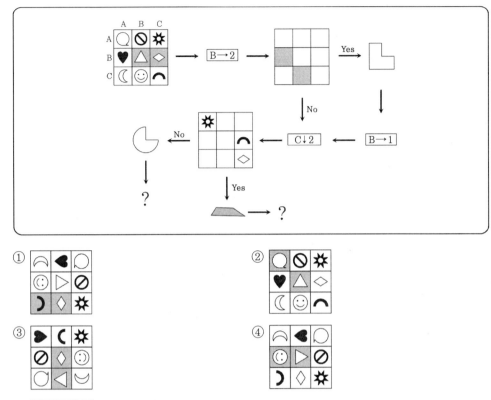

①

②

③

④

⑤

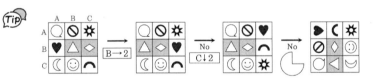

57

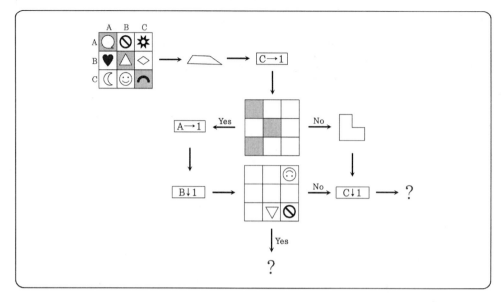

①

②

③

④

⑤

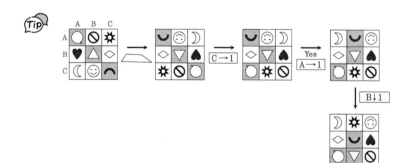

58

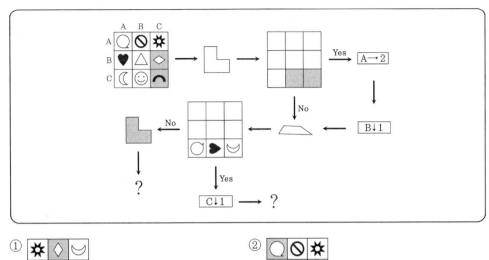

①

②

③

④

⑤

(Tip)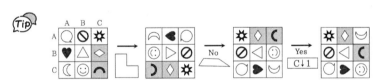

Answer → 57.② 58.①

59

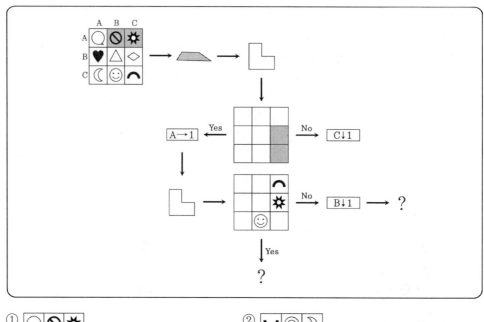

①

②

③

④

⑤

(Tip)

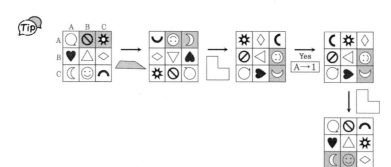

60

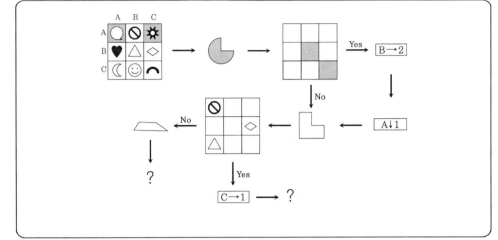

①

②

③

④

⑤

 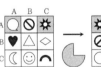

Answer → 59.⑤ 60.②

▌61~65▌ 다음 기호들은 일정한 규칙에 따라 도형을 변화시킨다. 주어진 도형을 도식에 따라 변화
시켰을 때 결과로 올바른 것을 고르시오.

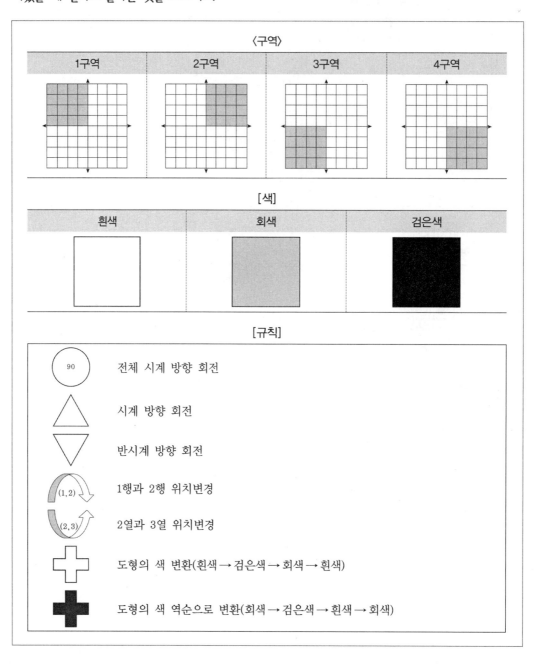

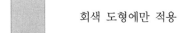

〈조건〉			
1구역에 적용	2구역에 적용	3구역에 적용	4구역에 적용

흰색 도형에만 적용

회색 도형에만 적용

검은색 도형에만 적용

! 해당 칸의 최초 도형과 색깔 비교
 –해당 칸의 최초 도형과 색깔이 같으면 해당 구역 내에서 해당 열의 색 순서대로 변환
 –해당 칸의 최초 도형과 색깔이 다르면 해당 구역 내에서 해당 행의 색 순서대로 변환

61

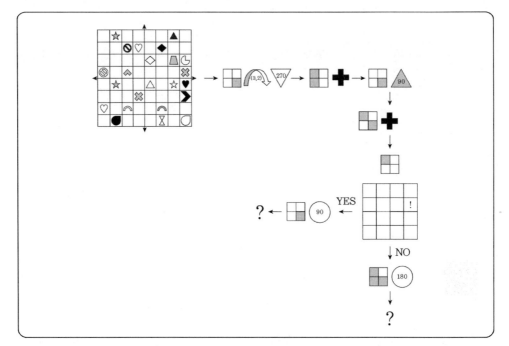

①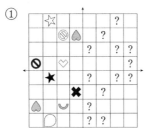

②

③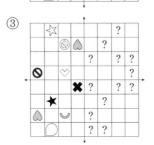

④

⑤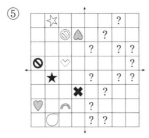

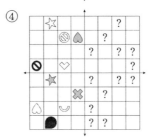

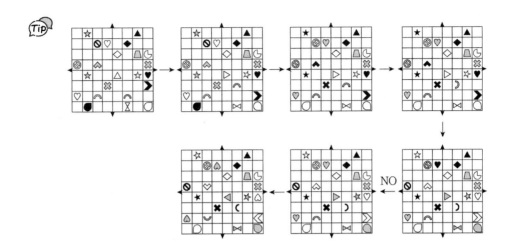

62

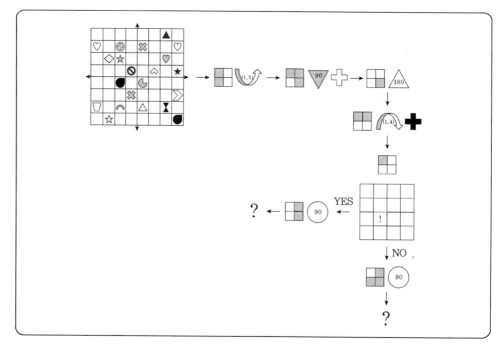

①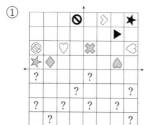

②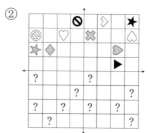

③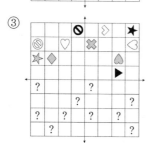

④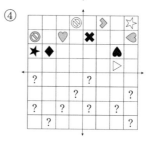

⑤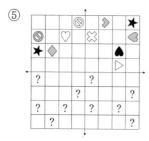

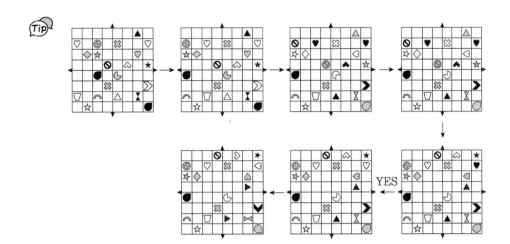

63

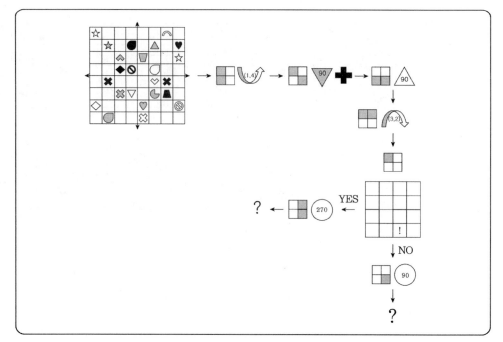

①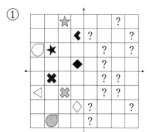

②

③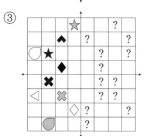

④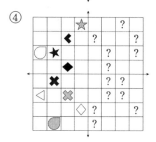

⑤

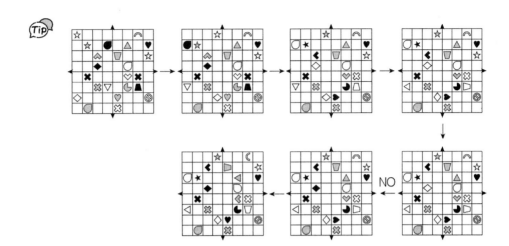

Answer → 63.④

64

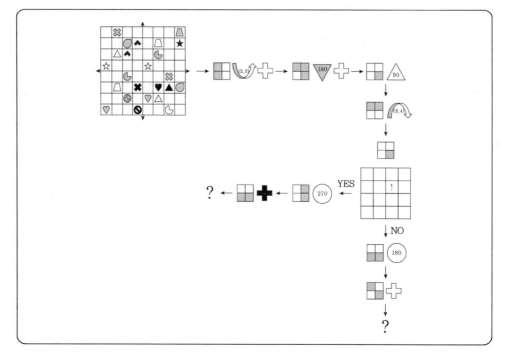

①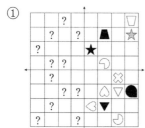

②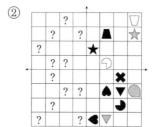

③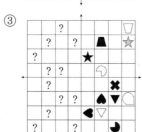

④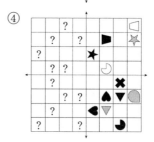

⑤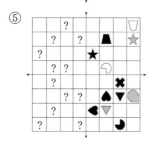

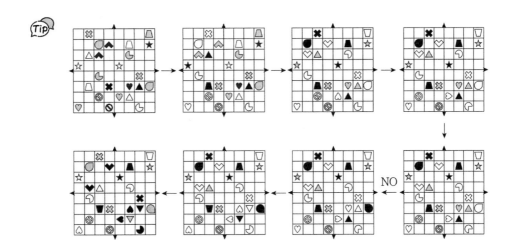

NO

Answer ⌐→ 64. ⑤

65

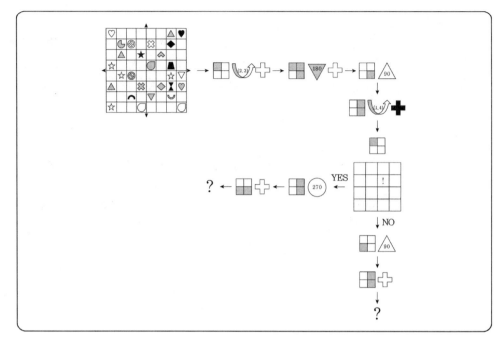

①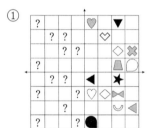

②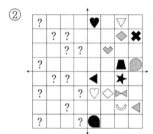

③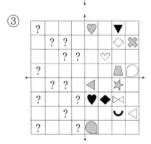

④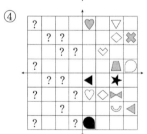

⑤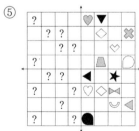

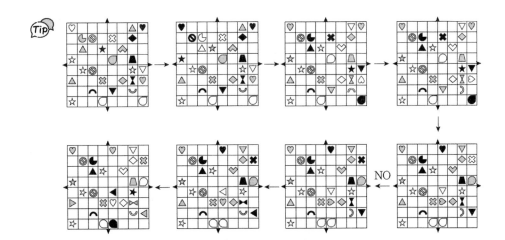

NO

┃66~70┃ 다음 규칙에 따라 도형을 변화시켰을 때 물음표에 들어갈 도형으로 알맞은 것은?

〈기본규칙〉

	I	II	III	IV
i				
ii				
iii				
iv				

- n◆ : 해당 행/열의 도형 색상 반전

  예 i◆ = i행의 도형 색상 반전

- n◇ : 해당 행/열의 도형 상하 반전

  예 II◇ = II열의 도형 상하 반전

- x■n : 해당 행/열을 오른쪽/위쪽으로 x칸 이동

  예 2■iii = iii행을 오른쪽으로 2칸 이동

  예 2■III = III열을 위쪽으로 2칸 이동

- $x$$n$■ : 해당 행/열을 왼쪽/아래쪽으로 x칸 이동

  예 3i■ = i행을 왼쪽으로 3칸 이동

  예 3i■ = i열을 아래쪽으로 3칸 이동

- (도형) : 해당 도형의 색을 전부 지정색으로 변환

  예 ☖ = ☖을 전부 흰색으로 변환

  예 ♠ = ☖을 전부 검은색으로 변환

- n◍x˚ : 해당 행/열의 도형을 시계 방향으로 x˚ 회전

  예 i◍90˚ = i행의 도형을 시계 방향으로 90˚ 회전

- x◎ : 외부 도형을 시계 방향으로 x칸씩 이동

  ※ 외부도형 =

- x◉ : 내부 도형을 시계 방향으로 x칸씩 이동

  ※ 내부도형 =

〈대조규칙〉

⚠ : 해당 칸이 도형과 모양 비교

－해당 칸의 도형과 모양이 같으면 1행씩 오른쪽으로 이동

－해당 칸의 도형과 모양이 다르면 1열씩 아래로 이동

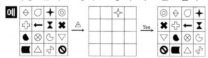

◨ : 해당 칸의 최초 도형과 색깔 비교

－해당 칸의 최초 도형과 색깔이 같으면 해당 열 색 반전

－해당 칸의 최초 도형과 색깔이 다르면 해당 행 색 반전

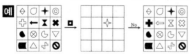

66

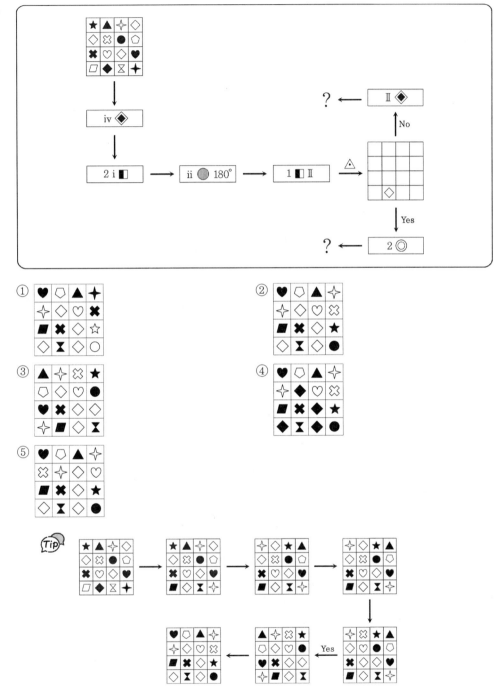

Answer ↪ 66.②

67

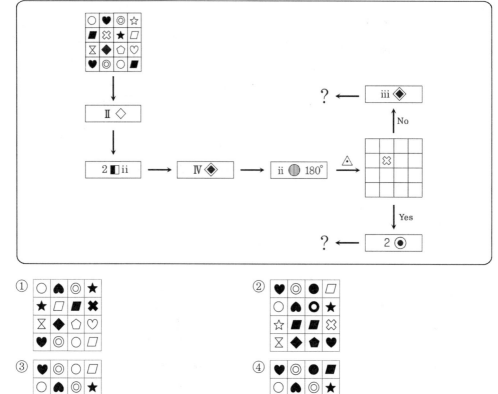

①

②

③

④

⑤

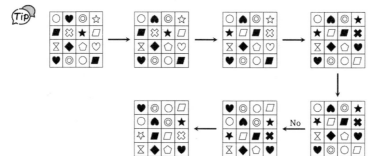

68

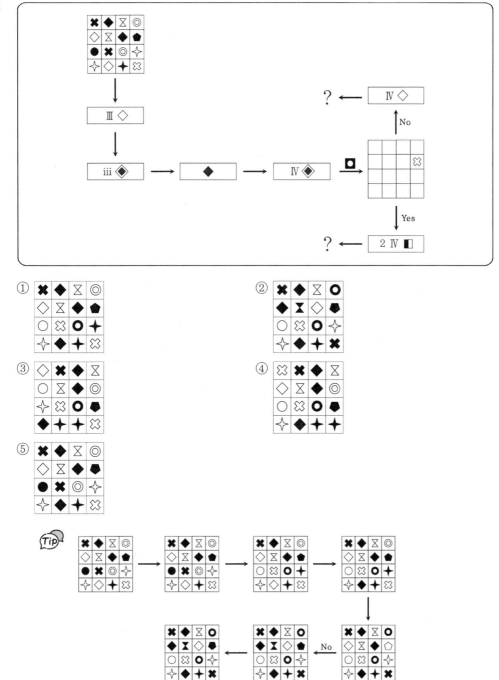

69

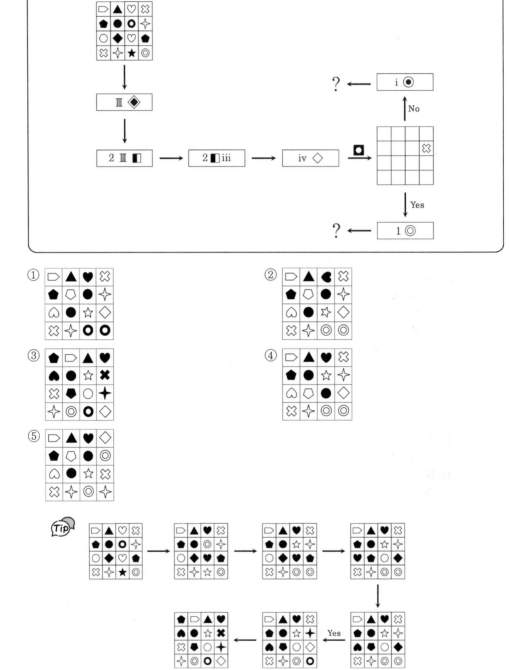

70

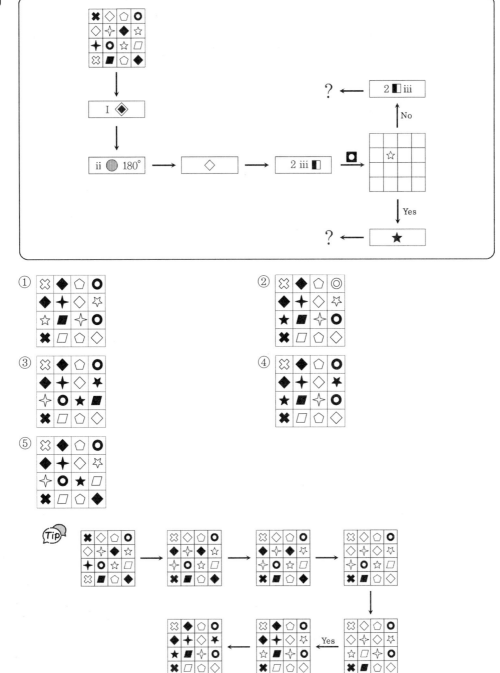

PART

II

인성검사

CHAPTER 01 인성검사의 이해

1 인성(성격)검사의 개념과 목적

인성(성격)이란 개인을 특징짓는 평범하고 일상적인 사회적 이미지, 즉 지속적이고 일관된 공적 성격(Public – personality)이며, 환경에 대응함으로써 선천적·후천적 요소의 상호작용으로 결정화된 심리적·사회적 특성 및 경향을 의미한다.

인성검사는 직무적성검사를 실시하는 대부분의 기업체에서 병행하여 실시하고 있으며, 인성검사만 독자적으로 실시하는 기업도 있다.

기업체에서는 인성검사를 통하여 각 개인이 어떠한 성격 특성이 발달되어 있고, 어떤 특성이 얼마나 부족한지, 그것이 해당 직무의 특성 및 조직문화와 얼마나 맞는지를 알아보고 이에 적합한 인재를 선발하고자 한다. 또한 개인에게 적합한 직무 배분과 부족한 부분을 교육을 통해 보완하도록 할 수 있다.

인성검사의 측정요소는 검사방법에 따라 차이가 있다. 또한 각 기업체들이 사용하고 있는 인성검사는 기존에 개발된 인성검사방법에 각 기업체의 인재상을 적용하여 자신들에게 적합하게 재개발하여 사용하는 경우가 많다. 그러므로 기업체에서 요구하는 인재상을 파악하여 그에 따른 대비책을 준비하는 것이 바람직하다. 본서에서 제시된 인성검사는 크게 '특성'과 '유형'의 측면에서 측정하게 된다.

2 성격의 특성

(1) 정서적 측면

정서적 측면은 평소 마음의 당연시하는 자세나 정신상태가 얼마나 안정되어 있는지 또는 불안정한지를 측정한다.

정서의 상태는 직무수행이나 대인관계와 관련하여 태도나 행동으로 드러난다. 그러므로 정서적 측면을 측정하는 것에 의해, 장래 조직 내의 인간관계에 어느 정도 잘 적응할 수 있을까(또는 적응하지 못할까)를 예측하는 것이 가능하다.

그렇기 때문에, 정서적 측면의 결과는 채용 시에 상당히 중시된다. 아무리 능력이 좋아도 장기적으로 조직 내의 인간관계에 잘 적응할 수 없다고 판단되는 인재는 기본적으로는 채용되지 않는다. 일반적으로 인성(성격)검사는 채용과는 관계없다고 생각하나 정서적으로 조직에 적응하지 못하는 인재는 채용단계에서 가려내지는 것을 유의하여야 한다.

① **민감성**(신경도) … 꼼꼼함, 섬세함, 성실함 등의 요소를 통해 일반적으로 신경질적인지 또는 자신의 존재를 위협받는다는 불안을 갖기 쉬운지를 측정한다.

질문	그렇다	약간 그렇다	그저 그렇다	별로 그렇지 않다	그렇지 않다
• 남을 잘 배려한다고 생각한다.					
• 어질러진 방에 있으면 불안하다.					
• 실패 후에는 불안하다.					
• 세세한 것까지 신경 쓴다.					
• 이유 없이 불안할 때가 있다.					

▶측정결과

㉠ '그렇다'가 많은 경우(상처받기 쉬운 유형): 사소한 일에 신경쓰고 다른 사람의 사소한 한마디 말에 상처를 받기 쉽다.
 • 면접관의 심리: '동료들과 잘 지낼 수 있을까?', '실패할 때마다 위축되지 않을까?'
 • 면접대책: 다소 신경질적이라도 능력을 발휘할 수 있다는 평가를 얻도록 한다. 주변과 충분한 의사소통이 가능하고, 결정한 것을 실행할 수 있다는 것을 보여주어야 한다.
㉡ '그렇지 않다'가 많은 경우(정신적으로 안정적인 유형): 사소한 일에 신경쓰지 않고 금방 해결하며, 주위 사람의 말에 과민하게 반응하지 않는다.
 • 면접관의 심리: '계약할 때 필요한 유형이고, 사고 발생에도 유연하게 대처할 수 있다.'
 • 면접대책: 일반적으로 '민감성'의 측정치가 낮으면 플러스 평가를 받으므로 더욱 자신감 있는 모습을 보여준다.

② **자책성(과민도)** … 자신을 비난하거나 책망하는 정도를 측정한다.

질문	그렇다	약간 그렇다	그저 그렇다	별로 그렇지 않다	그렇지 않다
• 후회하는 일이 많다. • 자신이 하찮은 존재라 생각된다. • 문제가 발생하면 자기의 탓이라고 생각한다. • 무슨 일이든지 끙끙대며 진행하는 경향이 있다. • 온순한 편이다.					

▶측정결과

㉠ '그렇다'가 많은 경우(자책하는 유형) : 비관적이고 후회하는 유형이다.
• 면접관의 심리 : '끙끙대며 괴로워하고, 일을 진행하지 못할 것 같다.'
• 면접대책 : 기분이 저조해도 항상 의욕을 가지고 생활하는 것과 책임감이 강하다는 것을 보여준다.
㉡ '그렇지 않다'가 많은 경우(낙천적인 유형) : 기분이 항상 밝은 편이다.
• 면접관의 심리 : '안정된 대인관계를 맺을 수 있고, 외부의 압력에도 흔들리지 않는다.'
• 면접대책 : 일반적으로 '자책성'의 측정치가 낮아야 좋은 평가를 받는다.

③ **기분성(불안도)** … 기분의 굴곡이나 감정적인 면의 미숙함이 어느 정도인지를 측정하는 것이다.

질문	그렇다	약간 그렇다	그저 그렇다	별로 그렇지 않다	그렇지 않다
• 다른 사람의 의견에 자신의 결정이 흔들리는 경우가 많다. • 기분이 쉽게 변한다. • 종종 후회한다. • 다른 사람보다 의지가 약한 편이라고 생각한다. • 금방 싫증을 내는 성격이라는 말을 자주 듣는다.					

▶측정결과

㉠ '그렇다'가 많은 경우(감정의 기복이 많은 유형) : 의지력보다 기분에 따라 행동하기 쉽다.
• 면접관의 심리 : '감정적인 것에 약하며, 상황에 따라 생산성이 떨어지지 않을까?'
• 면접대책 : 주변 사람들과 항상 협조한다는 것을 강조하고 한결같은 상태로 일할 수 있다는 평가를 받도록 한다.
㉡ '그렇지 않다'가 많은 경우(감정의 기복이 적은 유형) : 감정의 기복이 없고, 안정적이다.
• 면접관의 심리 : '안정적으로 업무에 임할 수 있다.'
• 면접대책 : 기분성의 측정치가 낮으면 플러스 평가를 받으므로 자신감을 가지고 면접에 임한다.

④ **독자성(개인도)** … 주변에 대한 견해나 관심, 자신의 견해나 생각에 어느 정도의 속박감을 가지고 있는지를 측정한다.

질문	그렇다	약간 그렇다	그저 그렇다	별로 그렇지 않다	그렇지 않다
• 창의적 사고방식을 가지고 있다.					
• 융통성이 없는 편이다.					
• 혼자 있는 편이 많은 사람과 있는 것보다 편하다.					
• 개성적이라는 말을 듣는다.					
• 교제는 번거로운 것이라고 생각하는 경우가 많다.					

▶측정결과

㉠ '그렇다'가 많은 경우 : 자기의 관점을 중요하게 생각하는 유형으로, 주위의 상황보다 자신의 느낌과 생각을 중시한다.
 • 면접관의 심리 : '제멋대로 행동하지 않을까?'
 • 면접대책 : 주위 사람과 협조하여 일을 진행할 수 있다는 것과 상식에 얽매이지 않는다는 인상을 심어준다.

㉡ '그렇지 않다'가 많은 경우 : 상식적으로 행동하고 주변 사람의 시선에 신경을 쓴다.
 • 면접관의 심리 : '다른 직원들과 협조하여 업무를 진행할 수 있겠다.'
 • 면접대책 : 협조성이 요구되는 기업체에서는 플러스 평가를 받을 수 있다.

⑤ **자신감**(자존심도) … 자기 자신에 대해 얼마나 긍정적으로 평가하는지를 측정한다.

질문	그렇다	약간 그렇다	그저 그렇다	별로 그렇지 않다	그렇지 않다
• 다른 사람보다 능력이 뛰어나다고 생각한다. • 다소 반대의견이 있어도 나만의 생각으로 행동할 수 있다. • 나는 다른 사람보다 기가 센 편이다. • 동료가 나를 모욕해도 무시할 수 있다. • 대개의 일을 목적한 대로 헤쳐나갈 수 있다고 생각한다.					

▶측정결과

㉠ '그렇다'가 많은 경우 : 자기 능력이나 외모 등에 자신감이 있고, 비판당하는 것을 좋아하지 않는다.
 • 면접관의 심리 : '자만하여 지시에 잘 따를 수 있을까?'
 • 면접대책 : 다른 사람의 조언을 잘 받아들이고, 겸허하게 반성하는 면이 있다는 것을 보여주고, 동료들과 잘 지내며 리더의 자질이 있다는 것을 강조한다.
㉡ '그렇지 않다'가 많은 경우 : 자신감이 없고 다른 사람의 비판에 약하다.
 • 면접관의 심리 : '패기가 부족하지 않을까?', '쉽게 좌절하지 않을까?'
 • 면접대책 : 극도의 자신감 부족으로 평가되지는 않는다. 그러나 마음이 약한 면은 있지만 의욕적으로 일을 하겠다는 마음가짐을 보여준다.

⑥ **고양성**(분위기에 들뜨는 정도) … 자유분방함, 명랑함과 같이 감정(기분)의 높고 낮음의 정도를 측정한다.

질문	그렇다	약간 그렇다	그저 그렇다	별로 그렇지 않다	그렇지 않다
• 침착하지 못한 편이다. • 다른 사람보다 쉽게 우쭐해진다. • 모든 사람이 아는 유명인사가 되고 싶다. • 모임이나 집단에서 분위기를 이끄는 편이다. • 취미 등이 오랫동안 지속되지 않는 편이다.					

▶측정결과

㉠ '그렇다'가 많은 경우 : 자극이나 변화가 있는 일상을 원하고 기분을 들뜨게 하는 사람과 친밀하게 지내는 경향이 강하다.
- 면접관의 심리 : '일을 진행하는 데 변덕스럽지 않을까?'
- 면접대책 : 밝은 태도는 플러스 평가를 받을 수 있지만, 착실한 업무능력이 요구되는 직종에서는 마이너스 평가가 될 수 있다. 따라서 자기조절이 가능하다는 것을 보여준다.

㉡ '그렇지 않다'가 많은 경우 : 감정이 항상 일정하고, 속을 드러내 보이지 않는다.
- 면접관의 심리 : '안정적인 업무 태도를 기대할 수 있겠다.'
- 면접대책 : '고양성'의 낮음은 대체로 플러스 평가를 받을 수 있다. 그러나 '무엇을 생각하고 있는지 모르겠다' 등의 평을 듣지 않도록 주의한다.

⑦ 허위성(진위성) … 필요 이상으로 자기를 좋게 보이려 하거나 기업체가 원하는 '이상형'에 맞춘 대답을 하고 있는지, 없는지를 측정한다.

질문	그렇다	약간 그렇다	그저 그렇다	별로 그렇지 않다	그렇지 않다
• 약속을 깨뜨린 적이 한 번도 없다. • 다른 사람을 부럽다고 생각해 본 적이 없다. • 꾸지람을 들은 적이 없다. • 사람을 미워한 적이 없다. • 화를 낸 적이 한 번도 없다.					

▶측정결과

㉠ '그렇다'가 많은 경우 : 실제의 자기와는 다른, 말하자면 원칙으로 해답할 가능성이 있다.
- 면접관의 심리 : '거짓을 말하고 있다.'
- 면접대책 : 조금이라도 좋게 보이려고 하는 '거짓말쟁이'로 평가될 수 있다. '거짓을 말하고 있다.'는 마음 따위가 전혀 없다 해도 결과적으로는 정직하게 답하지 않는다는 것이 되어 버린다. '허위성'의 측정 질문은 구분되지 않고 다른 질문 중에 섞여 있다. 그러므로 모든 질문에 솔직하게 답하여야 한다. 또한 자기 자신과 너무 동떨어진 이미지로 답하면 좋은 결과를 얻지 못한다. 그리고 면접에서 '허위성'을 기본으로 한 질문을 받게 되므로 당황하거나 또 다른 모순된 답변을 하게 된다. 겉치레를 하거나 무리한 욕심을 부리지 말고 '이런 사회인이 되고 싶다.'는 현재의 자신보다, 조금 성장한 자신을 표현하는 정도가 적당하다.

㉡ '그렇지 않다'가 많은 경우 : 냉정하고 정직하며, 외부의 압력과 스트레스에 강한 유형이다. '대쪽 같음'의 이미지가 굳어지지 않도록 주의한다.

(2) 행동적인 측면

행동적 측면은 인격 중에 특히 행동으로 드러나기 쉬운 측면을 측정한다. 사람의 행동 특징 자체에는 선도 악도 없으나, 일반적으로는 일의 내용에 의해 원하는 행동이 있다. 때문에 행동적 측면은 주로 직종과 깊은 관계가 있는데 자신의 행동 특성을 살려 적합한 직종을 선택한다면 플러스가 될 수 있다.

행동 특성에서 보여 지는 특징은 면접장면에서도 드러나기 쉬운데 본서의 모의 TEST의 결과를 참고하여 자신의 태도, 행동이 면접관의 시선에 어떻게 비치는지를 점검하도록 한다.

① **사회적 내향성** … 대인관계에서 나타나는 행동경향으로 '낯가림'을 측정한다.

질문	선택
A : 파티에서는 사람을 소개받는 편이다. B : 파티에서는 사람을 소개하는 편이다.	
A : 처음 보는 사람과는 어색하게 시간을 보내는 편이다. B : 처음 보는 사람과는 즐거운 시간을 보내는 편이다.	
A : 친구가 적은 편이다. B : 친구가 많은 편이다.	
A : 자신의 의견을 말하는 경우가 적다. B : 자신의 의견을 말하는 경우가 많다.	
A : 사교적인 모임에 참석하는 것을 좋아하지 않는다. B : 사교적인 모임에 항상 참석한다.	

▶측정결과

㉠ 'A'가 많은 경우 : 내성적이고 사람들과 접하는 것에 소극적이다. 자신의 의견을 말하지 않고 조심스러운 편이다.
 • 면접관의 심리 : '소극적인데 동료와 잘 지낼 수 있을까?'
 • 면접대책 : 대인관계를 맺는 것을 싫어하지 않고 의욕적으로 일을 할 수 있다는 것을 보여준다.
㉡ 'B'가 많은 경우 : 사교적이고 자기의 생각을 명확하게 전달할 수 있다.
 • 면접관의 심리 : '사교적이고 활동적인 것은 좋지만, 자기주장이 너무 강하지 않을까?'
 • 면접대책 : 협조성을 보여주고, 자기주장이 너무 강하다는 인상을 주지 않도록 주의한다.

② 내성성(침착도) … 자신의 행동과 일에 대해 침착하게 생각하는 정도를 측정한다.

질문	선택
A : 시간이 걸려도 침착하게 생각하는 경우가 많다. B : 짧은 시간에 결정을 하는 경우가 많다.	
A : 실패의 원인을 찾고 반성하는 편이다. B : 실패를 해도 그다지(별로) 개의치 않는다.	
A : 결론이 도출되어도 몇 번 정도 생각을 바꾼다. B : 결론이 도출되면 신속하게 행동으로 옮긴다.	
A : 여러 가지 생각하는 것이 능숙하다. B : 여러 가지 일을 재빨리 능숙하게 처리하는 데 익숙하다.	
A : 여러 가지 측면에서 사물을 검토한다. B : 행동한 후 생각을 한다.	

▶측정결과

㉠ 'A'가 많은 경우 : 행동하기 보다는 생각하는 것을 좋아하고 신중하게 계획을 세워 실행한다.
• 면접관의 심리 : '행동으로 실천하지 못하고, 대응이 늦은 경향이 있지 않을까?'
• 면접대책 : 발로 뛰는 것을 좋아하고, 일을 더디게 한다는 인상을 주지 않도록 한다.

㉡ 'B'가 많은 경우 : 차분하게 생각하는 것보다 우선 행동하는 유형이다.
• 면접관의 심리 : '생각하는 것을 싫어하고 경솔한 행동을 하지 않을까?'
• 면접대책 : 계획을 세우고 행동할 수 있는 것을 보여주고 '사려 깊다'라는 인상을 남기도록 한다.

③ **신체활동성** … 몸을 움직이는 것을 좋아하는가를 측정한다.

질문	선택
A : 민첩하게 활동하는 편이다. B : 준비행동이 없는 편이다.	
A : 일을 척척 해치우는 편이다. B : 일을 더디게 처리하는 편이다.	
A : 활발하다는 말을 듣는다. B : 얌전하다는 말을 듣는다.	
A : 몸을 움직이는 것을 좋아한다. B : 가만히 있는 것을 좋아한다.	
A : 스포츠를 하는 것을 즐긴다. B : 스포츠를 보는 것을 좋아한다.	

▶측정결과

㉠ 'A'가 많은 경우 : 활동적이고, 몸을 움직이게 하는 것이 컨디션이 좋다.
 • 면접관의 심리 : '활동적으로 활동력이 좋아 보인다.'
 • 면접대책 : 활동하고 얻은 성과 등과 주어진 상황의 대응능력을 보여준다.
㉡ 'B'가 많은 경우 : 침착한 인상으로, 차분하게 있는 타입이다.
 • 면접관의 심리 : '좀처럼 행동하려 하지 않아 보이고, 일을 빠르게 처리할 수 있을까?'

④ **지속성(노력성)** … 무슨 일이든 포기하지 않고 끈기 있게 하려는 정도를 측정한다.

질문	선택
A : 일단 시작한 일은 시간이 걸려도 끝까지 마무리한다. B : 일을 하다 어려움에 부딪히면 단념한다.	
A : 끈질긴 편이다. B : 바로 단념하는 편이다.	
A : 인내가 강하다는 말을 듣는다. B : 금방 싫증을 낸다는 말을 듣는다.	
A : 집념이 깊은 편이다. B : 담백한 편이다.	
A : 한 가지 일에 구애되는 것이 좋다고 생각한다. B : 간단하게 체념하는 것이 좋다고 생각한다.	

► 측정결과

㉠ 'A'가 많은 경우 : 시작한 것은 어려움이 있어도 포기하지 않고 인내심이 높다.

• 면접관의 심리 : '한 가지의 일에 너무 구애되고, 업무의 진행이 원활할까?'

• 면접대책 : 인내력이 있는 것은 플러스 평가를 받을 수 있지만 집착이 강해 보이기도 한다.

㉡ 'B'가 많은 경우 : 뒤끝이 없고 조그만 실패로 일을 포기하기 쉽다.

• 면접관의 심리 : '질리는 경향이 있고, 일을 정확히 끝낼 수 있을까?'

• 면접대책 : 지속적인 노력으로 성공했던 사례를 준비하도록 한다.

⑤ **신중성(주의성)** … 자신이 처한 주변상황을 즉시 파악하고 자신의 행동이 어떤 영향을 미치는지를 측정한다.

질문	선택
A : 여러 가지로 생각하면서 완벽하게 준비하는 편이다. B : 행동할 때부터 임기응변적인 대응을 하는 편이다.	
A : 신중해서 타이밍을 놓치는 편이다. B : 준비 부족으로 실패하는 편이다.	
A : 자신은 어떤 일에도 신중히 대응하는 편이다. B : 순간적인 충동으로 활동하는 편이다.	
A : 시험을 볼 때 끝날 때까지 재검토하는 편이다. B : 시험을 볼 때 한 번에 모든 것을 마치는 편이다.	
A : 일에 대해 계획표를 만들어 실행한다. B : 일에 대한 계획표 없이 진행한다.	

► 측정결과

㉠ 'A'가 많은 경우 : 주변 상황에 민감하고, 예측하여 계획 있게 일을 진행한다.

• 면접관의 심리 : '너무 신중해서 적절한 판단을 할 수 있을까?', '앞으로의 상황에 불안을 느끼지 않을까?'

• 면접대책 : 예측을 하고 실행을 하는 것은 플러스 평가가 되지만, 너무 신중하면 일의 진행이 정체될 가능성을 보이므로 추진력이 있다는 강한 의욕을 보여준다.

㉡ 'B'가 많은 경우 : 주변 상황을 살펴보지 않고 착실한 계획 없이 일을 진행시킨다.

• 면접관의 심리 : '사려 깊지 않고, 실패하는 일이 많지 않을까?', '판단이 빠르고 유연한 사고를 할 수 있을까?'

• 면접대책 : 사전준비를 중요하게 생각하고 있다는 것 등을 보여주고, 경솔한 인상을 주지 않도록 한다. 또한 판단력이 빠르거나 유연한 사고 덕분에 일 처리를 잘 할 수 있다는 것을 강조한다.

(3) 의욕적인 측면

의욕적인 측면은 의욕의 정도, 활동력의 유무 등을 측정한다. 여기서의 의욕이란 우리들이 보통 말하고 사용하는 '하려는 의지'와는 조금 뉘앙스가 다르다. '하려는 의지'란 그 때의 환경이나 기분에 따라 변화하는 것이지만, 여기에서는 조금 더 변화하기 어려운 특징, 말하자면 정신적 에너지의 양으로 측정하는 것이다.

의욕적 측면은 행동적 측면과는 다르고, 전반적으로 어느 정도 점수가 높은 쪽을 선호한다. 모의검사의 의욕적 측면의 결과가 낮다면, 평소 일에 몰두할 때 조금 의욕 있는 자세를 가지고 서서히 개선하도록 노력해야 한다.

① 달성의욕 … 목적의식을 가지고 높은 이상을 가지고 있는지를 측정한다.

질문	선택
A : 경쟁심이 강한 편이다. B : 경쟁심이 약한 편이다.	
A : 어떤 한 분야에서 제1인자가 되고 싶다고 생각한다. B : 어느 분야에서든 성실하게 임무를 진행하고 싶다고 생각한다.	
A : 규모가 큰일을 해보고 싶다. B : 맡은 일에 충실히 임하고 싶다.	
A : 아무리 노력해도 실패한 것은 아무런 도움이 되지 않는다. B : 가령 실패했을 지라도 나름대로의 노력이 있었으므로 괜찮다.	
A : 높은 목표를 설정하여 수행하는 것이 의욕적이다. B : 실현 가능한 정도의 목표를 설정하는 것이 의욕적이다.	

▶측정결과
㉠ 'A'가 많은 경우 : 큰 목표와 높은 이상을 가지고 승부욕이 강한 편이다.
 • 면접관의 심리 : '열심히 일을 해줄 것 같은 유형이다.'
 • 면접대책 : 달성의욕이 높다는 것은 어떤 직종이라도 플러스 평가가 된다.
㉡ 'B'가 많은 경우 : 현재의 생활을 소중하게 여기고 비약적인 발전을 위하여 기를 쓰지 않는다.
 • 면접관의 심리 : '외부의 압력에 약하고, 기획입안 등을 하기 어려울 것이다.'
 • 면접대책 : 일을 통하여 하고 싶은 것들을 구체적으로 어필한다.

② **활동의욕** … 자신에게 잠재된 에너지의 크기로, 정신적인 측면의 활동력이라 할 수 있다.

질문	선택
A : 하고 싶은 일을 실행으로 옮기는 편이다. B : 하고 싶은 일을 좀처럼 실행할 수 없는 편이다.	
A : 어려운 문제를 해결해 가는 것이 좋다. B : 어려운 문제를 해결하는 것을 잘하지 못한다.	
A : 일반적으로 결단이 빠른 편이다. B : 일반적으로 결단이 느린 편이다.	
A : 곤란한 상황에도 도전하는 편이다. B : 사물의 본질을 깊게 관찰하는 편이다.	
A : 시원시원하다는 말을 잘 듣는다. B : 꼼꼼하다는 말을 잘 듣는다.	

▶측정결과

㉠ 'A'가 많은 경우 : 꾸물거리는 것을 싫어하고 재빠르게 결단해서 행동하는 타입이다.
 • 면접관의 심리 : '일을 처리하는 솜씨가 좋고, 일을 척척 진행할 수 있을 것 같다.'
 • 면접대책 : 활동의욕이 높은 것은 플러스 평가가 된다. 사교성이나 활동성이 강하다는 인상을 준다.
㉡ 'B'가 많은 경우 : 안전하고 확실한 방법을 모색하고 차분하게 시간을 아껴서 일에 임하는 타입이다.
 • 면접관의 심리 : '재빨리 행동을 못하고, 일의 처리속도가 느린 것이 아닐까?'
 • 면접대책 : 활동성이 있는 것을 좋아하고 움직임이 더디다는 인상을 주지 않도록 한다.

3 성격의 유형

(1) 인성검사유형의 4가지 척도

정서적인 측면, 행동적인 측면, 의욕적인 측면의 요소들은 성격 특성이라는 관점에서 제시된 것들로 각 개인의 장·단점을 파악하는 데 유용하다. 그러나 전체적인 개인의 인성을 이해하는 데는 한계가 있다.

성격의 유형은 개인의 '성격적인 특색'을 가리키는 것으로, 사회인으로서 적합한지, 아닌지를 말하는 관점과는 관계가 없다. 따라서 채용의 합격 여부에는 사용되지 않는 경우가 많으며, 입사 후의 적정 부서 배치의 자료가 되는 편이라 생각하면 된다. 그러나 채용과 관계가 없다고 해서 아무런 준비도 필요없는 것은 아니다. 자신을 아는 것은 면접 대책의 밑거름이 되므로 모의검사 결과를 충분히 활용하도록 하여야 한다.

본서에서는 4개의 척도를 사용하여 기본적으로 16개의 패턴으로 성격의 유형을 분류하고 있다. 각 개인의 성격이 어떤 유형인지 재빨리 파악하기 위해 사용되며, '적성'에 맞는지, 맞지 않는지의 관점에 활용된다.

- 흥미·관심의 방향 : 내향형 ←————————→ 외향형
- 사물에 대한 견해 : 직관형 ←————————→ 감각형
- 판단하는 방법 : 감정형 ←————————→ 사고형
- 환경에 대한 접근방법 : 지각형 ←————————→ 판단형

(2) 성격유형

① 흥미·관심의 방향(내향⇆외향) … 흥미·관심의 방향이 자신의 내면에 있는지, 주위환경 등 외면에 향하는 지를 가리키는 척도이다.

질문	선택
A : 내성적인 성격인 편이다. B : 개방적인 성격인 편이다.	
A : 항상 신중하게 생각을 하는 편이다. B : 바로 행동에 착수하는 편이다.	
A : 수수하고 조심스러운 편이다. B : 자기 표현력이 강한 편이다.	
A : 다른 사람과 함께 있으면 침착하지 않다. B : 혼자서 있으면 침착하지 않다.	

▶측정결과

㉠ 'A'가 많은 경우(내향) : 관심의 방향이 자기 내면에 있으며, 조용하고 낯을 가리는 유형이다. 행동력은 부족하나 집중력이 뛰어나고 신중하고 꼼꼼하다.

㉡ 'B'가 많은 경우(외향) : 관심의 방향이 외부환경에 있으며, 사교적이고 활동적인 유형이다. 꼼꼼함이 부족하여 대충하는 경향이 있으나 행동력이 있다.

② **일(사물)을 보는 방법(직감 ⇆ 감각)** … 일(사물)을 보는 법이 직감적으로 형식에 얽매이는지, 감각적으로 상식적인지를 가리키는 척도이다.

질문	선택
A : 현실주의적인 편이다. B : 상상력이 풍부한 편이다.	
A : 정형적인 방법으로 일을 처리하는 것을 좋아한다. B : 만들어진 방법에 변화가 있는 것을 좋아한다.	
A : 경험에서 가장 적합한 방법으로 선택한다. B : 지금까지 없었던 새로운 방법을 개척하는 것을 좋아한다.	
A : 성실하다는 말을 듣는다. B : 호기심이 강하다는 말을 듣는다.	

▶측정결과

㉠ 'A'가 많은 경우(감각) : 현실적이고 경험주의적이며 보수적인 유형이다.

㉡ 'B'가 많은 경우(직관) : 새로운 주제를 좋아하며, 독자적인 시각을 가진 유형이다.

③ **판단하는 방법(감정 ⇆ 사고)** … 일을 감정적으로 판단하는지, 논리적으로 판단하는지를 가리키는 척도이다.

질문	선택
A : 사전에 계획을 세우지 않고 행동한다. B : 반드시 계획을 세우고 그것에 의거해서 행동한다.	
A : 자유롭게 행동하는 것을 좋아한다. B : 조직적으로 행동하는 것을 좋아한다.	
A : 조직성이나 관습에 속박당하지 않는다. B : 조직성이나 관습을 중요하게 여긴다.	
A : 계획 없이 낭비가 심한 편이다. B : 예산을 세워 물건을 구입하는 편이다.	

▶측정결과

㉠ 'A'가 많은 경우(지각) : 일의 변화에 융통성을 가지고 유연하게 대응하는 유형이다. 낙관적이며 질서보다는 자유를 좋아하나 임기응변식의 대응으로 무계획적인 인상을 줄 수 있다.

㉡ 'B'가 많은 경우(판단) : 일의 진행시 계획을 세워서 실행하는 유형이다. 순차적으로 진행하는 일을 좋아하고 끈기가 있으나 변화에 대해 적절하게 대응하지 못하는 경향이 있다.

④ **환경에 대한 접근방법** ··· 주변상황에 어떻게 접근하는지, 그 판단기준을 어디에 두는지를 측
정한다.

질문	선택
A : 사전에 계획을 세우지 않고 행동한다. B : 반드시 계획을 세우고 그것에 의거해서 행동한다.	
A : 자유롭게 행동하는 것을 좋아한다. B : 조직적으로 행동하는 것을 좋아한다.	
A : 조직성이나 관습에 속박당하지 않는다. B : 조직성이나 관습을 중요하게 여긴다.	
A : 계획 없이 낭비가 심한 편이다. B : 예산을 세워 물건을 구입하는 편이다.	

▶측정결과
㉠ 'A'가 많은 경우(지각) : 일의 변화에 융통성을 가지고 유연하게 대응하는 유형이다. 낙관적이며 질서보다는
자유를 좋아하나 임기응변식의 대응으로 무계획적인 인상을 줄 수 있다.
㉡ 'B'가 많은 경우(판단) : 일의 진행시 계획을 세워서 실행하는 유형이다. 순차적으로 진행하는 일을 좋아하고
끈기가 있으나 변화에 대해 적절하게 대응하지 못하는 경향이 있다.

(3) 성격유형의 판정

성격유형은 합격 여부의 판정보다는 배치를 위한 자료로써 이용된다. 즉, 기업은 입사시험단계
에서 입사 후에도 사용할 수 있는 정보를 입수하고 있다는 것이다. 성격검사에서는 어느 척도가
얼마나 고득점이었는지에 주시하고 각각의 측면에서 반드시 하나씩 고르고 편성한다. 편성은 모
두 16가지가 되나 각각의 측면을 더 세분하면 200가지 이상의 유형이 나온다.
여기에서는 16가지 편성을 제시한다. 성격검사에 어떤 정보가 게재되어 있는지를 이해하면서
자기의 성격유형을 파악하기 위한 실마리로 활용하도록 한다.

① 내향 - 직관 - 감정 - 지각(TYPE A)
관심이 내면에 향하고 조용하고 소극적이다. 사물에 대한 견해는 새로운 것에 대해 호기
심이 강하고, 독창적이다. 감정은 좋아하는 것과 싫어하는 것의 판단이 확실하고, 감정이
풍부하고 따뜻한 느낌이 있는 반면, 합리성이 부족한 경향이 있다. 환경에 접근하는 방법
은 순응적이고 상황의 변화에 대해 유연하게 대응하는 것을 잘한다.

② 내향 - 직관 - 감정 - 사고(TYPE B)

관심이 내면으로 향하고 조용하고 쑥스러움을 잘 타는 편이다. 사물을 보는 관점은 독창적이며, 자기 나름대로 궁리하며 생각하는 일이 많다. 좋고 싫음으로 판단하는 경향이 강하고 타인에게는 친절한 반면, 우유부단하기 쉬운 편이다. 환경 변화에 대해 유연하게 대응하는 것을 잘한다.

③ 내향 - 직관 - 사고 - 지각(TYPE C)

관심이 내면으로 향하고 얌전하고 교제범위가 좁다. 사물을 보는 관점은 독창적이며, 현실에서 먼 추상적인 것을 생각하기를 좋아한다. 논리적으로 생각하고 판단하는 경향이 강하고 이성적이지만, 남의 감정에 대해서는 무반응인 경향이 있다. 환경의 변화에 순응적이고 융통성 있게 임기응변으로 대응할 수가 있다.

④ 내향 - 직관 - 사고 - 판단(TYPE D)

관심이 내면으로 향하고 주의 깊고 신중하게 행동을 한다. 사물을 보는 관점은 독창적이며 논리를 좋아해서 이치를 따지는 경향이 있다. 논리적으로 생각하고 판단하는 경향이 강하고, 객관적이지만 상대방의 마음에 대한 배려가 부족한 경향이 있다. 환경에 대해서는 순응하는 것보다 대응하며, 한 번 정한 것은 끈질기게 행동하려 한다.

⑤ 내향 - 감각 - 감정 - 지각(TYPE E)

관심이 내면으로 향하고 조용하며 소극적이다. 사물을 보는 관점은 상식적이고 그대로의 것을 좋아하는 경향이 있다. 좋음과 싫음으로 판단하는 경향이 강하고 타인에 대해서 동정심이 많은 반면, 엄격한 면이 부족한 경향이 있다. 환경에 대해서는 순응적이고, 예측할 수 없다 해도 태연하게 행동하는 경향이 있다.

⑥ 내향 - 감각 - 감정 - 판단(TYPE F)

관심이 내면으로 향하고 얌전하며 쑥스러움을 많이 탄다. 사물을 보는 관점은 상식적이고 논리적으로 생각하는 것보다도 경험을 중요시하는 경향이 있다. 좋고 싫음으로 판단하는 경향이 강하고 사람이 좋은 반면, 개인적 취향이나 소원에 영향을 받는 일이 많은 경향이 있다. 환경에 대해서는 영향을 받지 않고, 자기 페이스대로 꾸준히 성취하는 일을 잘한다.

⑦ 내향 - 감각 - 사고 - 지각(TYPE G)

관심이 내면으로 향하고 얌전하고 교제범위가 좁다. 사물을 보는 관점은 상식적인 동시에 실천적이며, 틀에 박힌 형식을 좋아한다. 논리적으로 판단하는 경향이 강하고 침착하지만 사람에 대해서는 엄격하여 차가운 인상을 주는 일이 많다. 환경에 대해서 순응적이고, 계획적으로 행동하지 않으며 자유로운 행동을 좋아하는 경향이 있다.

⑧ 내향 - 감각 - 사고 - 판단(TYPE H)

관심이 내면으로 향하고 주의 깊고 신중하게 행동을 한다. 사물을 보는 관점이 상식적이고 새롭고 경험하지 못한 일에 대응을 잘 하지 못한다. 논리적으로 생각하고 판단하는 경향이 강하고, 공평하지만 상대방의 감정에 대해 배려가 부족할 때가 있다. 환경에 대해서는 작용하는 편이고, 질서 있게 행동하는 것을 좋아한다.

⑨ 외향 - 직관 - 감정 - 지각(TYPE I)

관심이 외향으로 향하고 밝고 활동적이며 교제범위가 넓다. 사물을 보는 관점은 독창적이고 호기심이 강하며 새로운 것을 생각하는 것을 좋아한다. 좋음 싫음으로 판단하는 경향이 강하다. 사람은 좋은 반면 개인적 취향이나 소원에 영향을 받는 일이 많은 편이다.

⑩ 외향 - 직관 - 감정 - 판단(TYPE J)

관심이 외향으로 향하고 개방적이며 누구와도 쉽게 친해질 수 있다. 사물을 보는 관점은 독창적이고 자기 나름대로 궁리하고 생각하는 면이 많다. 좋음과 싫음으로 판단하는 경향이 강하고, 타인에 대해 동정적이기 쉽고 엄격함이 부족한 경향이 있다. 환경에 대해서는 작용하는 편이고 질서 있는 행동을 하는 것을 좋아한다.

⑪ 외향 - 직관 - 사고 - 지각(TYPE K)

관심이 외향으로 향하고 태도가 분명하며 활동적이다. 사물을 보는 관점은 독창적이고 현실과 거리가 있는 추상적인 것을 생각하는 것을 좋아한다. 논리적으로 생각하고 판단하는 경향이 강하고, 공평하지만 상대에 대한 배려가 부족할 때가 있다.

⑫ 외향 - 직관 - 사고 - 판단(TYPE L)

관심이 외향으로 향하고 밝고 명랑한 성격이며 사교적인 것을 좋아한다. 사물을 보는 관점은 독창적이고 논리적인 것을 좋아하기 때문에 이치를 따지는 경향이 있다. 논리적으로 생각하고 판단하는 경향이 강하고 침착성이 뛰어나지만 사람에 대해서 엄격하고 차가운 인상을 주는 경우가 많다. 환경에 대해 작용하는 편이고 계획을 세우고 착실하게 실행하는 것을 좋아한다.

⑬ 외향 - 감각 - 감정 - 지각(TYPE M)

관심이 외향으로 향하고 밝고 활동적이고 교제범위가 넓다. 사물을 보는 관점은 상식적이고 종래대로 있는 것을 좋아한다. 보수적인 경향이 있고 좋아함과 싫어함으로 판단하는 경향이 강하며 타인에게는 친절한 반면, 우유부단한 경우가 많다. 환경에 대해 순응적이고, 융통성이 있고 임기응변으로 대응할 가능성이 높다.

⑭ 외향 – 감각 – 감정 – 판단(TYPE N)

관심이 외향으로 향하고 개방적이며 누구와도 쉽게 대면할 수 있다. 사물을 보는 관점은 상식적이고 논리적으로 생각하기보다는 경험을 중시하는 편이다. 좋아함과 싫어함으로 판단하는 경향이 강하고 감정이 풍부하며 따뜻한 느낌이 있는 반면에 합리성이 부족한 경우가 많다. 환경에 대해서 작용하는 편이고, 한 번 결정한 것은 끈질기게 실행하려고 한다.

⑮ 외향 – 감각 – 사고 – 지각(TYPE O)

관심이 외향으로 향하고 시원한 태도이며 활동적이다. 사물을 보는 관점이 상식적이며 동시에 실천적이고 명백한 형식을 좋아하는 경향이 있다. 논리적으로 생각하고 판단하는 경향이 강하고, 객관적이지만 상대 마음에 대해 배려가 부족한 경향이 있다.

⑯ 외향 – 감각 – 사고 – 판단(TYPE P)

관심이 외향으로 향하고 밝고 명랑하며 사교적인 것을 좋아한다. 사물을 보는 관점은 상식적이고 경험하지 못한 새로운 것에 대응을 잘 하지 못한다. 논리적으로 생각하고 판단하는 경향이 강하고 이성적이지만 사람의 감정에 무심한 경향이 있다. 환경에 대해서는 작용하는 편이고, 자기 페이스대로 꾸준히 성취하는 것을 잘한다.

4 인성검사의 대책

(1) 미리 알아두어야 할 점

① 출제 문항 수 … 인성검사의 출제 문항 수는 특별히 정해진 것이 아니며 각 기업체의 기준에 따라 달라질 수 있다. 보통 100문항 이상에서 600문항까지 출제된다고 예상하면 된다.

② 출제형식

　　㉠ '예' 아니면 '아니오'의 형식

다음 문항을 읽고 자신에게 해당되는지 안 되는지를 판단하여 해당될 경우 '예'를, 해당되지 않을 경우 '아니오'를 고르시오.

질문	예	아니오
1. 자신의 생각이나 의견은 좀처럼 변하지 않는다.	O	
2. 구입한 후 끝까지 읽지 않은 책이 많다.		O

다음 문항에 대해서 평소에 자신이 생각하고 있는 것이나 행동하고 있는 것에 O표를 하시오.

질문	그렇다	약간 그렇다	그저 그렇다	별로 그렇지 않다	그렇지 않다
1. 시간에 쫓기는 것이 싫다.		O			
2. 여행가기 전에 계획을 세운다.			O		

　　㉡ A와 B의 선택형식

A와 B에 주어진 문장을 읽고 자신에게 해당되는 것을 고르시오.

질문	선택
A : 걱정거리가 있어서 잠을 못 잘 때가 있다.	(O)
B : 걱정거리가 있어도 잠을 잘 잔다.	( )

ⓒ 하나의 상황이 주어지고 각 상황에 대한 반응의 적당한 정도를 선택하는 형식

당신은 회사에 입사한지 1년 반이 넘어 처음으로 A회사의 B와 함께 하나의 프로젝트를 맡았다. 당신은 열의에 차 있지만 B는 프로젝트 준비를 하는 동안 당신에게만 일을 떠넘기고 적당히 하려고 하고 있다. 이렇게 계속된다면 기간 내에 프로젝트를 끝내지 못할 상황이다. 당신은 어떻게 할 것인가?

a. B에게 나의 생각을 솔직히 얘기하고 열심히 일 할 것을 요구한다.

매우 바람직하다			그저 그렇다.			전혀 바람직하지 않다
①	②	③	④	⑤	⑥	⑦

b. 나의 상사에게 현재 상황을 보고한다.

매우 바람직하다			그저 그렇다.			전혀 바람직하지 않다
①	②	③	④	⑤	⑥	⑦

c. B의 상사에게 보고하고 다른 사람으로 교체해 줄 것을 요구한다.

매우 바람직하다			그저 그렇다.			전혀 바람직하지 않다
①	②	③	④	⑤	⑥	⑦

d. 나도 B가 일하는 만큼만 적당히 일한다.

매우 바람직하다			그저 그렇다.			전혀 바람직하지 않다
①	②	③	④	⑤	⑥	⑦

(2) 임하는 자세

① 솔직하게 있는 그대로 표현한다 … 인성검사는 평범한 일상생활 내용들을 다룬 짧은 문장과 어떤 대상이나 일에 대한 선로를 선택하는 문장으로 구성되었으므로 평소에 자신이 생각한 바를 너무 골똘히 생각하지 말고 문제를 보는 순간 떠오른 것을 표현한다.

② 모든 문제를 신속하게 대답한다 … 인성검사는 시간제한이 없는 것이 원칙이지만 기업체들은 일정한 시간제한을 두고 있다. 인성검사는 개인의 성격과 자질을 알아보기 위한 검사이기 때문에 정답이 없다. 다만, 기업체에서 바람직하게 생각하거나 기대되는 결과가 있을 뿐이다. 따라서 시간에 쫓겨서 대충 대답을 하는 것은 바람직하지 못하다.

02 실전 인성검사

┃1~350┃ 다음 상황을 읽고 답하시오(인성검사는 응시자의 인성을 파악하기 위한 자료이므로 정답이 존재하지 않습니다).

| ① 전혀 그렇지 않다 | ② 그렇지 않다 | ③ 보통이다 | ④ 그렇다 | ⑤ 매우 그렇다 |

1. 조금이라도 나쁜 소식은 절망의 시작이라고 생각해버린다. ······①②③④⑤

2. 언제나 실패가 걱정이 되어 어쩔 줄 모른다. ······①②③④⑤

3. 다수결의 의견에 따르는 편이다. ······①②③④⑤

4. 혼자서 커피숍에 들어가는 것은 전혀 두려운 일이 아니다. ······①②③④⑤

5. 승부근성이 강하다. ······①②③④⑤

6. 자주 흥분해서 침착하지 못하다. ······①②③④⑤

7. 지금까지 살면서 타인에게 폐를 끼친 적이 없다. ······①②③④⑤

8. 소곤소곤 이야기하는 것을 보면 자기에 대해 험담하고 있는 것으로 생각된다. ···①②③④⑤

9. 무엇이든지 자기가 나쁘다고 생각하는 편이다. ······①②③④⑤

10. 자신을 변덕스러운 사람이라고 생각한다. ······①②③④⑤

11. 고독을 즐기는 편이다. ······①②③④⑤

12. 자존심이 강하다고 생각한다. ······①②③④⑤

13. 금방 흥분하는 성격이다. ······①②③④⑤

14. 거짓말을 한 적이 없다. ······①②③④⑤

15. 신경질적인 편이다. ······①②③④⑤

16. 끙끙대며 고민하는 타입이다. ······①②③④⑤

17. 감정적인 사람이라고 생각한다. ······①②③④⑤

18. 자신만의 신념을 가지고 있다. ······①②③④⑤

19. 다른 사람을 바보 같다고 생각한 적이 있다. ······①②③④⑤

20. 금방 말해버리는 편이다. ······①②③④⑤

21. 싫어하는 사람이 없다. ······①②③④⑤

22. 대재앙이 오지 않을까 항상 걱정을 한다. ·······① ② ③ ④ ⑤

23. 쓸데없는 고생을 하는 일이 많다. ·······① ② ③ ④ ⑤

24. 자주 생각이 바뀌는 편이다. ·······① ② ③ ④ ⑤

25. 문제점을 해결하기 위해 여러 사람과 상의한다. ·······① ② ③ ④ ⑤

26. 내 방식대로 일을 한다. ·······① ② ③ ④ ⑤

27. 영화를 보고 운 적이 많다. ·······① ② ③ ④ ⑤

28. 어떤 것에 대해서도 화낸 적이 없다. ·······① ② ③ ④ ⑤

29. 사소한 충고에도 걱정을 한다. ·······① ② ③ ④ ⑤

30. 자신은 도움이 안 되는 사람이라고 생각한다. ·······① ② ③ ④ ⑤

31. 금방 싫증을 내는 편이다. ·······① ② ③ ④ ⑤

32. 개성적인 사람이라고 생각한다. ·······① ② ③ ④ ⑤

33. 자기 주장이 강한 편이다. ·······① ② ③ ④ ⑤

34. 뒤숭숭하다는 말을 들은 적이 있다. ·······① ② ③ ④ ⑤

35. 학교를 쉬고 싶다고 생각한 적이 한 번도 없다. ·······① ② ③ ④ ⑤

36. 사람들과 관계맺는 것을 보면 잘하지 못한다. ·······① ② ③ ④ ⑤

37. 사려깊은 편이다. ·······① ② ③ ④ ⑤

38. 몸을 움직이는 것을 좋아한다. ·······① ② ③ ④ ⑤

39. 끈기가 있는 편이다. ·······① ② ③ ④ ⑤

40. 신중한 편이라고 생각한다. ·······① ② ③ ④ ⑤

41. 인생의 목표는 큰 것이 좋다. ·······① ② ③ ④ ⑤

42. 어떤 일이라도 바로 시작하는 타입이다. ·······① ② ③ ④ ⑤

43. 낯가림을 하는 편이다. ·······① ② ③ ④ ⑤

44. 생각하고 나서 행동하는 편이다. ·······① ② ③ ④ ⑤

45. 쉬는 날은 밖으로 나가는 경우가 많다. ·······① ② ③ ④ ⑤

46. 시작한 일은 반드시 완성시킨다. ·······① ② ③ ④ ⑤

47. 면밀한 계획을 세운 여행을 좋아한다. ·······① ② ③ ④ ⑤

48. 야망이 있는 편이라고 생각한다. ·······① ② ③ ④ ⑤

49. 활동력이 있는 편이다. ·······① ② ③ ④ ⑤

50. 많은 사람들과 왁자지껄하게 식사하는 것을 좋아하지 않는다. ·······① ② ③ ④ ⑤

51. 돈을 허비한 적이 없다. ·······① ② ③ ④ ⑤

52. 운동회를 아주 좋아하고 기대했다. ································① ② ③ ④ ⑤

53. 하나의 취미에 열중하는 타입이다. ····························① ② ③ ④ ⑤

54. 모임에서 회장에 어울린다고 생각한다. ·····················① ② ③ ④ ⑤

55. 입신출세의 성공이야기를 좋아한다. ·························① ② ③ ④ ⑤

56. 어떠한 일도 의욕을 가지고 임하는 편이다. ···············① ② ③ ④ ⑤

57. 학급에서는 존재가 희미했다. ·································① ② ③ ④ ⑤

58. 항상 무언가를 생각하고 있다. ·······························① ② ③ ④ ⑤

59. 스포츠는 보는 것보다 하는 게 좋다. ·······················① ② ③ ④ ⑤

60. '참 잘 했네요'라는 말을 듣는다. ····························① ② ③ ④ ⑤

61. 흐린 날은 반드시 우산을 가지고 간다. ·····················① ② ③ ④ ⑤

62. 주연상을 받을 수 있는 배우를 좋아한다. ···················① ② ③ ④ ⑤

63. 공격하는 타입이라고 생각한다. ·······························① ② ③ ④ ⑤

64. 리드를 받는 편이다. ···① ② ③ ④ ⑤

65. 너무 신중해서 기회를 놓친 적이 있다. ·····················① ② ③ ④ ⑤

66. 시원시원하게 움직이는 타입이다. ···························① ② ③ ④ ⑤

67. 야근을 해서라도 업무를 끝낸다. ····························① ② ③ ④ ⑤

68. 누군가를 방문할 때는 반드시 사전에 확인한다. ···········① ② ③ ④ ⑤

69. 노력해도 결과가 따르지 않으면 의미가 없다. ·············① ② ③ ④ ⑤

70. 무조건 행동해야 한다. ···① ② ③ ④ ⑤

71. 유행에 둔감하다고 생각한다. ·································① ② ③ ④ ⑤

72. 정해진 대로 움직이는 것은 시시하다. ·····················① ② ③ ④ ⑤

73. 꿈을 계속 가지고 있고 싶다. ·································① ② ③ ④ ⑤

74. 질서보다 자유를 중요시하는 편이다. ·······················① ② ③ ④ ⑤

75. 혼자서 취미에 몰두하는 것을 좋아한다. ···················① ② ③ ④ ⑤

76. 직관적으로 판단하는 편이다. ·································① ② ③ ④ ⑤

77. 영화나 드라마를 보면 등장인물의 감정에 이입된다. ·······① ② ③ ④ ⑤

78. 시대의 흐름에 역행해서라도 자신을 관철하고 싶다. ·······① ② ③ ④ ⑤

79. 다른 사람의 소문에 관심이 없다. ····························① ② ③ ④ ⑤

80. 창조적인 편이다. ··① ② ③ ④ ⑤

81. 비교적 눈물이 많은 편이다. ·································① ② ③ ④ ⑤

82. 융통성이 있다고 생각한다. ································· ① ② ③ ④ ⑤

83. 친구의 휴대전화 번호를 잘 모른다. ···················· ① ② ③ ④ ⑤

84. 스스로 고안하는 것을 좋아한다. ······················· ① ② ③ ④ ⑤

85. 정이 두터운 사람으로 남고 싶다. ······················ ① ② ③ ④ ⑤

86. 조직의 일원으로 별로 안 어울린다. ···················· ① ② ③ ④ ⑤

87. 세상의 일에 별로 관심이 없다. ························ ① ② ③ ④ ⑤

88. 변화를 추구하는 편이다. ····························· ① ② ③ ④ ⑤

89. 업무는 인간관계로 선택한다. ························· ① ② ③ ④ ⑤

90. 환경이 변하는 것에 구애되지 않는다. ·················· ① ② ③ ④ ⑤

91. 불안감이 강한 편이다. ······························ ① ② ③ ④ ⑤

92. 인생은 살 가치가 없다고 생각한다. ···················· ① ② ③ ④ ⑤

93. 의지가 약한 편이다. ································· ① ② ③ ④ ⑤

94. 다른 사람이 하는 일에 별로 관심이 없다. ··············· ① ② ③ ④ ⑤

95. 사람을 설득시키는 것은 어렵지 않다. ·················· ① ② ③ ④ ⑤

96. 심심한 것을 못 참는다. ····························· ① ② ③ ④ ⑤

97. 다른 사람을 욕한 적이 한 번도 없다. ·················· ① ② ③ ④ ⑤

98. 다른 사람에게 어떻게 보일지 신경을 쓴다. ·············· ① ② ③ ④ ⑤

99. 금방 낙심하는 편이다. ······························ ① ② ③ ④ ⑤

100. 다른 사람에게 의존하는 경향이 있다. ·················· ① ② ③ ④ ⑤

101. 그다지 융통성이 있는 편이 아니다. ·················· ① ② ③ ④ ⑤

102. 다른 사람이 내 의견에 간섭하는 것이 싫다. ············ ① ② ③ ④ ⑤

103. 낙천적인 편이다. ································· ① ② ③ ④ ⑤

104. 숙제를 잊어버린 적이 한 번도 없다. ·················· ① ② ③ ④ ⑤

105. 밤길에는 발소리가 들리기만 해도 불안하다. ············ ① ② ③ ④ ⑤

106. 상냥하다는 말을 들은 적이 있다. ···················· ① ② ③ ④ ⑤

107. 자신은 유치한 사람이다. ··························· ① ② ③ ④ ⑤

108. 잡담을 하는 것보다 책을 읽는 게 낫다. ··············· ① ② ③ ④ ⑤

109. 나는 영업에 적합한 타입이라고 생각한다. ·············· ① ② ③ ④ ⑤

110. 술자리에서 술을 마시지 않아도 흥을 돋굴 수 있다. ······· ① ② ③ ④ ⑤

111. 한 번도 병원에 간 적이 없다. ······················ ① ② ③ ④ ⑤

112. 나쁜 일은 걱정이 되어서 어쩔 줄을 모른다. ································ ① ② ③ ④ ⑤

113. 금세 무기력해지는 편이다. ································ ① ② ③ ④ ⑤

114. 비교적 고분고분한 편이라고 생각한다. ································ ① ② ③ ④ ⑤

115. 독자적으로 행동하는 편이다. ································ ① ② ③ ④ ⑤

116. 적극적으로 행동하는 편이다. ································ ① ② ③ ④ ⑤

117. 금방 감격하는 편이다. ································ ① ② ③ ④ ⑤

118. 어떤 것에 대해서는 불만을 가진 적이 없다. ································ ① ② ③ ④ ⑤

119. 밤에 못 잘 때가 많다. ································ ① ② ③ ④ ⑤

120. 자주 후회하는 편이다. ································ ① ② ③ ④ ⑤

121. 뜨거워지기 쉽고 식기 쉽다. ································ ① ② ③ ④ ⑤

122. 자신만의 세계를 가지고 있다. ································ ① ② ③ ④ ⑤

123. 많은 사람 앞에서도 긴장하는 일은 없다. ································ ① ② ③ ④ ⑤

124. 말하는 것을 아주 좋아한다. ································ ① ② ③ ④ ⑤

125. 인생을 포기하는 마음을 가진 적이 한 번도 없다. ················ ① ② ③ ④ ⑤

126. 어두운 성격이다. ································ ① ② ③ ④ ⑤

127. 금방 반성한다. ································ ① ② ③ ④ ⑤

128. 활동범위가 넓은 편이다. ································ ① ② ③ ④ ⑤

129. 자신을 끈기 있는 사람이라고 생각한다. ································ ① ② ③ ④ ⑤

130. 좋다고 생각하더라도 좀 더 검토하고 나서 실행한다. ·········· ① ② ③ ④ ⑤

131. 위대한 인물이 되고 싶다. ································ ① ② ③ ④ ⑤

132. 한 번에 많은 일을 떠맡아도 힘들지 않다. ································ ① ② ③ ④ ⑤

133. 사람과 만날 약속은 부담스럽다. ································ ① ② ③ ④ ⑤

134. 질문을 받으면 충분히 생각하고 나서 대답하는 편이다. ········ ① ② ③ ④ ⑤

135. 머리를 쓰는 것보다 땀을 흘리는 일이 좋다. ································ ① ② ③ ④ ⑤

136. 결정한 것에는 철저히 구속받는다. ································ ① ② ③ ④ ⑤

137. 외출 시 문을 잠갔는지 몇 번을 확인한다. ································ ① ② ③ ④ ⑤

138. 이왕 할 거라면 일등이 되고 싶다. ································ ① ② ③ ④ ⑤

139. 과감하게 도전하는 타입이다. ································ ① ② ③ ④ ⑤

140. 자신은 사교적이 아니라고 생각한다. ································ ① ② ③ ④ ⑤

141. 무심코 도리에 대해서 말하고 싶어진다. ································ ① ② ③ ④ ⑤

142. '항상 건강하네요'라는 말을 듣는다. ·· ① ② ③ ④ ⑤

143. 단념하면 끝이라고 생각한다. ·· ① ② ③ ④ ⑤

144. 예상하지 못한 일은 하고 싶지 않다. ··································· ① ② ③ ④ ⑤

145. 파란만장하더라도 성공하는 인생을 걸고 싶다. ····················· ① ② ③ ④ ⑤

146. 활기찬 편이라고 생각한다. ·· ① ② ③ ④ ⑤

147. 소극적인 편이라고 생각한다. ·· ① ② ③ ④ ⑤

148. 무심코 평론가가 되어 버린다. ··· ① ② ③ ④ ⑤

149. 자신은 성급하다고 생각한다. ·· ① ② ③ ④ ⑤

150. 꾸준히 노력하는 타입이라고 생각한다. ································ ① ② ③ ④ ⑤

151. 내일의 계획이라도 메모한다. ·· ① ② ③ ④ ⑤

152. 리더십이 있는 사람이 되고 싶다. ······································ ① ② ③ ④ ⑤

153. 열정적인 사람이라고 생각한다. ·· ① ② ③ ④ ⑤

154. 다른 사람 앞에서 이야기를 잘 하지 못한다. ······················· ① ② ③ ④ ⑤

155. 통찰력이 있는 편이다. ·· ① ② ③ ④ ⑤

156. 엉덩이가 가벼운 편이다. ·· ① ② ③ ④ ⑤

157. 여러 가지로 구애됨이 있다. ··· ① ② ③ ④ ⑤

158. 돌다리도 두들겨 보고 건너는 쪽이 좋다. ···························· ① ② ③ ④ ⑤

159. 자신에게는 권력욕이 있다. ··· ① ② ③ ④ ⑤

160. 업무를 할당받으면 기쁘다. ··· ① ② ③ ④ ⑤

161. 사색적인 사람이라고 생각한다. ·· ① ② ③ ④ ⑤

162. 비교적 개혁적이다. ··· ① ② ③ ④ ⑤

163. 좋고 싫음으로 정할 때가 많다. ··· ① ② ③ ④ ⑤

164. 전통에 구애되는 것은 버리는 것이 적절하다. ····················· ① ② ③ ④ ⑤

165. 교제 범위가 좁은 편이다. ·· ① ② ③ ④ ⑤

166. 발상의 전환을 할 수 있는 타입이라고 생각한다. ·················· ① ② ③ ④ ⑤

167. 너무 주관적이어서 실패한다. ·· ① ② ③ ④ ⑤

168. 현실적이고 실용적인 면을 추구한다. ··································· ① ② ③ ④ ⑤

169. 내가 어떤 배우의 팬인지 아무도 모른다. ···························· ① ② ③ ④ ⑤

170. 현실보다 가능성이다. ··· ① ② ③ ④ ⑤

171. 마음이 담겨 있으면 선물은 아무 것이나 좋다. ···················· ① ② ③ ④ ⑤

172. 여행은 마음대로 하는 것이 좋다. ···································① ② ③ ④ ⑤

173. 추상적인 일에 관심이 있는 편이다. ·······························① ② ③ ④ ⑤

174. 일은 대담히 하는 편이다. ···① ② ③ ④ ⑤

175. 괴로워하는 사람을 보면 우선 동정한다. ·························① ② ③ ④ ⑤

176. 가치기준은 자신의 안에 있다고 생각한다. ······················① ② ③ ④ ⑤

177. 조용하고 조심스러운 편이다. ·····································① ② ③ ④ ⑤

178. 상상력이 풍부한 편이라고 생각한다. ····························① ② ③ ④ ⑤

179. 의리, 인정이 두터운 상사를 만나고 싶다. ······················① ② ③ ④ ⑤

180. 인생의 앞날을 알 수 없어 재미있다. ····························① ② ③ ④ ⑤

181. 밝은 성격이다. ···① ② ③ ④ ⑤

182. 별로 반성하지 않는다. ···① ② ③ ④ ⑤

183. 활동범위가 좁은 편이다. ···① ② ③ ④ ⑤

184. 자신을 시원시원한 사람이라고 생각한다. ······················① ② ③ ④ ⑤

185. 좋다고 생각하면 바로 행동한다. ·································① ② ③ ④ ⑤

186. 좋은 사람이 되고 싶다. ···① ② ③ ④ ⑤

187. 한 번에 많은 일을 떠맡는 것은 골칫거리라고 생각한다. ·······① ② ③ ④ ⑤

188. 사람과 만날 약속은 즐겁다. ·····································① ② ③ ④ ⑤

189. 질문을 받으면 그때의 느낌으로 대답하는 편이다. ··············① ② ③ ④ ⑤

190. 땀을 흘리는 것보다 머리를 쓰는 일이 좋다. ···················① ② ③ ④ ⑤

191. 결정한 것이라도 그다지 구속받지 않는다. ······················① ② ③ ④ ⑤

192. 외출 시 문을 잠갔는지 별로 확인하지 않는다. ·················① ② ③ ④ ⑤

193. 지위에 어울리면 된다. ···① ② ③ ④ ⑤

194. 안전책을 고르는 타입이다. ······································① ② ③ ④ ⑤

195. 자신은 사교적이라고 생각한다. ·································① ② ③ ④ ⑤

196. 도리는 상관없다. ··① ② ③ ④ ⑤

197. '침착하네요'라는 말을 듣는다. ···································① ② ③ ④ ⑤

198. 단념이 중요하다고 생각한다. ····································① ② ③ ④ ⑤

199. 예상하지 못한 일도 해보고 싶다. ·······························① ② ③ ④ ⑤

200. 평범하고 평온하게 행복한 인생을 살고 싶다. ···················① ② ③ ④ ⑤

201. 몹시 귀찮아하는 편이라고 생각한다. ····························① ② ③ ④ ⑤

202. 특별히 소극적이라고 생각하지 않는다. ──────── ① ② ③ ④ ⑤

203. 이것저것 평하는 것이 싫다. ──────────── ① ② ③ ④ ⑤

204. 자신은 성급하지 않다고 생각한다. ────────── ① ② ③ ④ ⑤

205. 꾸준히 노력하는 것을 잘 하지 못한다. ──────── ① ② ③ ④ ⑤

206. 내일의 계획은 머릿속에 기억한다. ────────── ① ② ③ ④ ⑤

207. 협동성이 있는 사람이 되고 싶다. ─────────── ① ② ③ ④ ⑤

208. 열정적인 사람이라고 생각하지 않는다. ──────── ① ② ③ ④ ⑤

209. 다른 사람 앞에서 이야기를 잘한다. ───────── ① ② ③ ④ ⑤

210. 행동력이 있는 편이다. ──────────────── ① ② ③ ④ ⑤

211. 엉덩이가 무거운 편이다. ─────────────── ① ② ③ ④ ⑤

212. 특별히 구애받는 것이 없다. ───────────── ① ② ③ ④ ⑤

213. 돌다리는 두들겨 보지 않고 건너도 된다. ────── ① ② ③ ④ ⑤

214. 자신에게는 권력욕이 없다. ───────────── ① ② ③ ④ ⑤

215. 업무를 할당받으면 부담스럽다. ──────────── ① ② ③ ④ ⑤

216. 활동적인 사람이라고 생각한다. ──────────── ① ② ③ ④ ⑤

217. 비교적 보수적이다. ──────────────── ① ② ③ ④ ⑤

218. 손해인지 이익인지를 기준으로 결정할 때가 많다. ── ① ② ③ ④ ⑤

219. 전통을 견실히 지키는 것이 적절하다. ──────── ① ② ③ ④ ⑤

220. 교제 범위가 넓은 편이다. ───────────── ① ② ③ ④ ⑤

221. 상식적인 판단을 할 수 있는 타입이라고 생각한다. ── ① ② ③ ④ ⑤

222. 너무 객관적이어서 실패한다. ──────────── ① ② ③ ④ ⑤

223. 보수적인 면을 추구한다. ───────────── ① ② ③ ④ ⑤

224. 내가 누구의 팬인지 주변의 사람들이 안다. ───── ① ② ③ ④ ⑤

225. 가능성보다 현실이다. ────────────── ① ② ③ ④ ⑤

226. 그 사람이 필요한 것을 선물하고 싶다. ─────── ① ② ③ ④ ⑤

227. 여행은 계획적으로 하는 것이 좋다. ───────── ① ② ③ ④ ⑤

228. 구체적인 일에 관심이 있는 편이다. ───────── ① ② ③ ④ ⑤

229. 일은 착실히 하는 편이다. ───────────── ① ② ③ ④ ⑤

230. 괴로워하는 사람을 보면 우선 이유를 생각한다. ──── ① ② ③ ④ ⑤

231. 가치기준은 자신의 밖에 있다고 생각한다. ───── ① ② ③ ④ ⑤

232. 밝고 개방적인 편이다. ································· ① ② ③ ④ ⑤

233. 현실 인식을 잘하는 편이라고 생각한다. ··········· ① ② ③ ④ ⑤

234. 공평하고 공적인 상사를 만나고 싶다. ··············· ① ② ③ ④ ⑤

235. 시시해도 계획적인 인생이 좋다. ····················· ① ② ③ ④ ⑤

236. 적극적으로 사람들과 관계를 맺는 편이다. ·········· ① ② ③ ④ ⑤

237. 활동적인 편이다. ····································· ① ② ③ ④ ⑤

238. 몸을 움직이는 것을 좋아하지 않는다. ··············· ① ② ③ ④ ⑤

239. 쉽게 질리는 편이다. ································· ① ② ③ ④ ⑤

240. 경솔한 편이라고 생각한다. ·························· ① ② ③ ④ ⑤

241. 인생의 목표는 손이 닿을 정도면 된다. ·············· ① ② ③ ④ ⑤

242. 무슨 일도 좀처럼 시작하지 못한다. ················· ① ② ③ ④ ⑤

243. 초면인 사람과도 바로 친해질 수 있다. ·············· ① ② ③ ④ ⑤

244. 행동하고 나서 생각하는 편이다. ···················· ① ② ③ ④ ⑤

245. 쉬는 날은 집에 있는 경우가 많다. ·················· ① ② ③ ④ ⑤

246. 완성되기 전에 포기하는 경우가 많다. ··············· ① ② ③ ④ ⑤

247. 계획 없는 여행을 좋아한다. ························· ① ② ③ ④ ⑤

248. 욕심이 없는 편이라고 생각한다. ···················· ① ② ③ ④ ⑤

249. 활동력이 별로 없다. ································· ① ② ③ ④ ⑤

250. 많은 사람들과 왁자지껄하게 식사하는 것을 좋아한다. ····· ① ② ③ ④ ⑤

251. 이유 없이 불안할 때가 있다. ························ ① ② ③ ④ ⑤

252. 주위 사람의 의견을 생각해서 발언을 자제할 때가 있다. ···· ① ② ③ ④ ⑤

253. 자존심이 강한 편이다. ······························ ① ② ③ ④ ⑤

254. 생각 없이 함부로 말하는 경우가 많다. ············· ① ② ③ ④ ⑤

255. 정리가 되지 않은 방에 있으면 불안하다. ············ ① ② ③ ④ ⑤

256. 거짓말을 한 적이 한 번도 없다. ···················· ① ② ③ ④ ⑤

257. 슬픈 영화나 TV를 보면 자주 운다. ················· ① ② ③ ④ ⑤

258. 자신을 충분히 신뢰할 수 있다고 생각한다. ·········· ① ② ③ ④ ⑤

259. 노래방을 아주 좋아한다. ···························· ① ② ③ ④ ⑤

260. 자신만이 할 수 있는 일을 하고 싶다. ··············· ① ② ③ ④ ⑤

261. 자신을 과소평가하는 경향이 있다. ·················· ① ② ③ ④ ⑤

262. 책상 위나 서랍 안은 항상 깔끔히 정리한다. ·····① ② ③ ④ ⑤

263. 건성으로 일을 할 때가 자주 있다. ·····① ② ③ ④ ⑤

264. 남의 험담을 한 적이 없다. ·····① ② ③ ④ ⑤

265. 쉽게 화를 낸다는 말을 듣는다. ·····① ② ③ ④ ⑤

266. 초조하면 손을 떨고, 심장박동이 빨라진다. ·····① ② ③ ④ ⑤

267. 토론하여 진 적이 한 번도 없다. ·····① ② ③ ④ ⑤

268. 덩달아 떠든다고 생각할 때가 자주 있다. ·····① ② ③ ④ ⑤

269. 아첨에 넘어가기 쉬운 편이다. ·····① ② ③ ④ ⑤

270. 주변 사람이 자기 험담을 하고 있다고 생각할 때가 있다. ·····① ② ③ ④ ⑤

271. 이론만 내세우는 사람과 대화하면 짜증이 난다. ·····① ② ③ ④ ⑤

272. 상처를 주는 것도, 받는 것도 싫다. ·····① ② ③ ④ ⑤

273. 매일 그날을 반성한다. ·····① ② ③ ④ ⑤

274. 주변 사람이 피곤해 하여도 자신은 원기왕성하다. ·····① ② ③ ④ ⑤

275. 친구를 재미있게 하는 것을 좋아한다. ·····① ② ③ ④ ⑤

276. 아침부터 아무것도 하고 싶지 않을 때가 있다. ·····① ② ③ ④ ⑤

277. 지각을 하면 학교를 결석하고 싶어졌다. ·····① ② ③ ④ ⑤

278. 이 세상에 없는 세계가 존재한다고 생각한다. ·····① ② ③ ④ ⑤

279. 하기 싫은 것을 하고 있으면 무심코 불만을 말한다. ·····① ② ③ ④ ⑤

280. 투지를 드러내는 경향이 있다. ·····① ② ③ ④ ⑤

281. 뜨거워지기 쉽고 식기 쉬운 성격이다. ·····① ② ③ ④ ⑤

282. 어떤 일이라도 헤쳐 나가는 데 자신이 있다. ·····① ② ③ ④ ⑤

283. 착한 사람이라는 말을 들을 때가 많다. ·····① ② ③ ④ ⑤

284. 자신을 다른 사람보다 뛰어나다고 생각한다. ·····① ② ③ ④ ⑤

285. 개성적인 사람이라는 말을 자주 듣는다. ·····① ② ③ ④ ⑤

286. 누구와도 편하게 대화할 수 있다. ·····① ② ③ ④ ⑤

287. 특정 인물이나 집단에서라면 가볍게 대화할 수 있다. ·····① ② ③ ④ ⑤

288. 사물에 대해 깊이 생각하는 경향이 있다. ·····① ② ③ ④ ⑤

289. 스트레스를 해소하기 위해 집에서 조용히 지낸다. ·····① ② ③ ④ ⑤

290. 계획을 세워서 행동하는 것을 좋아한다. ·····① ② ③ ④ ⑤

291. 현실적인 편이다. ·····① ② ③ ④ ⑤

292. 주변의 일을 성급하게 해결한다. ································ ① ② ③ ④ ⑤

293. 이성적인 사람이 되고 싶다고 생각한다. ···················· ① ② ③ ④ ⑤

294. 생각한 일을 행동으로 옮기지 않으면 기분이 찜찜하다. ······· ① ② ③ ④ ⑤

295. 생각했다고 해서 꼭 행동으로 옮기는 것은 아니다. ············ ① ② ③ ④ ⑤

296. 목표 달성을 위해서는 온갖 노력을 다한다. ·················· ① ② ③ ④ ⑤

297. 적은 친구랑 깊게 사귀는 편이다. ··························· ① ② ③ ④ ⑤

298. 경쟁에서 절대로 지고 싶지 않다. ·························· ① ② ③ ④ ⑤

299. 내일해도 되는 일을 오늘 안에 끝내는 편이다. ············· ① ② ③ ④ ⑤

300. 새로운 친구를 곧 사귈 수 있다. ··························· ① ② ③ ④ ⑤

301. 문장은 미리 내용을 결정하고 나서 쓴다. ·················· ① ② ③ ④ ⑤

302. 사려 깊은 사람이라는 말을 듣는 편이다. ·················· ① ② ③ ④ ⑤

303. 활발한 사람이라는 말을 듣는 편이다. ····················· ① ② ③ ④ ⑤

304. 기회가 있으면 꼭 얻는 편이다. ··························· ① ② ③ ④ ⑤

305. 외출이나 초면의 사람을 만나는 일은 잘 하지 못한다. ······· ① ② ③ ④ ⑤

306. 단념하는 것은 있을 수 없다. ····························· ① ② ③ ④ ⑤

307. 위험성을 무릅쓰면서 성공하고 싶다고 생각하지 않는다. ····· ① ② ③ ④ ⑤

308. 학창시절 체육수업을 좋아했다. ··························· ① ② ③ ④ ⑤

309. 휴일에는 집 안에서 편안하게 있을 때가 많다. ············· ① ② ③ ④ ⑤

310. 무슨 일도 결과가 중요하다. ····························· ① ② ③ ④ ⑤

311. 성격이 유연하게 대응하는 편이다. ························ ① ② ③ ④ ⑤

312. 더 높은 능력이 요구되는 일을 하고 싶다. ················· ① ② ③ ④ ⑤

313. 자기 능력의 범위 내에서 정확히 일을 하고 싶다. ··········· ① ② ③ ④ ⑤

314. 새로운 사람을 만날 때는 두근거린다. ····················· ① ② ③ ④ ⑤

315. '누군가 도와주지 않을까'라고 생각하는 편이다. ············ ① ② ③ ④ ⑤

316. 건강하고 활발한 사람을 동경한다. ························ ① ② ③ ④ ⑤

317. 친구가 적은 편이다. ··································· ① ② ③ ④ ⑤

318. 문장을 쓰면서 생각한다. ······························· ① ② ③ ④ ⑤

319. 정해진 친구만 교제한다. ······························· ① ② ③ ④ ⑤

320. 한 우물만 파고 싶다. ··································· ① ② ③ ④ ⑤

321. 여러가지 일을 경험하고 싶다. ··························· ① ② ③ ④ ⑤

322. 스트레스를 해소하기 위해 몸을 움직인다. ················· ① ② ③ ④ ⑤

323. 사물에 대해 가볍게 생각하는 경향이 있다. ················· ① ② ③ ④ ⑤

324. 기한이 정해진 일은 무슨 일이 있어도 끝낸다. ················· ① ② ③ ④ ⑤

325. 결론이 나도 여러 번 생각을 하는 편이다. ················· ① ② ③ ④ ⑤

326. 일단 무엇이든지 도전하는 편이다. ················· ① ② ③ ④ ⑤

327. 쉬는 날은 외출하고 싶다. ················· ① ② ③ ④ ⑤

328. 사교성이 있는 편이라고 생각한다. ················· ① ② ③ ④ ⑤

329. 남의 앞에 나서는 것을 잘 하지 못하는 편이다. ················· ① ② ③ ④ ⑤

330. 모르는 것이 있어도 행동하면서 생각한다. ················· ① ② ③ ④ ⑤

331. 납득이 안 되면 행동이 안 된다. ················· ① ② ③ ④ ⑤

332. 약속시간에 여유를 가지고 약간 빨리 나가는 편이다. ················· ① ② ③ ④ ⑤

333. 현실적이다. ················· ① ② ③ ④ ⑤

334. 곰곰이 끝까지 해내는 편이다. ················· ① ② ③ ④ ⑤

335. 유연히 대응하는 편이다. ················· ① ② ③ ④ ⑤

336. 휴일에는 운동 등으로 몸을 움직일 때가 많다. ················· ① ② ③ ④ ⑤

337. 학창시절 체육수업을 못했다. ················· ① ② ③ ④ ⑤

338. 성공을 위해서는 어느 정도의 위험성을 감수한다. ················· ① ② ③ ④ ⑤

339. 단념하는 것이 필요할 때도 있다. ················· ① ② ③ ④ ⑤

340. '내가 안하면 누가 할 것인가'라고 생각하는 편이다. ················· ① ② ③ ④ ⑤

PART

III

면접

CHAPTER

01 면접의 기본

1 면접

(1) 면접의 기본 원칙

① **면접의 의미** ··· 면접이란 다양한 면접기법을 활용하여 지원한 직무에 필요한 능력을 지원자가 보유하고 있는지를 확인하는 절차라고 할 수 있다. 즉, 지원자의 입장에서는 채용직무수행에 필요한 요건들과 관련하여 자신의 환경, 경험, 관심사, 성취 등에 대해 기업에 직접 어필할 수 있는 기회를 제공받는 것이며, 기업의 입장에서는 서류전형만으로 알수 없는 지원자에 대한 정보를 직접적으로 수집하고 평가하는 것이다.

② **면접의 특징** ··· 면접은 기업의 입장에서 서류전형이나 필기전형에서 드러나지 않는 지원자의 능력이나 성향을 볼 수 있는 기회로, 면대면으로 이루어지며 즉흥적인 질문들이 포함될 수 있기 때문에 지원자가 완벽하게 준비하기 어려운 부분이 있다. 하지만 지원자 입장에서도 서류전형이나 필기전형에서 모두 보여주지 못한 자신의 능력 등을 기업의 인사담당자에게 어필할 수 있는 추가적인 기회가 될 수도 있다.

[서류·필기전형과 차별화되는 면접의 특징]

- 직무수행과 관련된 다양한 지원자 행동에 대한 관찰이 가능하다.
- 면접관이 알고자 하는 정보를 심층적으로 파악할 수 있다.
- 서류상의 미비한 사항과 의심스러운 부분을 확인할 수 있다.
- 커뮤니케이션 능력, 대인관계 능력 등 행동·언어적 정보도 얻을 수 있다.

③ **면접의 유형**
　㉠ **구조화 면접** : 구조화 면접은 사전에 계획을 세워 질문의 내용과 방법, 지원자의 답변유형에 따른 추가 질문과 그에 대한 평가 역량이 정해져 있는 면접 방식으로 표준화면접이라고도 한다.
　　• 표준화된 질문이나 평가요소가 면접 전 확정되며, 지원자는 편성된 조나 면접관에 영향을 받지 않고 동일한 질문과 시간을 부여받을 수 있다.

- 조직 또는 직무별로 주요하게 도출된 역량을 기반으로 평가요소가 구성되어, 조직 또는 직무에서 필요한 역량을 가진 지원자를 선발할 수 있다.
- 표준화된 형식을 사용하는 특성 때문에 비구조화 면접에 비해 신뢰성과 타당성, 객관성이 높다.

ⓛ 비구조화 면접 : 비구조화 면접은 면접 계획을 세울 때 면접 목적만을 명시하고 내용이나 방법은 면접관에게 전적으로 일임하는 방식으로 비표준화 면접이라고도 한다.
- 표준화된 질문이나 평가요소 없이 면접이 진행되며, 편성된 조나 면접관에 따라 지원자에게 주어지는 질문이나 시간이 다르다.
- 면접관의 주관적인 판단에 따라 평가가 이루어져 평가 오류가 빈번히 일어난다.
- 상황 대처나 언변이 뛰어난 지원자에게 유리한 면접이 될 수 있다.

④ 경쟁력 있는 면접 요령

㉠ 면접 전에 준비하고 유념할 사항
- 예상 질문과 답변을 미리 작성한다.
- 작성한 내용을 문장으로 외우지 않고 키워드로 기억한다.
- 지원한 회사의 최근 기사를 검색하여 기억한다.
- 지원한 회사가 속한 산업군의 최근 기사를 검색하여 기억한다.
- 면접 전 1주일간 이슈가 되는 뉴스를 기억하고 자신의 생각을 반영하여 정리한다.
- 찬반토론에 대비한 주제를 목록으로 정리하여 자신의 논리를 내세운 예상답변을 작성한다.

㉡ 면접장에서 유념할 사항
- 질문의 의도 파악 : 답변을 할 때에는 질문 의도를 파악하고 그에 충실한 답변이 될 수 있도록 질문사항을 유념해야 한다. 많은 지원자가 하는 실수 중 하나로 답변을 하는 도중 자기 말에 심취되어 질문의 의도와 다른 답변을 하거나 자신이 알고 있는 지식만을 나열하는 경우가 있는데, 이럴 경우 의사소통능력이 부족한 사람으로 인식될 수 있으므로 주의하도록 한다.
- 답변은 두괄식 : 답변을 할 때에는 두괄식으로 결론을 먼저 말하고 그 이유를 설명하는 것이 좋다. 미괄식으로 답변을 할 경우 용두사미의 답변이 될 가능성이 높으며, 결론을 이끌어 내는 과정에서 논리성이 결여될 우려가 있다. 또한 면접관이 결론을 듣기 전에 말을 끊고 다른 질문을 추가하는 예상치 못한 상황이 발생될 수 있으므로 답변은 자신이 전달하고자 하는 바를 먼저 밝히고 그에 대한 설명을 하는 것이 좋다.

- 지원한 회사의 기업정신과 인재상을 기억 : 답변을 할 때에는 회사가 원하는 인재라는 인상을 심어주기 위해 지원한 회사의 기업정신과 인재상 등을 염두에 두고 답변을 하는 것이 좋다. 모든 회사에 해당되는 두루뭉술한 답변보다는 지원한 회사에 맞는 맞춤형 답변을 하는 것이 좋다.
- 나보다는 회사와 사회적 관점에서 답변 : 답변을 할 때에는 자기중심적인 관점을 피하고 좀 더 넓은 시각으로 회사와 국가, 사회적 입장까지 고려하는 인재임을 어필하는 것이 좋다. 자기중심적 시각을 바탕으로 자신의 출세만을 위해 회사에 입사하려는 인상을 심어줄 경우 면접에서 불이익을 받을 가능성이 높다.
- 난처한 질문은 정직한 답변 : 난처한 질문에 답변을 해야 할 때에는 피하기보다는 정면 돌파로 정직하고 솔직하게 답변하는 것이 좋다. 난처한 부분을 감추고 드러내지 않으려 회피하려는 지원자의 모습은 인사담당자에게 입사 후에도 비슷한 상황에 처했을 때 회피할 수도 있다는 우려를 심어줄 수 있다. 따라서 직장생활에 있어 중요한 덕목 중 하나인 정직을 바탕으로 솔직하게 답변을 하도록 한다.

(2) 면접의 종류 및 준비 전략

① 인성면접

ⓒ 면접 방식 및 판단기준

- 면접 방식 : 인성면접은 면접관이 가지고 있는 개인적 면접 노하우나 관심사에 의해 질문을 실시한다. 주로 입사지원서나 자기소개서의 내용을 토대로 지원동기, 과거의 경험, 미래 포부 등을 이야기하도록 하는 방식이다.
- 판단기준 : 면접관의 개인적 가치관과 경험, 해당 역량의 수준, 경험의 구체성·진실성 등

ⓒ 특징 : 인성면접은 그 방식으로 인해 역량과 무관한 질문들이 많고 지원자에게 주어지는 면접질문, 시간 등이 다를 수 있다. 또한 입사지원서나 자기소개서의 내용을 토대로 하기 때문에 지원자별 질문이 달라질 수 있다.

ⓒ 예시 문항 및 준비전략

• 예시 문항

> • 3분 동안 자기소개를 해 보십시오.
> • 자신의 장점과 단점을 말해 보십시오.
> • 학점이 좋지 않은데 그 이유가 무엇입니까?
> • 최근에 인상 깊게 읽은 책은 무엇입니까?
> • 회사를 선택할 때 중요시하는 것은 무엇입니까?
> • 일과 개인생활 중 어느 쪽을 중시합니까?
> • 10년 후 자신은 어떤 모습일 것이라고 생각합니까?
> • 휴학 기간 동안에는 무엇을 했습니까?

• 준비전략 : 인성면접은 입사지원서나 자기소개서의 내용을 바탕으로 하는 경우가 많으므로 자신이 작성한 입사지원서와 자기소개서의 내용을 충분히 숙지하도록 한다. 또한 최근 사회적으로 이슈가 되고 있는 뉴스에 대한 견해를 묻거나 시사상식 등에 대한 질문을 받을 수 있으므로 이에 대한 대비도 필요하다. 자칫 부담스러워 보이지 않는 질문으로 가볍게 대답하지 않도록 주의하고 모든 질문에 입사 의지를 담아 성실하게 답변하는 것이 중요하다.

② 발표면접

㉠ 면접 방식 및 판단기준

• 면접 방식 : 지원자가 특정 주제와 관련된 자료를 검토하고 그에 대한 자신의 생각을 면접관 앞에서 주어진 시간 동안 발표하고 추가 질의를 받는 방식으로 진행된다.

• 판단기준 : 지원자의 사고력, 논리력, 문제해결력 등

㉡ 특징 : 발표면접은 지원자에게 과제를 부여한 후, 과제를 수행하는 과정과 결과를 관찰·평가한다. 따라서 과제수행 결과뿐 아니라 수행과정에서의 행동을 모두 평가할 수 있다.

ⓒ 예시 문항 및 준비전략

• 예시 문항

[신입사원 조기 이직 문제]

※ 지원자는 아래에 제시된 자료를 검토한 뒤, 신입사원 조기 이직의 원인을 크게 3가지로 정리하고 이에 대한 구체적인 개선안을 도출하여 발표해 주시기 바랍니다.

※ 본 과제에 정해진 정답은 없으나 논리적 근거를 들어 개선안을 작성해 주십시오.

- A기업은 동종업계 유사기업들과 비교해 볼 때, 비교적 높은 재무안정성을 유지하고 있으며 업무강도가 그리 높지 않은 것으로 외부에 알려져 있음.
- 최근 조사결과, 동종업계 유사기업들과 연봉을 비교해 보았을 때 연봉 수준도 그리 나쁘지 않은 편이라는 것이 확인되었음.
- 그러나 지난 3년간 1~2년차 직원들의 이직률이 계속해서 증가하고 있는 추세이며, 경영진 회의에서 최우선 해결과제 중 하나로 거론되었음.
- 이에 따라 인사팀에서 현재 1~2년차 사원들을 대상으로 개선되어야 하는 A기업의 조직문화에 대한 설문조사를 실시한 결과, '상명하복식의 의사소통'이 36.7%로 1위를 차지했음.
- 이러한 설문조사와 함께, 신입사원 조기 이직에 대한 원인을 분석한 결과 파랑새 증후군, 셀프홀릭 증후군, 피터팬 증후군 등 3가지로 분류할 수 있었음.

〈동종업계 유사기업들과의 연봉 비교〉　　〈우리 회사 조직문화 중 개선되었으면 하는 것〉

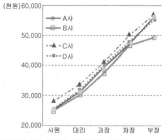

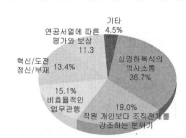

〈신입사원 조기 이직의 원인〉

• 파랑새 증후군
- 현재의 직장보다 더 좋은 직장이 있을 것이라는 막연한 기대감으로 끊임없이 새로운 직장을 탐색함.
- 학력 수준과 맞지 않는 '하향지원', 전공과 적성을 고려하지 않고 일단 취업하고 보자는 '묻지마 지원'이 파랑새 증후군을 초래함.
• 셀프홀릭 증후군
- 본인의 역량에 비해 가치가 낮은 일을 주로 하면서 갈등을 느낌.
• 피터팬 증후군
- 기성세대의 문화를 무조건 수용하기보다는 자유로움과 변화를 추구함.
- 상명하복, 엄격한 규율 등 기성세대가 당연시하는 관행에 거부감을 가지며 직장에 답답함을 느낌.

- 준비전략 : 발표면접의 시작은 과제 안내문과 과제 상황, 과제 자료 등을 정확하게 이해하는 것에서 출발한다. 과제 안내문을 침착하게 읽고 제시된 주제 및 문제와 관련된 상황의 맥락을 파악한 후 과제를 검토한다. 제시된 기사나 그래프 등을 충분히 활용하여 주어진 문제를 해결할 수 있는 해결책이나 대안을 제시하며, 발표를 할 때에는 명확하고 자신 있는 태도로 전달할 수 있도록 한다.

③ 토론면접

　㉠ 면접 방식 및 판단기준

- 면접 방식 : 상호갈등적 요소를 가진 과제 또는 공통의 과제를 해결하는 내용의 토론 과제를 제시하고, 그 과정에서 개인 간의 상호작용 행동을 관찰하는 방식으로 면접이 진행된다.
- 판단기준 : 팀워크, 적극성, 갈등 조정, 의사소통능력, 문제해결능력 등

　㉡ 특징 : 토론을 통해 도출해 낸 최종안의 타당성도 중요하지만, 결론을 도출해 내는 과정에서의 의사소통능력이나 갈등상황에서 의견을 조정하는 능력 등이 중요하게 평가되는 특징이 있다.

　㉢ 예시 문항 및 준비전략

- 예시 문항

> - 군 가산점제 부활에 대한 찬반토론
> - 담뱃값 인상에 대한 찬반토론
> - 비정규직 철폐에 대한 찬반토론
> - 대학의 영어 강의 확대 찬반토론
> - 워크숍 장소 선정을 위한 토론

- 준비전략 : 토론면접은 무엇보다 팀워크와 적극성이 강조된다. 따라서 토론과정에 적극적으로 참여하며 자신의 의사를 분명하게 전달하며, 갈등상황에서 자신의 의견만 내세울 것이 아니라 다른 지원자의 의견을 경청하고 배려하는 모습도 중요하다. 갈등상황을 일목요연하게 정리하여 조정하는 등의 의사소통능력을 발휘하는 것도 좋은 전략이 될 수 있다.

④ 상황면접

　㉠ 면접 방식 및 판단기준

- 면접 방식 : 상황면접은 직무 수행 시 접할 수 있는 상황들을 제시하고, 그러한 상황에서 어떻게 행동할 것인지를 이야기하는 방식으로 진행된다.
- 판단기준 : 해당 상황에 적절한 역량의 구현과 구체적 행동지표

ⓛ 특징 : 실제 직무 수행 시 접할 수 있는 상황들을 제시하므로 입사 이후 지원자의 업무
수행능력을 평가하는 데 적절한 면접 방식이다. 또한 지원자의 가치관, 태도, 사고방
식 등의 요소를 통합적으로 평가하는 데 용이하다.

ⓒ 예시 문항 및 준비전략

• 예시 문항

> 당신은 생산관리팀의 팀원으로, 생산팀이 기한에 맞춰 효율적으로 제품을 생산할 수 있도
> 록 관리하는 역할을 맡고 있습니다. 3개월 뒤에 제품A를 정상적으로 출시하기 위해 생산
> 팀의 생산 계획을 수립한 상황입니다. 그러나 원가가 곧 실적으로 이어지는 구매팀에서는
> 최대한 원가를 줄여 전반적 단가를 낮추려고 원가절감을 위한 제안을 하였으나, 연구개발
> 팀에서는 구매팀이 제안한 방식으로 제품을 생산할 경우 대부분이 구매팀의 실적으로 산정
> 될 것이므로 제대로 확인도 해보지 않은 채 적합하지 않은 방식이라고 판단하고 있습니다.
> 당신은 어떻게 하겠습니까?

• 준비전략 : 상황면접은 먼저 주어진 상황에서 핵심이 되는 문제가 무엇인지를 파악하는
것에서 시작한다. 주질문과 세부질문을 통하여 질문의 의도를 파악하였다면, 그에 대한
구체적인 행동이나 생각 등에 대해 응답할수록 높은 점수를 얻을 수 있다.

⑤ 역할면접

㉠ 면접 방식 및 판단기준

• 면접 방식 : 역할면접 또는 역할연기 면접은 기업 내 발생 가능한 상황에서 부딪히게 되
는 문제와 역할을 가상적으로 설정하여 특정 역할을 맡은 사람과 상호작용하고 문제를
해결해 나가도록 하는 방식으로 진행된다. 역할연기 면접에서는 면접관이 직접 역할연
기를 하면서 지원자를 관찰하기도 하지만, 역할연기 수행만 전문적으로 하는 사람을 투
입할 수도 있다.

• 판단기준 : 대처능력, 대인관계능력, 의사소통능력 등

㉡ 특징 : 역할면접은 실제 상황과 유사한 가상 상황에서의 행동을 관찰함으로서 지원자의
성격이나 대처 행동 등을 관찰할 수 있다.

㉢ 예시 문항 및 준비전략

• 예시 문항

> [금융권 역할면접의 예]
> 당신은 ○○은행의 신입 텔러이다. 사람이 많은 월말 오전 한 할아버지(면접관 또는 역할담
> 당자)께서 ○○은행을 사칭한 보이스피싱으로 500만 원을 피해 보았다며 소란을 일으키고
> 있다. 실제 업무상황이라고 생각하고 상황에 대처해 보시오.

• 준비전략 : 역할연기 면접에서 측정하는 역량은 주로 갈등의 원인이 되는 문제를 해결하고 제시된 해결방안을 상대방에게 설득하는 것이다. 따라서 갈등해결, 문제해결, 조정·통합, 설득력과 같은 역량이 중요시된다. 또한 갈등을 해결하기 위해서 상대방에 대한 이해도 필수적인 요소이므로 고객 지향을 염두에 두고 상황에 맞게 대처해야 한다. 역할면접에서는 변별력을 높이기 위해 면접관이 압박적인 분위기를 조성하는 경우가 많기 때문에 스트레스 상황에서 불안해하지 않고 유연하게 대처할 수 있도록 시간과 노력을 들여 충분히 연습하는 것이 좋다.

2 면접 이미지 메이킹

(1) 성공적인 이미지 메이킹 포인트

① 복장 및 스타일

　㉠ 남성

> • 양복 : 양복은 단색으로 하며 넥타이나 셔츠로 포인트를 주는 것이 효과적이다. 짙은 회색이나 감청색이 가장 단정하고 품위 있는 인상을 준다.
> • 셔츠 : 흰색이 가장 선호되나 자신의 피부색에 맞추는 것이 좋다. 푸른색이나 베이지색은 산뜻한 느낌을 줄 수 있다. 양복과의 배색도 고려하도록 한다.
> • 넥타이 : 의상에 포인트를 줄 수 있는 아이템이지만 너무 화려한 것은 피한다. 지원자의 피부색은 물론, 정장과 셔츠의 색을 고려하며, 체격에 따라 넥타이 폭을 조절하는 것이 좋다.
> • 구두 & 양말 : 구두는 검정색이나 짙은 갈색이 어느 양복에나 무난하게 어울리며 깔끔하게 닦아 준비한다. 양말은 정장과 동일한 색상이나 검정색을 착용한다.
> • 헤어스타일 : 머리스타일은 단정한 느낌을 주는 짧은 헤어스타일이 좋으며 앞머리가 있다면 이마나 눈썹을 가리지 않는 선에서 정리하는 것이 좋다.

ⓛ 여성

- 의상 : 단정한 스커트 투피스 정장이나 슬랙스 슈트가 무난하다. 블랙이나 그레이, 네이비, 브라운 등 차분해 보이는 색상을 선택하는 것이 좋다.
- 소품 : 구두, 핸드백 등은 같은 계열로 코디하는 것이 좋으며 구두는 너무 화려한 디자인이나 굽이 높은 것을 피한다. 스타킹은 의상과 구두에 맞춰 단정한 것으로 선택한다.
- 액세서리 : 액세서리는 너무 크거나 화려한 것은 좋지 않으며 과하게 많이 하는 것도 좋은 인상을 주지 못한다. 착용하지 않거나 작고 깔끔한 디자인으로 포인트를 주는 정도가 적당하다.
- 메이크업 : 화장은 자연스럽고 밝은 이미지를 표현하는 것이 좋으며 진한 색조는 인상이 강해 보일 수 있으므로 피한다.
- 헤어스타일 : 커트나 단발처럼 짧은 머리는 활동적이면서도 단정한 이미지를 줄 수 있도록 정리한다. 긴 머리의 경우 하나로 묶거나 단정한 머리망으로 정리하는 것이 좋으며, 짙은 염색이나 화려한 웨이브는 피한다.

② 인사

㉠ 인사의 의미 : 인사는 예의범절의 기본이며 상대방의 마음을 여는 기본적인 행동이라고 할 수 있다. 인사는 처음 만나는 면접관에게 호감을 살 수 있는 가장 쉬운 방법이 될 수 있기도 하지만 제대로 예의를 지키지 않으면 지원자의 인성 전반에 대한 평가로 이어질 수 있으므로 각별히 주의해야 한다.

㉡ 인사의 핵심 포인트

- 인사말 : 인사말을 할 때에는 밝고 친근감 있는 목소리로 하며, 자신의 이름과 수험번호 등을 간략하게 소개한다.
- 시선 : 인사는 상대방의 눈을 보며 하는 것이 중요하며 너무 빤히 쳐다본다는 느낌이 들지 않도록 주의한다.
- 표정 : 인사는 마음에서 우러나오는 존경이나 반가움을 표현하고 예의를 차리는 것이므로 살짝 미소를 지으며 하는 것이 좋다.
- 자세 : 인사를 할 때에는 가볍게 목만 숙인다거나 흐트러진 상태에서 인사를 하지 않도록 주의하며 절도 있고 확실하게 하는 것이 좋다.

③ 시선처리와 표정, 목소리

　㉠ 시선처리와 표정 : 표정은 면접에서 지원자의 첫인상을 결정하는 중요한 요소이다. 얼굴 표정은 사람의 감정을 가장 잘 표현할 수 있는 의사소통 도구로 표정 하나로 상대방에게 호감을 주거나, 비호감을 사기도 한다. 호감이 가는 인상의 특징은 부드러운 눈썹, 자연스러운 미간, 적당히 볼록한 광대, 올라간 입 꼬리 등으로 가볍게 미소를 지을 때의 표정과 일치한다. 따라서 면접 중에는 밝은 표정으로 미소를 지어 호감을 형성할 수 있도록 한다. 시선은 면접관과 고르게 맞추되 생기 있는 눈빛을 띄도록 하며, 너무 빤히 쳐다본다는 인상을 주지 않도록 한다.

　㉡ 목소리 : 면접은 주로 면접관과 지원자의 대화로 이루어지므로 목소리가 미치는 영향이 상당하다. 답변을 할 때에는 부드러우면서도 활기차고 생동감 있는 목소리로 하는 것이 면접관에게 호감을 줄 수 있으며 적당한 제스처가 더해진다면 상승효과를 얻을 수 있다. 그러나 적절한 답변을 하였음에도 불구하고 콧소리나 날카로운 목소리, 자신감 없는 작은 목소리는 답변의 신뢰성을 떨어뜨릴 수 있으므로 주의하도록 한다.

④ 자세

　㉠ 걷는 자세

　　• 면접장에 입실할 때에는 상체를 곧게 유지하고 발끝은 평행이 되게 하며 무릎을 스치듯 11자로 걷는다.

　　• 시선은 정면을 향하고 턱은 가볍게 당기며 어깨나 엉덩이가 흔들리지 않도록 주의한다.

　　• 발바닥 전체가 닿는 느낌으로 안정감 있게 걸으며 발소리가 나지 않도록 주의한다.

　　• 보폭은 어깨넓이만큼이 적당하지만, 스커트를 착용했을 경우 보폭을 줄인다.

　　• 걸을 때도 미소를 유지한다.

　㉡ 서있는 자세

　　• 몸 전체를 곧게 펴고 가슴을 자연스럽게 내민 후 등과 어깨에 힘을 주지 않는다.

　　• 정면을 바라본 상태에서 턱을 약간 당기고 아랫배에 힘을 주어 당기며 바르게 선다.

　　• 양 무릎과 발뒤꿈치는 붙이고 발끝은 11자 또는 V형을 취한다.

　　• 남성의 경우 팔을 자연스럽게 내리고 양손을 가볍게 쥐어 바지 옆선에 붙이고, 여성의 경우 공수자세를 유지한다.

ⓒ 앉은 자세

• 남성

• 의자 깊숙이 앉고 등받이와 등 사이에 주먹 1개 정도의 간격을 두며 기대듯 앉지 않도록 주의한다. (남녀 공통 사항)
• 무릎 사이에 주먹 2개 정도의 간격을 유지하고 발끝은 11자를 취한다.
• 시선은 정면을 바라보며 턱은 가볍게 당기고 미소를 짓는다. (남녀 공통 사항)
• 양손은 가볍게 주먹을 쥐고 무릎 위에 올려놓는다.
• 앉고 일어날 때에는 자세가 흐트러지지 않도록 주의한다. (남녀 공통 사항)

• 여성

• 스커트를 입었을 경우 왼손으로 뒤쪽 스커트 자락을 누르고 오른손으로 앞쪽 자락을 누르며 의자에 앉는다.
• 무릎은 붙이고 발끝을 가지런히 하며, 다리를 왼쪽으로 비스듬히 기울이면 단정해 보이는 효과가 있다.
• 양손을 모아 무릎 위에 모아 놓으며 스커트를 입었을 경우 스커트 위를 가볍게 누르듯이 올려놓는다.

(2) 면접 예절

① 행동 관련 예절

ⓐ **지각은 절대금물** : 시간을 지키는 것은 예절의 기본이다. 지각을 할 경우 면접에 응시할 수 없거나, 면접 기회가 주어지더라도 불이익을 받을 가능성이 높아진다. 따라서 면접 장소가 결정되면 교통편과 소요시간을 확인하고 가능하다면 사전에 미리 방문해 보는 것도 좋다. 면접 당일에는 서둘러 출발하여 면접 시간 20~30분 전에 도착하여 회사를 둘러보고 환경에 익숙해지는 것도 성공적인 면접을 위한 요령이 될 수 있다.

ⓑ **면접 대기 시간** : 지원자들은 대부분 면접장에서의 행동과 답변 등으로만 평가를 받는다고 생각하지만 그렇지 않다. 면접관이 아닌 면접진행자 역시 대부분 인사실무자이며 면접관이 면접 후 지원자에 대한 평가에 있어 확신을 위해 면접진행자의 의견을 구한다면 면접진행자의 의견이 당락에 영향을 줄 수 있다. 따라서 면접 대기 시간에도 행동과 말을 조심해야 하며, 면접을 마치고 돌아가는 순간까지도 긴장을 늦춰서는 안 된다. 면접 중 압박적인 질문에 답변을 잘 했지만, 면접장을 나와 흐트러진 모습을 보이거나 욕설을 한다면 면접 탈락의 요인이 될 수 있으므로 주의해야 한다.

ⓒ 입실 후 태도 : 본인의 차례가 되어 호명되면 또렷하게 대답하고 들어간다. 만약 면접장 문이 닫혀 있다면 상대에게 소리가 들릴 수 있을 정도로 노크를 두세 번 한 후 대답을 듣고 나서 들어가야 한다. 문을 여닫을 때에는 소리가 나지 않게 조용히 하며 공손한 자세로 인사한 후 성명과 수험번호를 말하고 면접관의 지시에 따라 자리에 앉는다. 이 경우 착석하라는 말이 없는데 먼저 의자에 앉으면 무례한 사람으로 보일 수 있으므로 주의한다. 의자에 앉을 때에는 끝에 앉지 말고 무릎 위에 양손을 가지런히 얹는 것이 예절이라고 할 수 있다.

ⓔ 옷매무새를 자주 고치지 마라. : 일부 지원자의 경우 옷매무새 또는 헤어스타일을 자주 고치거나 확인하기도 하는데 이러한 모습은 과도하게 긴장한 것 같아 보이거나 면접에 집중하지 못하는 것으로 보일 수 있다. 남성 지원자의 경우 넥타이를 자꾸 고쳐 맨다 거나 정장 상의 끝을 너무 자주 만지작거리지 않는다. 여성 지원자는 머리를 계속 쓸 어 올리지 않고, 특히 짧은 치마를 입고서 신경이 쓰여 치마를 끌어 내리는 행동은 좋 지 않다.

ⓜ 다리를 떨거나 산만한 시선은 면접 탈락의 지름길 : 자신도 모르게 다리를 떨거나 손가락을 만지는 등의 행동을 하는 지원자가 있는데, 이는 면접관의 주의를 끌 뿐만 아니라 불안 하고 산만한 사람이라는 느낌을 주게 된다. 따라서 가능한 한 바른 자세로 앉아 있는 것 이 좋다. 또한 면접관과 시선을 맞추지 못하고 여기저기 둘러보는 듯한 산만한 시선은 지원자가 거짓말을 하고 있다고 여겨지거나 신뢰할 수 없는 사람이라고 생각될 수 있다.

② 답변 관련 예절

ⓞ 면접관이나 다른 지원자와 가치 논쟁을 하지 않는다. : 질문을 받고 답변하는 과정에서 면 접관 또는 다른 지원자의 의견과 다른 의견이 있을 수 있다. 특히 평소 지원자가 관심 이 많은 문제이거나 잘 알고 있는 문제인 경우 자신과 다른 의견에 대해 이의가 있을 수 있다. 하지만 주의할 것은 면접에서 면접관이나 다른 지원자와 가치 논쟁을 할 필 요는 없다는 것이며 오히려 불이익을 당할 수도 있다. 정답이 정해져 있지 않은 경우 에는 가치관이나 성장배경에 따라 문제를 받아들이는 태도에서 답변까지 충분히 차이 가 있을 수 있으므로 굳이 면접관이나 다른 지원자의 가치관을 지적하고 고치려 드는 것은 좋지 않다.

ⓛ 답변은 항상 정직해야 한다. : 면접이라는 것이 아무리 지원자의 장점을 부각시키고 단점 을 축소시키는 것이라고 해도 절대로 거짓말을 해서는 안 된다. 거짓말을 하게 되면 지원자는 불안하거나 꺼림칙한 마음이 들게 되어 면접에 집중을 하지 못하게 되고 수 많은 지원자를 상대하는 면접관은 그것을 놓치지 않는다. 거짓말은 그 지원자에 대한 신뢰성을 떨어뜨리며 이로 인해 다른 스펙이 아무리 훌륭하다고 해도 채용에서 탈락하 게 될 수 있음을 명심하도록 한다.

ⓒ 경력직을 경우 전 직장에 대해 험담하지 않는다. : 지원자가 전 직장에서 무슨 업무를 담당했고 어떤 성과를 올렸는지는 면접관이 관심을 둘 사항일 수 있지만, 이전 직장의 기업문화나 상사들이 어땠는지는 그다지 궁금해 하는 사항이 아니다. 전 직장에 대해 험담을 늘어놓는다든가, 동료와 상사에 대한 악담을 하게 된다면 오히려 지원자에 대한 부정적인 이미지만 심어줄 수 있다. 만약 전 직장에 대한 말을 해야 할 경우가 생긴다면 가능한 한 객관적으로 이야기하는 것이 좋다.

ⓔ 자기 자신이나 배경에 대해 자랑하지 않는다. : 자신의 성취나 부모 형제 등 집안사람들이 사회·경제적으로 어떠한 위치에 있는지에 대한 자랑은 면접관으로 하여금 지원자에 대해 오만한 사람이거나 배경에 의존하려는 나약한 사람이라는 이미지를 갖게 할 수 있다. 따라서 자기 자신이나 배경에 대해 자랑하지 않도록 하고, 자신이 한 일에 대해서 너무 자세하게 얘기하지 않도록 주의해야 한다.

3 면접 질문 및 답변 포인트

(1) 가족 및 대인관계에 관한 질문

① 당신의 가정은 어떤 가정입니까?

면접관들은 지원자의 가정환경과 성장과정을 통해 지원자의 성향을 알고 싶어 이와 같은 질문을 한다. 비록 가정 일과 사회의 일이 완전히 일치하는 것은 아니지만 '가화만사성'이라는 말이 있듯이 가정이 화목해야 사회에서도 화목하게 지낼 수 있기 때문이다. 그러므로 답변 시에는 가족사항을 정확하게 설명하고 집안의 분위기와 특징에 대해 이야기하는 것이 좋다.

② 아버지의 직업은 무엇입니까?

아주 기본적인 질문이지만 지원자는 아버지의 직업과 내가 무슨 관련성이 있을까 생각하기 쉬워 포괄적인 답변을 하는 경우가 많다. 그러나 이는 바람직하지 않은 것으로 단답형으로 답변하면 세부적인 직종 및 근무연한 등을 물을 수 있으므로 모든 걸 한 번에 대답하는 것이 좋다.

③ 친구 관계에 대해 말해 보십시오.

지원자의 인간성을 판단하는 질문으로 교우관계를 통해 답변자의 성격과 대인관계능력을 파악할 수 있다. 새로운 환경에 적응을 잘하여 새로운 친구들이 많은 것도 좋지만, 깊고 오래 지속되어온 인간관계를 말하는 것이 더욱 바람직하다.

(2) 성격 및 가치관에 관한 질문

① 당신의 PR포인트를 말해 주십시오.

PR포인트를 말할 때에는 지나치게 겸손한 태도는 좋지 않으며 적극적으로 자기를 주장하는 것이 좋다. 앞으로 입사 후 하게 될 업무와 관련된 자기의 특성을 구체적인 일화를 더하여 이야기하도록 한다.

② 당신의 장·단점을 말해 보십시오.

지원자의 구체적인 장·단점을 알고자 하기 보다는 지원자가 자기 자신에 대해 얼마나 알고 있으며 어느 정도의 객관적인 분석을 하고 있나, 그리고 개선의 노력 등을 시도하는지를 파악하고자 하는 것이다. 따라서 장점을 말할 때는 업무와 관련된 장점을 뒷받침할 수 있는 근거와 함께 제시하며, 단점을 이야기할 때에는 극복을 위한 노력을 반드시 포함해야 한다.

③ 가장 존경하는 사람은 누구입니까?

존경하는 사람을 말하기 위해서는 우선 그 인물에 대해 알아야 한다. 잘 모르는 인물에 대해 존경한다고 말하는 것은 면접관에게 바로 지적당할 수 있으므로, 추상적이라도 좋으니 평소에 존경스럽다고 생각했던 사람에 대해 그 사람의 어떤 점이 좋고 존경스러운지 대답하도록 한다. 또한 자신에게 어떤 영향을 미쳤는지도 언급하면 좋다.

(3) 학교생활에 관한 질문

① 지금까지의 학교생활 중 가장 기억에 남는 일은 무엇입니까?

가급적 직장생활에 도움이 되는 경험을 이야기하는 것이 좋다. 또한 경험만을 간단하게 말하지 말고 그 경험을 통해서 얻을 수 있었던 교훈 등을 예시와 함께 이야기하는 것이 좋으나 너무 상투적인 답변이 되지 않도록 주의해야 한다.

② 성적은 좋은 편이었습니까?

면접관은 이미 서류심사를 통해 지원자의 성적을 알고 있다. 그럼에도 불구하고 이 질문을 하는 것은 지원자가 성적에 대해서 어떻게 인식하느냐를 알고자 하는 것이다. 성적이 나빴던 이유에 대해서 변명하려 하지 말고 담백하게 받아드리고 그것에 대한 개선노력을 했음을 밝히는 것이 적절하다.

③ 학창시절에 시위나 집회 등에 참여한 경험이 있습니까?

기업에서는 노사분규를 기업의 사활이 걸린 중대한 문제로 인식하고 거시적인 차원에서 접근한다. 이러한 기업문화를 제대로 인식하지 못하여 학창시절의 시위나 집회 참여 경험을 자랑스럽게 답변할 경우 감점요인이 되거나 심지어는 탈락할 수 있다는 사실에 주의한다. 시위나 집회에 참가한 경험을 말할 때에는 타당성과 정도에 유의하여 답변해야 한다.

⑷ 지원동기 및 직업의식에 관한 질문

① 왜 우리 회사를 지원했습니까?
이 질문은 어느 회사나 가장 먼저 물어보고 싶은 것으로 지원자들은 기업의 이념, 대표의 경영능력, 재무구조, 복리후생 등 외적인 부분을 설명하는 경우가 많다. 이러한 답변도 적절하지만 지원 회사의 주력 상품에 관한 소비자의 인지도, 경쟁사 제품과의 시장점유율을 비교하면서 입사동기를 설명한다면 상당히 주목 받을 수 있을 것이다.

② 만약 이번 채용에 불합격하면 어떻게 하겠습니까?
불합격할 것을 가정하고 회사에 응시하는 지원자는 거의 없을 것이다. 이는 지원자를 궁지로 몰아넣고 어떻게 대응하는지를 살펴보며 입사 의지를 알아보려고 하는 것이다. 이 질문은 너무 깊이 들어가지 말고 침착하게 답변하는 것이 좋다.

③ 당신이 생각하는 바람직한 사원상은 무엇입니까?
직장인으로서 또는 조직의 일원으로서의 자세를 묻는 질문으로 지원하는 회사에서 어떤 인재상을 요구하는 가를 알아두는 것이 좋으며, 평소에 자신의 생각을 미리 정리해 두어 당황하지 않도록 한다.

④ 직무상의 적성과 보수의 많음 중 어느 것을 택하겠습니까?
이런 질문에서 회사 측에서 원하는 답변은 당연히 직무상의 적성에 비중을 둔다는 것이다. 그러나 적성만을 너무 강조하다 보면 오히려 솔직하지 못하다는 인상을 줄 수 있으므로 어느 한 쪽을 너무 강조하거나 경시하는 태도는 바람직하지 못하다.

⑤ 상사와 의견이 다를 때 어떻게 하겠습니까?
과거와 다르게 최근에는 상사의 명령에 무조건 따르겠다는 수동적인 자세는 바람직하지 않다. 회사에서는 때에 따라 자신이 판단하고 행동할 수 있는 직원을 원하기 때문이다. 그러나 지나치게 자신의 의견만을 고집한다면 이는 팀원 간의 불화를 야기할 수 있으며 팀 체제에 악영향을 미칠 수 있으므로 선호하지 않는다는 것에 유념하여 답해야 한다.

⑥ 근무지가 지방인데 근무가 가능합니까?
근무지가 지방 중에서도 특정 지역은 되고 다른 지역은 안 된다는 답변은 바람직하지 않다. 직장에서는 순환 근무라는 것이 있으므로 처음에 지방에서 근무를 시작했다고 해서 계속 지방에만 있는 것은 아님을 유의하고 답변하도록 한다.

⑸ 여가 활용에 관한 질문

취미가 무엇입니까?

기초적인 질문이지만 특별한 취미가 없는 지원자의 경우 대답이 애매할 수밖에 없다. 그래서 가장 많이 대답하게 되는 것이 독서, 영화감상, 혹은 음악감상 등과 같은 흔한 취미를 말하게 되는데 이런 취미는 면접관의 주의를 끌기 어려우며 설사 정말 위와 같은 취미를 가지고 있다하더라도 제대로 답변하기는 힘든 것이 사실이다. 가능하면 독특한 취미를 말하는 것이 좋으며 이제 막 시작한 것이라도 열의를 가지고 있음을 설명할 수 있으면 그것을 취미로 답변하는 것도 좋다.

⑹ 지원자를 당황하게 하는 질문

① 성적이 좋지 않은데 이 정도의 성적으로 우리 회사에 입사할 수 있다고 생각합니까?

비록 자신의 성적이 좋지 않더라도 이미 서류심사에 통과하여 면접에 참여하였다면 기업에서는 지원자의 성적보다 성적 이외의 요소, 즉 성격·열정 등을 높이 평가했다는 것이라고 할 수 있다. 그러나 이런 질문을 받게 되면 지원자는 당황할 수 있으나 주눅 들지 말고 침착하게 대처하는 면모를 보인다면 더 좋은 인상을 남길 수 있다.

② 우리 회사 회장님 함자를 알고 있습니까?

회장이나 사장의 이름을 조사하는 것은 면접일을 통고받았을 때 이미 사전 조사되었어야 하는 사항이다. 단답형으로 이름만 말하기보다는 그 기업에 입사를 희망하는 지원자의 입장에서 답변하는 것이 좋다.

③ 당신은 이 회사에 적합하지 않은 것 같군요.

이 질문은 지원자의 입장에서 상당히 곤혹스러울 수밖에 없다. 질문을 듣는 순간 그렇다면 면접은 왜 참가시킨 것인가 하는 생각이 들 수도 있다. 하지만 당황하거나 흥분하지 말고 침착하게 자신의 어떤 면이 회사에 적당하지 않는지 겸손하게 물어보고 지적당한 부분에 대해서 고치겠다는 의지를 보인다면 오히려 자신의 능력을 어필할 수 있는 기회로 사용할 수도 있다.

④ 다시 공부할 계획이 있습니까?

이 질문은 지원자가 합격하여 직장을 다니다가 공부를 더 하기 위해 회사를 그만 두거나 학습에 더 관심을 두어 일에 대한 능률이 저하될 것을 우려하여 묻는 것이다. 이때에는 당연히 학습보다는 일을 강조해야 하며, 업무 수행에 필요한 학습이라면 업무에 지장이 없는 범위에서 야간학교를 다니거나 회사에서 제공하는 연수 프로그램 등을 활용하겠다고 답변하는 것이 적당하다.

⑤ 지원한 분야가 전공한 분야와 다른데 여기 일을 할 수 있겠습니까?

수험생의 입장에서 본다면 지원한 분야와 전공이 다르지만 서류전형과 필기전형에 합격하여 면접을 보게 된 경우라고 할 수 있다. 이는 결국 해당 회사의 채용 방침상 전공에 크게 영향을 받지 않는다는 것이므로 무엇보다 자신이 전공하지는 않았지만 어떤 업무도 적극적으로 임할 수 있다는 자신감과 능동적인 자세를 보여주도록 노력하는 것이 좋다.

02 면접기출

- 본인이 살면서 겪었던 일들 중 가장 힘들었던 일은 무엇이었는지 말해 보시오.

- 본인이 지금까지 살면서 이루었던 가장 큰 성취는 무엇이었나?

- 지원동기에 대해 이야기해 보시오.

- 회사에 대한 자부심을 가지고 장기간 일을 할 수 있는지에 대한 당신의 생각을 이야기해 보시오.

- 본인의 생각과 다른 업무가 주어진다면 어떻게 할 것인지 이야기해 보시오.

- 직군상 여성과 남성에 대한 차이가 있다면 어떻게 할 것인지 이야기해 보시오.

- 창의적인 활동을 한 것이 있으면 그 실례를 중심으로 이야기해 보시오.

- 팀 또는 조직에서 일을 수행할 때 보통 어떤 절차를 따르는가?

- 상사나 팀원에게 조언을 한다면 어떻게 하겠는가?

- 자신의 아이디어로 조직에 도움이 되었던 적이 있다면 말해 보시오.

- 본인이 지원한 직무에 있어서 자신의 강점이 있다면 무엇인지 말해 보시오.

- 샘표에서 만들고 있는 제품군에 대해 설명해 보시오.

- 어떠한 일을 계획하고 진행해 본 적이 있는가?

- 계획을 세우기 위해 정보를 수집하는 데 있어서 어려운 점은 무엇이었나?

- 계획이 어긋났을 경우를 대비해 미리 생각해 놓은 방안이 있었는가?

- 팀원들과 의견이 대립됐을 경우 어떻게 해결할 것인가?

- 정말 기발하다고 생각했던 다른 사람의 아이디어가 있었는가?

- 마지막으로 하고 싶은 말은 무엇인가?

상식
용어사전
시리즈

합격GO!

1 금융상식 2주 만에 완성하기

금융은행권, 단기간 공략으로 끝장낸다! 필기 걱정은 이제 NO! <금융상식 2주 만에 완성하기> 한 권으로 시간은 아끼고 학습효율은 높이자!

2 중요한 용어만 한눈에 보는 시사용어사전 1130

매일 접하는 각종 기사와 정보 속에서 현대인이 놓치기 쉬운, 그러나 꼭 알아야 할 최신 시사상식을 쏙쏙 뽑아 이해하기 쉽도록 정리했다!

3 중요한 용어만 한눈에 보는 경제용어사전 961

주요 경제용어는 거의 다 실었다! 경제가 쉬워지는 책, 경제용어사전!

4 중요한 용어만 한눈에 보는 부동산용어사전 1273

부동산에 대한 이해를 높이고 부동산의 개발과 활용, 투자 및 부동산 용어 학습에도 적극적으로 이용할 수 있는 부동산용어사전!

자격증
기출문제
총집합!

자격증 별로 정리된
기출문제로 깔끔하게 합격하자!

기출문제로 자격증 시험 준비하자!

건강운동관리사, 스포츠지도사, 손해사정사, 손해평가사,
농산물품질관리사, 수산물품질관리사, 관광통역안내사, 국내여행안내사, 보세사, 사회조사분석사